AF466396

FACULTÉ DE DROIT DE DOUAI.

THÉORIE
DE L'OCCUPATION
d'après les lois romaines

ET DU

DROIT DE CHASSE

CONTENANT DANS UN ORDRE MÉTHODIQUE LA LÉGISLATION, LA DOCTRINE, LA JURISPRUDENCE ET LES DOCUMENTS ADMINISTRATIFS QUI CONCERNENT L'EXERCICE DE LA CHASSE

En droit français.

PAR
Ferdinand **DEGROOTE**.

L'acte public sur les matières ci-après sera soutenu le jeudi 5 *août* 1880, *à trois heures.*

PRÉSIDENT : M. DANIEL DE FOLLEVILLE, Doyen.

SUFFRAGANTS : MM DRUMEL, FÉDER, Professeurs. PIÉBOURG, VALLAS, Agrégés.

THÈSE POUR LE DOCTORAT.

PARIS,
IMPRIMERIE PARENT.
—
1880.

FACULTÉ DE DROIT DE DOUAI.

THÉORIE
DE L'OCCUPATION
d'après les lois romaines
ET DU
DROIT DE CHASSE

CONTENANT DANS UN ORDRE MÉTHODIQUE LA LÉGISLATION, LA DOCTRINE, LA JURISPRUDENCE ET LES DOCUMENTS ADMINISTRATIFS QUI CONCERNENT L'EXERCICE DE LA CHASSE

En droit français,

PAR

Ferdinand **DEGROOTE**.

L'acte public sur les matières ci-après sera soutenu le jeudi 5 *août* 1880, *à trois heures.*

PRÉSIDENT : M. DANIEL DE FOLLEVILLE, Doyen.

SUFFRAGANTS : MM. DRUMEL, FÉDER, Professeurs. PIÉBOURG, VALLAS, Agrégés.

THÈSE POUR LE DOCTORAT.

PARIS,
IMPRIMERIE PARENT.
1880.

FACULTÉ DE DROIT DE DOUAI.

MM.

DANIEL DE FOLLEVILLE (A. ✿), doyen, professeur de code civil et de droit des gens.

DRUMEL, ✿, député, professeur de droit romain.

FÉDER, professeur de code civil et chargé d'un cours sur l'enregistrement.

DANJON, ✿, agrégé, chargé d'un cours de code civil.

POISNEL-LANTILLIÈRE, agrégé, chargé d'un cours de droit romain

JOBBÉ-DUVAL, agrégé, chargé du cours de droit administratif.

BEAUREGARD, agrégé, chargé du cours de droit commercial et du cours d'histoire du droit.

MICHEL, agrégé, chargé d'un cours de droit romain.

FAURE, agrégé, chargé du cours d'économie politique et d'un cours sur une matière approfondie du droit français.

LEPOITTEVIN, agrégé, chargé du cours de procédure civile.

PIÉBOURG, agrégé, chargé d'un cours complémentaire de code civil.

GARÇON, agrégé, chargé du cours de législation criminelle.

BASTID, député, chargé du cours des Pandectes.

CHEVALLIER, ✿, docteur en droit, chargé d'un cours complémentaire de code civil.

VALLAS, docteur en droit, chargé d'un cours de droit romain.

Doyen honoraire : M. BLONDEL (✱, ✿ I P.), conseiller à la Cour de Cassation.

MOREL, licencié en droit, agent comptable.

COUSIN, licencié en droit, bibliothécaire.

PREMIÈRE PARTIE

DE L'OCCUPATION

D'APRÈS LE DROIT ROMAIN

NOTIONS GÉNÉRALES.

La propriété dont le nom exprime l'idée d'un pouvoir juridique absolu et exclusif d'une personne sur une chose, se présente à nos yeux comme un fait général, universel, ne souffrant d'exceptions dans un aucun temps, dans aucun pays, dans aucun état de civilisation. Les peuples antiques ont eu des idées aussi nettes de la propriété que les peuples modernes ; l'Arabe du désert possède sa tente et ses troupeaux ; l'homme dégénéré, le sauvage possède sa hutte, son arc et ses flèches, commme nous possédons nos terres et nos maisons. La propriété est en effet une loi de la nature humaine. L'homme a des besoins qu'il ne peut satisfaire que par l'appropriation des choses qui l'entourent ; sujet au froid et à la faim, il faut qu'il chasse, qu'il pêche, qu'il cultive le sol afin de se nourrir et de couvrir sa nudité. Indépendamment de la nécessité, un penchant naturel le porte irrésistiblement à s'approprier et les richesses du sol et le sol même qui les produit, car c'est pour lui que les êtres animés et inanimés ont été créés. Ainsi l'homme, en prenant possession de la nature, ne fait que concourir à l'œuvre du Créateur et répondre à la voix qui l'appelle à régner sur la terre : « .... *replete terram et subjicite eam et dominamini piscibus maris et volatilibus cœli et universis animantibus quæ moventur super terram* » (1).

A l'origine, quand la terre ne comptait que quelques habitants, le premier d'entre eux qui, utilisant ses facultés personnelles, cueillit des fruits pour les manger, arracha une branche d'arbre pour en faire un arc, abattit un tronc pour en faire une cabane ou une pirogue, enferma un terrain pour le cultiver, put dire : *ceci est à moi, c'est mon champ, c'est mon arbre, c'est ma maison.* Tous les hommes étant égaux en nature, c'est visiblement de ce fait simple de cueillir, d'arracher, d'abattre, en un mot d'appréhender ou d'occuper, que dut procéder l'établissement de la propriété, et ce fait, en raison de sa priorité, en fut un titre incontestable. « Les sages qui connaissaient les temps anciens, dit la loi de Manou, ont décidé que le champ cultivé est la propriété de celui qui le premier en a coupé le bois pour le défricher, et la gazelle, celle du chasseur, qui l'a blessée mortellement. » Le Droit Romain dit à son tour : « *Quod nullius est, id ratione naturali occupanti conceditur* » (2).

Le premier occupant, est-ce une loi plus sage ?

Celui qui par un acte d'occupation s'approprie ce qui n'est à personne, use de sa liberté naturelle. Or, cette

(1) Genèse, chap. 1, vers. 28,
(2) Digeste. Loi 3 princ. *De adq. rer. dom.* (41,1).

liberté doit être respectée dans son exercice ; c'est là une obligation imposée aux hommes, et sans laquelle la société, que réclament nos facultés et nos penchants, ne saurait exister. L'appropriation est la fin des choses ; les animaux, les plantes, les minéraux, doivent servir aux besoins et aux plaisirs de l'homme ; chacun peut donc s'en emparer, chacun peut les modifier, les perfectionner, les consommer enfin, sans commettre d'usurpation au préjudice de l'espèce humaine. On peut voir dans l'occupation une sorte de travail, et dans la propriété de la chose occupée le juste prix de ce travail.

Voici comment Bentham justifie l'occupation : « Qu'on accorde le droit de propriété au premier occupant : 1° on lui épargne la peine de l'attente trompée, cette peine qu'il ressentirait à se voir privé de la chose qu'il a occupée avant tous les autres ; 2° on prévient les contestations, les combats qui pourraient avoir lieu entre lui et les concurrents successifs ; 3° on fait naître des jouissances qui sans cela n'existeraient pour personne ; le premier occupant tremblant de perdre ce qu'il aurait trouvé, n'oserait pas en jouir ouvertement, de peur de se trahir lui-même, et tout ce qu'il ne pourrait consommer à l'instant, n'aurait aucune valeur pour lui ; 4° les biens qu'on lui assure à titre de récompense, sont un aiguillon pour l'industrie des autres qui cherchent à s'en procurer de pareils, et la richesse générale est le résultat de toutes ces acquisitions individuelles ; 5° si chaque chose non appropriée n'était pas au premier occupant, elle serait toujours la proie du plus fort, les faibles seraient dans un état d'oppression continuelle » (1).

D'autres philosophes et jurisconsultes, Grotius et

(1) Traité de législ. civ., t. I, p. 250.

Pothier notamment, ont émis l'idée d'une communauté négative établie entre les premiers hommes et comprenant toutes les choses de la création. Chacun, suivant eux, pouvait user momentanément des choses communes dont il avait besoin, sauf à les voir rentrer ensuite dans la communauté ; puis, le genre humain s'étant multiplié, on se partagea la terre et les choses qui se trouvaient à sa surface :

> Communemque prius, seu lumina solis et auras
> Cautus humum longo signavit limite mensor (1).

Tout n'entra pas dans le partage. Plusieurs choses, comme l'eau, l'air, les animaux sauvages, restèrent dans la communauté, et il fut convenu qu'elles appartiendraient au premier occupant.

Partage et convention, telle serait donc, d'après ce système, la double origine de la propriété. Mais cette théorie est inadmissible, n'expliquant rien, n'étant fondée sur rien. La tradition et la raison s'opposent à l'existence de ce partage antique qui eût procuré aux représentants encore rares de l'humanité, des lots plus grands que des royaumes. Nous nous représentons beaucoup mieux les premiers hommes s'entourant d'animaux domestiques, élevant des troupeaux, défrichant et cultivant chacun isolément quelques arpents de terre « .... *fuit autem Abel pastor ovium et Caïn agricola.* » (1) Comment d'ailleurs adapter l'idée d'un partage aux choses qu'on n'utilise qu'en se les appropriant, qu'en les consommant ? Cicéron a beaucoup mieux comparé le monde à un théâtre public où chacun est maître de la place

(1) Ovide. *Metam* , liv. I, v. 135.
(2) Genèse, chap. 3. v. 2.

qu'il est venu occuper le premier : « *sunt privata nulla natura, sed aut vetere occupatione, ut qui quondam in vacua venerunl, quemadmodum theatrum cum commune sit, recte tamen dici potest ejus esse locum quem quisque occupavit.* »

L'occupation fut à l'origine le moyen le plus ordinaire d'arriver à l'appropriation des choses. La Bible en fait cette description poétique : « Il est un lieu où se forme l'argent, il est une retraite où se cache l'or, l'homme y est descendu. Il a tiré le fer de la terre, et arraché l'airain à la pierre. Il recule les confins des ténèbres, il découvre jusqu'à ces roches ténébreuses qui avoisinent les ombres de la mort. Il creuse dans les montagnes des chemins qui n'ont jamais porté l'empreinte de ses pas, il s'enferme dans les entrailles du globe... il brise les roches et renverse les monts jusqu'à leur racine, il ouvre un passage aux fleuves à travers la pierre et découvre leurs trésors les plus cachés, il arrête leurs cours et montre leurs profondeurs à la lumière... » (1) Cette importance primitive de l'occupation ne se retrouve plus aujourd'hui ; elle a diminué peu à peu, toujours subordonnée au développement du genre humain. Or, voici la terre presque partout habitée et possédée. L'homme s'est assujetti une foule d'espèces dans les règnes de la nature ; les végétaux, les animaux, les substances réfractaires du règne minéral sont entrés en nombre infini dans son domaine, et si l'on excepte les animaux sauvages, les poissons de la mer et des fleuves, les choses dont l'usage est commun à tout le monde, comme l'eau des rivières, l'air que chacun respire, il semble difficile d'assigner à l'occupation un objet sérieux ou véritable.

(1) Job. Cap. XXVIII. *Trad. de M. de Genoude.*

NOTIONS ROMAINES.

Justinien fait remarquer dans ses Institutes que la propriété s'acquiert soit en vertu du droit naturel, droit aussi ancien que le genre humain, soit en vertu du droit civil dont l'origine remonte à l'établissement des villes et à la création des lois (1).

Les modes d'acquérir du droit civil sont : la *mancipatio*, l'*in jure cessio*, l'*adjudicatio*, l'usucapion et la loi. Les moyens d'acquérir du droit naturel ou des gens, sont l'occupation et la tradition. L'occupation diffère de tous ces modes d'acquisition, y compris la tradition, en ce qu'elle exclut toute idée d'aliénation. C'est un mode originaire qui porte sur des choses n'appartenant à personne, et qui procure à l'occupant un droit sur elles plein et entier. Les modes dérivés, au contraire, transmettent en même temps que la propriété les droits réels qui l'affectaient entre les mains de l'ancien propriétaire : « Quotiens autem, dit Ulpien, dominium transfertur, ad eum qui accipit, tale transfertur, quale fuit apud eum qui tradit; si servus fuit fundus, eum servitutibus transit; si liber uti fuit, et si forte servitutes debebantur fundo, qui traditus est, cum jure servitutum debitarum transfertur. Si quis igitur fundum dixerit liberum, cum traderet eum qui servus sit nihil juris servitutis fundi detrahit : verum tamen obligat se debebitque præstare quod dixit (2).

Suivant le jurisconsulte Paul, l'occupation s'applique aux choses quæ terra, mari, cœloque capiuntur, nam hæc protinus eorum fiunt qui primi possessionem eorum

(1) Liv. II, tit. I, *De divis. rer.*, § 11.
(2) Loi 20, § 1. Dig. *De adq. rer. dom.* (41,1).

apprehenderint. Item bello capta, et insula in mari cnata, et gemmæ, lapilli, margaritæ in litoribus inventæ, ejus fiunt qui primus eorum possessionem nactus est (1). Ajoutant le trésor à l'énumération de Paul, nous comptons quatre espèces de choses susceptibles de faire l'objet de l'occupation, savoir : 1° les *res nullius*, c'est-à-dire les choses qui n'ont pas de maître ; 2° les *res derelictæ*, c'est-à-dire les choses abandonnées volontairement par leur propriétaire ; 3° les prises faites sur l'ennemi ; 4° le trésor. Appliquée aux *res nullius* et aux *res derelictæ*, l'occupation peut s'appeler *pagana* ; appliquée aux prises faites sur l'ennemi, elle peut se dire *bellica*. Quant à la découverte d'un trésor, on la désigne sous le nom d'*inventio*.

Nous allons étudier l'occupation sous ces diverses dénominations, mais nous remarquerons auparavant que toute occupation suppose une appréhension *animo domini* spontanée, indépendante du fait ou de la volonté d'autrui, d'un objet susceptible de propriété privée et actuellement non approprié. Cette condition est absolument nécessaire : ainsi, l'appréhension par un créancier de l'objet de sa créance, malgré le débiteur, ne procurerait pas la propriété de cet objet. Elle n'en donnerait pas même la possession de bonne foi (2). — En dernier lieu nous verrons les effets de l'occupation.

OCCUPATIO PAGANA.

L'étude de l'*occupatio pagana* peut se diviser en deux parties distinctes, suivant l'objet auquel cette occupation

(1) Loi 1, § 1. Dig. *De adq. vel. amitt. poss.* (41,2).
(2) Loi 5. Dig. *De adq. vel amitt. poss.* (41,2).

s'applique, car tantôt elle se rapporte aux *res nullius*, tantôt aux *res derelictæ*.

Les *res nullius vel nullius in bonis* comprennent les choses qui actuellement n'appartiennent à personne, mais qui cependant sont susceptibles d'une appropriation privée par suite d'une prise de possession. Tels sont les animaux sauvages dans leur état de liberté naturelle, les poissons de la mer, des fleuves et des rivières, les coquillages et pierres précieuses qu'on ramasse dans la mer ou sur ses rivages, l'ambre, le corail et les perles que l'on trouve au fond ou à la surface de la mer, les îles qui naissent dans ses flots.

Les *res derelictæ* sont des choses que le propriétaire délaisse avec l'intention d'abdiquer tout droit de propriété sur elles : Pro derelicto habetur, dit Justinien, quod dominus ea mente abjecerit, ut id rerum suarum esse nollet (1). La chose abandonnée devient *res nullius* par le fait de la *derelictio*, et comme telle, elle doit appartenir au premier occupant.

I. Des *res nullius*.

Animaux sauvages. — Il est de principe que celui qui s'empare *animo domini* d'un animal vivant à l'état de liberté naturelle, en devient immédiatement propriétaire : Feræ igitur bestiæ, et volucres, et pisces, id est omnia animalia quæ mari, cœlo et terra nascuntur, simul atque ab aliquo capta fuerint, jure gentium statim illius esse incipiunt (2). Le fait d'appréhender une bête sauvage s'appelle *venatio*, *aucupium*, *piscatio*, suivant que l'animal est un quadrupède, un volatile ou un poisson.

(1) Institutes, liv. II, tit. Ier. *De divis. rer.*, § 47.
(2) Inst., liv. II, tit. Ier. *De divis. rer.*, § 12.

La chasse surtout, exercice aussi honorable qu'utile,

> Romanis solemne viris opus, utile famæ
> Vitæque et membris..... (1).

passionnait les Romains. Ils allaient au loin, dans les forêts giboyeuses (2) qui couvrent les Apennins, et là, ils passaient des mois entiers à poursuivre les bêtes sauvages :

> .....Manet sub Jove frigido
> Venator, teneræ conjugis immemor (3).

Le laboureur, quand venait l'hiver, quittait la charrue pour les filets et l'épieu :

> Tum gruibus pedicas et retia ponere cervis,
> Auritosque sequi lepores, tum figere damas,
> Stupea torquentem Balearis verbera fundæ,
> Quum nix alta jacet.....

Le bourgeois allait au cirque où des représentations de chasse étaient souvent mêlées aux combats de gladiateurs (5). Les grands propriétaires avaient des parcs où ils renfermaient des lièvres, des chevreuils et des cerfs. On les appelait *leporaria* ou *vivaria* suivant leur étendue qui parfois était considérable. Varron rapporte en avoir vu de plus de cinquante arpents (6). Ces chasses étaient gardées par des esclaves spéciaux, *venatores*.

La chasse, *venatio*, indique la capture ou du moins la recherche d'un animal sauvage. On ne chasse jamais les animaux essentiellement domestiques, comme les bœufs, les moutons, les poules et les oies, autres que les poules

(1) Horace. *Epîtres*, liv. I, ép. 18.
(2) Denys d'Halicarnasse. *Antiq. rom.*, liv. I, chap 37.
(3) Horace. *Odes*, liv. Ier, ode 1re.
(4) Virgile. *Géorgiques*, liv. I, v. 307. Eglogue II, v. 29.
(5) Varron. *De re rust.*, liv. III, chap, 13. — Martial. *Les spectacles*.
(6) *De re rust.* III, 13.

d'eau et les oies sauvages. Ces animaux ne cessent pas d'appartenir à leur maître, lorsque par une circonstance fortuite, ils s'échappent de leur séjour ordinaire, et ce serait commettre un vol que de les retenir pour soi (1).

Les bêtes fauves élevées dans des parcs, les oiseaux enfermés dans des volières, les poissons nourris dans des viviers ont perdu leur condition de *res nullius* et appartiennent au maître de l'enclos, de la volière ou du vivier. Celui qui s'emparerait de l'un de ces animaux commettrait un *furtum*, à moins que l'appréhension ne pût se faire en dehors de l'enclos par suite de la fuite de l'animal. Le jurisconsulte Paul indique ce qu'il faut entendre par clôture susceptible d'assurer la possession des animaux qu'elle renferme : Item feras bestias, qua vivariis incluserimus et pisces, quos in piscinas conjecerimus a nobis possideri : quoniam reclitæ sint in libertate naturali ; alioquin, etiam si quis sylvam emerit, videri cum omnes feras possidere : quod falsum est. Aves autem possidemus, quas inclusas habemus ; aut si quæ mansuetæ factæ, custodiæ nostræ subjectæ sunt.

Justinien, dans ses *Institutes*, observe qu'on doit compter lès abeilles, les paons et les pigeons, parmi les bêtes sauvages. L'habitude qu'ont les paons et les pigeons de s'envoler et de revenir au colombier n'a pas paru suffisante au législateur romain pour les classer parmi les animaux domestiques, et il les a assimilés aux abeilles et au cerf apprivoisé dont la nature sauvage n'a

(1) Institutes, liv. II, tit. I, *De div. rer.*, § 16 et loi 44. Dig. *De adq. rer. dom.* (41,1) qui présente l'espèce curieuse de porcs enlevés par des loups et repris par les chiens d'un métayer, *vicinæ villæ colonus cum robustis canibus et fortibus.*

(2) Lois 3, § 14 et 15. Dig. *De adq. vel am. poss.*

jamais été contestée. Or l'essaim qui s'est envolé d'une ruche, et qui a échappé à la poursuite du possesseur de la ruche, devient la propriété du premier occupant. Le cerf apprivoisé, mais en fuite, appartient aussi au chasseur qui s'en empare. Il n'en est pas de même d'un cerf apprivoisé qui garde l'habitude de quitter la ferme et d'y retourner, tel que le cerf de Silvie décrit par Virgile avec tant d'élégance :

> Cervus erat forma præstanti et cornibus ingens,
> . . . .
> Ille, manum patiens, mensæque assuetus herili,
> Errabat silvis, rursusque ad limina nota
> Ipse domum sera quamvis se nocte ferebat (1).

Il reste en la propriété de son maître, aussi longtemps qu'il garde cet esprit de retour, et celui qui s'en emparerait, serait tenu de la revendication et même de l'action *furti*, s'il avait agi en connaissance de cause. Ce n'est là d'ailleurs que l'application particulière d'une règle générale formulée par Justinien, suivant laquelle l'esprit de retour est toujours un obstacle à l'occupation : in iis autem animalibus quæ ex consuetudine abire et redire solent, talis regula comprobata est, ut eosque tua esse intelligantur, donec animum revertendi habent ; nam si revertendi animum habere deserierint, etiam tua esse desinunt, et fiunt occupantium. Revertendi autem animum videntur desinere habere, quum revertendi consuetudinem deseruerint (2).

L'animal sauvage appartient au chasseur, oiseleur ou pêcheur, dès que vivant ou mort, il est à sa disposition d'une manière certaine. Mais, quel est l'instant précis où

(1) Enéide, VII, v, 482,-492.
(2) Inst., liv. II, tit. I. *De divis. rer.*, § 15.

la propriété de l'animal lui est acquise? La solution est très-simple quand on suppose un animal tué roide ou tombé dans un piége, ou pris dans un filet dont il ne peut s'échapper (1). Un accident de ce genre le fait tomber en la possession immédiate du chasseur. On discute, au contraire, la question de savoir si une simple blessure faite au gibier est un acte suffisant d'occupation,

Suivant le jurisconsulte Trebatius, le chasseur devient propriétaire de l'animal, même avant de l'avoir saisi, quand il l'a blessé assez grièvement pour qu'il ne puisse lui échapper, *ita ut capi possit.* Nul autre que lui ne pourrait donc s'en emparer sans commettre un vol, à moins que le chasseur n'ait renoncé à poursuivre l'animal (2). Cette décision, fort équitable assurément, a passé dans le droit français. A Rome, on la trouvait peu rationnelle. Gaïus l'écartait devant la difficulté de savoir avec certitude si l'animal n'aurait pas réussi à se dérober aux poursuites du chasseur, et sa manière de voir acceptée par la majorité des jurisconsultes a été définitivement consacrée par l'empereur Justinien (3).

C'est donc l'instant même de la capture qui décide de l'appropriation. L'animal que vous avez blessé s'enfuit-il malgré le trait qui l'a percé, il est encore réputé *res nullius*, et l'essaim d'abeilles qui vient se poser sur votre arbre n'est pas à vous tant que vous ne l'avez point enfermé dans une ruche. Leur miel ne vous appartient qu'après avoir été recueilli, tout comme l'oiseau qui vient nicher sur votre arbre. Cependant vous pouvez interdire à autrui l'accès de votre fonds et de cette manière lui

(1) Loi 55. Dig. *De adq. rer. dom.* (41,1).
(2) Loi 5, § 1. *De adq. rer. dom.* (41,1).
(3) Inst., liv. II, t. I. *De div. rer.*, § 13.

rendre impossible l'occupation des animaux qui s'y trouvent : Plane qui in alienum fundum ingreditur venandi occupandive gratia, potest a domino, si is providerit, jure prohiberi ne ingrederetur. Vous pouvez également vous réserver la pêche de votre étang : in lacu qui mei dominii est, utique piscari aliquem prohibere possum (1). Le droit du propriétaire est garanti par l'action d'injures, et par l'action de la loi Aquilia en cas de dommage causé à la propriété (2). En outre, le chasseur ou le pêcheur qui aurait usé de violence pour pénétrer sur le fonds d'autrui, serait sous le coup de la loi Julia.

L'exercice de la chasse et de la pêche est entièrement libre sur les terrains et dans les étangs publics, et tout chasseur ou pêcheur qui s'y voit troublé dans la jouissance de son droit a l'action d'injure contre l'auteur de ce trouble (3).

La chasse était sans doute prohibée dans les îles et dans les bois sacrés. La loi grecque défendait d'y introduire des chiens. Xénophon dit à ce sujet : εἰς δὲ τὰς ἱερὰς τῶν νήσων οὐδέ διαβιβάζειν οἷόν τε κύνας. Ὅταν οὖν τῶν τε ὑπαρχόντων ὀλίγους εκθηρῶνται κάι τῶν ἐπιγιγνομένων, ἀνάγκη ἀφθόνους εἶναι (4). La loi romaine : Ait prætor : *In loco sacro facere inve eum immittere quid veto*. Quod ait prætor, ne quid in loco sacro fiat, non ad hoc pertinet, quod ornamenti causa fit sed quod deformitatis, vel incommodi (5).

Les Romains ne connaissent pas ce que nous appelons

(1) Loi 3, § 1. Dig. *De adq. rer. dom.* (41,1). — Loi 13, § 7, in fine. Dig. *De injur.* (47,10), — Inst., liv. II, tit. I. *De div. rer.*, §§ 12 et 14.

(2) Loi 13, § 7. Dig. *De injur.* (47,10). *Arg. d'analog.*. Gaius. Ins. *Com.* III, § 217.

(3) Loi 13, § 7. *De inj.* (47,10).

(4) *De venatione*, ch. 5, § 25, in fine

(5) L. 1, pr. et § 2. Dig, Ulpien. *Ne quid in loco sacro fiat* (43,6).

chez nous le permis de chasse, l'ouverture de la chasse ou de la pêche, les moyens licites et les engins prohibés. Il leur est permis de chasser en tout temps et par toute sorte de moyens. Le loi Julia *de vi publica* autorise même exceptionnellement les chasseurs à se servir de certaines armes dont la détention est interdite : Lege Julia de vi publica tenetur, qui arma, tela domi suæ, agrove, in villa præter usum venationis vel itineris vel navigationis coegerit (1). Le droit romain n'établit aucune distinction entre les bêtes malfaisantes ou nuisibles et le gibier proprement dit, comme le cerf, le chevreuil, le lièvre et la perdrix. La *venatio* comprend indistinctement toute espèce d'animaux, à l'exception pourtant de quelques races réservées pour les jeux du cirque, qui à une certaine époque durent être respectées par les chasseurs. Cela résulte bien d'une constitution des empereurs Honorius et Théodose II ainsi conçue : occidendorum leonum cunctis facimus potestatem, neque aliquam sinimus quemquam calumniam formidare. Bestias autem, quæ ad comitatum ab omnibus limitum ducibus transmittuntur, non plus quam septem diebus intra singulas civitates detineri præcepimus : violatoribus eorum quinas libras auri fisci juribus illaturis (2).

Le chasseur ou le pêcheur devient propriétaire du gibier ou du poisson, que la capture s'opère sur son propre terrain ou sur le terrain d'autrui, que le propriétaire du terrain ou de l'étang ait ou non défendu d'y accéder : nec interest, dit Gaïus, quod ad feras bestias et volucres, utrum in suo fundo quisque capiat aut in alieno (3). C'est

(1) Loi 1. *Ad leg. jul., de vi publ.* (18,6).

(2) Loi unic. Code, *De venatione ferarum* (11,44).

(3) Loi 3, § 1. *De adq. rer. dom.* (41,1). Inst. *De divis. rer.*, liv. II, tit. I, § 12.

qu'en effet les animaux *in laxitate naturali* ne sont pas considérés comme produits du fonds sur lequel ils passent ou vivont habituellement. Ils ne sont pas *res soli*, ils sont *res nullius* et leur nature ne saurait être modifiée par le lieu de la capture ou par la défense du maître de ce lieu. Cujas a soutenu le contraire, mais il s'est trompé sans aucun doute, les Romains n'ayant jamais imaginé de dire qu'au propriétaire d'un fonds appartient le gibier tué sur ce fonds par des personnes non autorisées à y chasser. Voici en quels termes s'exprime Cujas : « Eorum vero qui non permissu domini, in alieno quid horum (piscari, venari, vel aucupari) fecerit, puto nihil adquirere, idque probare in laqueum (Dig. liv. 41, tit 1), quæ aprum qui in plagas incidit, necdum apprehensus est, non aliter meum fieri ostendit, quam si in meo vel in alieno permissu domini, laqueum posuero, cui ita hæserit aper ut diu colluctando se expediturus non fuerit ». Cujas, on le voit, argumente de la loi 55 *de adquirendo rerum dominio*. Or, cette loi est loin d'être décisive. Il y est question de savoir si un sanglier tombé dans les rets tendus par un chasseur et enlevé par un tiers, appartient au chasseur, et si le tiers en se l'appropriant a commis un *furtum*. Laqueum videamus, dit Proculus, ne intersit in publico an in privato posuerim : et si in alieno, utrum permissu ejus cujus fundus erat, an non permissu ejus posuerim? Prætērea, utrum in eo casu ita hæserit aper, ut expedire se non possit ipse, an diutius luctando expediturus se fuerit? Summam tamen hanc puto esse ut, si in meam potestatem pervenit. meus factus sit, sin autem aprum meum ferum in suam naturalem laxitatem dimisisses, eo facto meus esse desisset, et actionem mihi in factum dari oportere. Ainsi, Proculus n'agite pas la question de savoir si le gibier appartient au propriétaire du fonds, il recherche seulement les éléments de la *venatio* et décide que le gibier appartient au chasseur qui l'a réellement appréhendé.

Le texte de Proculus nous apprend que l'animal sauvage cesse d'appartenir au chasseur quand il a recouvré sa liberté naturelle soit par une fuite spontanée, soit par le fait d'un tiers. Le principe d'après lequel la propriété est indépendante de la possession ne reçoit donc pas ici son application. La propriété est perdue pour le chasseur à qui il reste la faculté d'intenter une action *in factum* ou l'action *de dolo*, en cas de dol, contre le tiers par qui l'animal a recouvré la liberté. L'animal en fuite reprend son caractère de *res nullius*, et même, par une sorte de *postliminium*, ce caractère est censé avoir persisté pendant toute sa captivité. En conséquence, les droits d'hypothèque ou d'usufruit dont il a pu être grevé par le possesseur disparaissent pour ne plus revivre alors même que plus tard l'animal sauvage retomberait entre les mains de son ancien maître (1).

Les animaux *in laxitate naturali* ne sont pas des fruits du fonds sur lequel ils séjournent. La chasse n'est une source principale de revenus que pour certains fonds exceptionnels. C'est ce que fait entendre le jurisconsulte Julien dans le fragment suivant: venationem fructus fundi negavit esse, nisi fructus fundi ex venatione constet (2). Mais est-ce à dire que l'usufruitier n'a pas le droit de chasser ou de pêcher sur le fonds dont il a l'usufruit, ou du moins qu'il n'a ce droit qu'autant

(1) Loi 14, pr. Dig. *De adq. rer. dom.* (41,1). Loi 6, pr. Dig. *De divis. rer.* (1,8).

(2) Loi 26. Dig. *De usuris et fructibus* (22,1).

que la chasse ou la pêche soit la meilleure manière de jouir de l'immeuble grevé? Quelques auteurs comprennent la loi 26 de cette façon et c'est encore en ce sens qu'ils entendent le fragment suivant d'Ulpien : aucupiorum quoque et venationum reditum, Cassius ait libro 8 juris civilis, ad fructuarium pertinere. Ergo et piscatorium (1). Cette interprétation n'est pas admissible ; nous allons le démontrer.

Les animaux sauvages *in laxitate naturali* n'appartiennent pas au propriétaire du fonds, ils sont *res nullius* et chacun peut s'en emparer, sauf le droit du propriétaire du fonds de défendre l'accès de son terrain à quiconque voudrait y pénétrer. Evidemment, l'usufruitier se trouve tout au moins sur le même pied qu'un chasseur étranger à l'immeuble ; sa situation est-elle préférable à la sienne? Telle est la question à résoudre. Or, l'affirmative nous semble incontestable. La restriction à l'exercice du droit de chasse que peut apporter le propriétaire du fonds saurait-elle concerner l'usufruitier, lui qui trouve dans la détention de l'immeuble le droit de circuler, de parcourir en tous sens le fonds grevé pour la promenade comme pour les travaux des champs, lui qui jouit du fonds, qui peut en percevoir tous les fruits, en user, en retirer tous les profits, tous les avantages? Mais la chasse ou la pêche est précisément l'un de ces avantages : usufructuarium, dit Triphoninus, venari in saltibus vel montibus possessionis suæ probe dicitur ; nec aprum, aut cervum, quem ceperit, proprium domini capit, sed fructus aut jure civili, aut gentium suos facit (2). Le jurisconsulte prend le mot fruit dans un sens

(1) Loi 9, § 5. Dig. *De usufr.* (7,1).

(2) Loi 62, princ. Dig. *De usufr. et quem. quis utatur fruc.* (7,1).

large, comme désignant un avantage quelconque, et il admet que le gibier dont s'empare l'usufruitier lui appartient, soit parce que l'acquisition a pour cause l'occupation et dérive ainsi du droit des gens, soit parce qu'elle résulte de la faculté qu'a l'usufruitier de se servir du fonds grevé, et dérive ainsi du droit civil qui reconnaît l'usufruit. Ulpien part des mêmes principes dans la loi 9 et Julien dans la loi 26 dont l'objet est d'ailleurs étranger au point qui nous occupe, ne s'en écarte aucunement. Ce jurisconsulte, examinant les cas dans lesquels le simple possesseur doit compte des fruits au propriétaire, fait remarquer que le produit de la chasse n'entre en ligne de compte que si la chasse est un des revenus du fonds. Par là, nous voyons que le possesseur de mauvaise foi a la faculté de chasser, quand le domaine n'a pas été spécialement aménagé en vue de la chasse, et s'il en est ainsi, ne serait-il pas tout au moins singulier que l'usufruitier fût moins favorisé que ce possesseur ?

Choses communes. — On comprend sous la dénomination de *res communes* les choses qui appartiennent à tout le monde, comme l'air, l'eau courante, la mer et son rivage (1).

Le rivage de la mer est la partie du littoral que couvrent les flots dans les plus hautes marées : Litus, dit Celsus, quousque maximus fluctus a mari pervenit, idque Marcum Tullium aiunt, cum arbiter esset, primum constituisse. La même idée est exprimée par Justinien dans les termes suivants : Est litus maris quatenus hibernus fluctus maximus excurrit (2). L'Ordonnance de la marine

(1) Inst., liv. II, tit. I. *De divis. rer.*, § 1.
(2) Loi 96, pr. Dig. *De verb. sign.* (50,16) Inst *De divis rer.*, § 3.

de 1681 dit aussi : « Est réputé bord ou rivage de la mer tout ce qu'elle couvre et découvre pendant les nouvelles et pleines lunes, jusqu'où le plus grand flot de mars se peut étendre. »

Les choses communes prises en bloc échappent à raison de leur nature même à toute appropriation privée, mais divisées, morcelées elles ne diffèrent point des *res privatæ*. Tel est l'air enfermé dans un récipient, telle est l'eau reçue dans un bassin. Ovide fait parler ainsi Latone aux paysans de Lycie qui voulaient l'empêcher de puiser de l'eau pour boire :

Quid prohibitis aquas ? Usus communis aquarum est :
Nec solem proprium natura, nec æra fecit,
Nec tenues undas : ad publica munera veni.
Quæ tamen..... (1)

On trouve d'autres exemples d'occupation dans le fait de sécher des filets sur le rivage, d'y bâtir de petites cabanes de pêcheurs, d'élever sur pilotis un édifice dans la mer : si pilas in mare jactaverim supra eas inædificaverim, continuo mea fit, quoniam id quod nullius sit, occupantis sit; d'établir une villa sur le rivage de la mer : quod in littore quis ædificaverit, ejus erit, nam littora publica non ita sunt, ut ea quæ in patrimonio sunt populi, sed ut ea, quæ primum a natura prodita sunt, et in nullius adhuc dominium pervenerunt; nec dissimilis conditio eorum est atque piscium et ferarum (2). Cependant, l'occupation de la portion de la mer ou du rivage où l'habitation se trouve disposée, est soumise

(1) Métamorphoses, liv, VI.

(2) Inst., liv. II, tit. I. *De divis. rer.*, § 5. Lois 4 pr. et 5, § 1. Dig. *De divis. rer.* (1,8). Loi 30, § 4. *De adq. rer. dom.* (41,1). Loi 11, prin., eod. tit.

à la nécessité d'une autorisation. Le préteur qui est chargé de la donner n'autorise à élever la construction qu'autant qu'il n'en doit résulter aucune gêne pour la navigation ou l'amarrage, ni aucune atteinte aux droits acquis à des particuliers (1); sinon il donne à ces derniers un interdit pour empêcher les travaux : adversus eum qui molem in mare projecit, interdictum competit ei cui forte hæc res nocitura sit (2).

La construction une fois élévée, le sol qui la supporte passe en la propriété du constructeur, sauf à reprendre sa condition de chose commune, lors de la complète démolition, *quasi jure postliminii* (3). Mais cette donnée n'est bien certaine qu'en présence d'une construction élevée avec l'autorisation du préteur. Ce magistrat, quand il s'agit d'un ouvrage fait sans son autorisation sur un terrain *public*, peut ordonner la démolition (4) et peut-être a-t-il le même pouvoir dans le cas d'un ouvrage fait sans son autorisation sur le rivage de la mer. Le droit de réglementation que nous lui connaissons permet d'appeler *publicus* l'*usus litorum* et c'est ainsi, sans doute, que Neratius appelle les rivages de la mer *litora publica*, et que Celsus écrit : litora in quæ populus romanus imperium habet, populi romani esse arbitror (5).

Choses trouvées dans la mer et sur les rivages. — Les choses du crû de la mer, comme le corail, les madrépores, les coquillages, l'ambre, les varechs, les algues

(1) Loi 50. Dig. *De adq. rer. dom.* (41,1). Lois 2, § 16, 3 et 4. *Ne quid in loco publ.* (43,8).

(2) Loi 2, § 8. Dig. *Ne quid in loco publ.*

(3) Loi 2, § 17, *Ne quid in loco publ.* (43,8).

(4) Loi 2, § 17, *Ne quid in loco.*

(5) Loi 3, *Ne quid in loco*, et loi 14, § 1. Dig. *De adq. rer. dom.* (41,1).

appartiennent au premier occupant : Item, dit Justinien, lapilli et gemmæ et cetera quæ in litore inveniuntur, jure naturali statim inventoris fiunt (1).

Que faut-il entendre par ces mots *lapilli* et *gemmæ*? Gemmæ autem, dit Ulpien, sunt perlucidæ materiæ, quas (ut refert Sabinus, lib. ad Vitellium) Servius a lapillis eo distinguebat, quod gemmæ essent perlucidæ materiæ veluti smaragdi, chrysolithi, amethysti : lapilli autem contrariæ superioribus naturæ, ut obsiani, vejentani (2). Toutes ces choses deviennent la propriété de celui qui le premier les a appréhendées : gemmæ, lapilli, margaritæ in litoribus inventæ, ejus fiunt, qui primus eorum possessionem nactus est (3), et la circonstance qu'un chercheur de perles aurait aperçu un coquillage avant le capteur n'arrêterait en rien le fait d'appropriation. C'est pourtant une prétention fort ancienne que celle d'avoir une part dans la chose qu'un autre a trouvée mais qu'on a aperçue en même temps que lui. On en trouve un vestige dans Phèdre :

Invenit calvus forte, in trivio pectinem ;
Accessit alter æque defectus pilis :
Eia, inquit, in commune, quodcumque est lucri (4).

On en trouve un autre vestige dans Plaute, *in Rudente*. Trachalion demandait à Gripus sa part d'une valise que ce dernier avait pêchée. A cela Gripus répond : « Quemne ego excepi e mari? » Trachalion réplique : « Et ego inspectavi e litore » (5).

(1) Inst., liv. II, tit. I. *De divis. rer.*, § 18.
(2) Loi 19, § 17. Dig. *De auro, argento* (34,2).
(3) Loi 1, in fine. Dig. *De adq. vel amitt. poss.* (41 2). *Non obstat lex* 1, § 21. Dig. *De adq. poss.*
(4) Phèdre, Fab., V, 6.
(5) Plaute. *In Rudente*, act. IV, ch. 3.

Il ne faut pas assimiler aux coquillages et aux plantes marines les objets jetés à la mer pour alléger un navire exposé à sombrer dans une tempête ou poursuivi par des pirates (1). Cet abandon forcé ne fait pas de ces objets des *res nullius*; loin de là, la propriété en demeure chez le *dominus* et l'appréhension qu'en ferait un étranger soit en pleine mer, soit sur le rivage serait un véritable vol. Le jurisconsulte Paul dit en effet : res jacta domini manet, nec fit apprehendentis, quia pro derelicto non habetur (2). Ainsi, l'occupation est ici impossible, parce que les objets ne sont pas *derelicti a domino*, mais il en serait autrement s'ils devaient être considérés comme tels, si, par exemple, ils avaient été volontairement jetés à la mer comme gênants et inutiles (3).

Il faut encore se garder de prendre pour des *res nullius* les épaves provenant d'un naufrage : « et si naufragio, dit Ulpien dans une loi que nous avons déjà signalée, quid amissum sit, non statim nostrum esse desinere; denique quadruplo teneri eum qui rapuit » (4). Et Gaius : « si quis ex naufragio, vel ex incendio, ruinâve servatam rem et alio loco positam subtraxerit aut rapuerit; furti scilicet aut alias vi bonorum raptorum judicio tenetur, maxime si non intelligebat, ex naufragio, vel incendio, ruinave eam esse. Jacentem quoque rem ex naufragio quæ fluctibus expulsa sit, si quis abstulerit, plerique idem putant » (5). Un rescrit d'Antonin cité par Ulpien reconnaît au naufragé la faculté de recueillir les débris

(1) Inst., liv. II, tit. I. *De div. rer.*, § 48. Loi 9. Dig. *De adq. rer. dom.* (41,1).

(2) Loi 2, § 8. Dig. *De lege Rodhia de jactu* (14,2).

(3) Loi 43, § 11. Dig. *De furtis* (47,2). Loi 58. Dig. *De adq. rer. dom.* (41,1).

(4) Loi 44, in medio. Dig. *De adq. rer. dom.* (41,1).

(5) Loi 5. Dig. *De incendio, ruina naufr. rate, nave expug.* (47,9).

de son vaisseau : licere unicuique naufragium suum impune colligere constat (1). Cette faculté lui est également reconnue par une constitution de Constantin : si quando naufragio navis expulsa fuerit ad litus, vel si quando aliquam terram attigerit, ad dominos pertineat, fiscus meus sese non interponat ; quid enim jus habet fiscus in aliena calamitate, ut de re tam luctuosa compendium sectetur? L'empereur, comme on voit, arrête les empiétements d'un fisc trop peu soucieux des principes du droit et des règles de la morale. Deux siècles auparavant, Juvénal lui adressait ces vers satiriques :

Quidquid conspicuum ex æquore toto est,
Res fisci est ubicumque notat.

Iles nées dans la mer.— Les terres inhabitées et les îles qui naissent dans la mer, phénomène fort rare à la vérité, peuvent faire l'objet d'une occupation : insula quæ in mari nata est, quod raro accidit, occupantis fit ; nullius enim esse creditur (2).

Un jurisconsulte moderne, Merlin, ne pense pas que cette règle reçut jamais cette application. Suivant lui, ce fut toujours l'Etat qui devint propriétaire des îles ou des terres inhabitées découvertes par un sujet romain. « La République, dit-il, envoie une colonie pour peupler l'île Pontia, dans la mer de Toscane. Marius et Sylla envoient aussi des colonies pour peupler la Corse, que les anciens habitants avaient abandonnée. La République s'appropriait donc toutes les îles désertes, en faisait la distribution aux colons qu'elle y envoyait, et se réservait l'empire sur les terres et sur les cultivateurs.

(1) Loi 12. Dig., eod. tit.
(2) Inst., liv. II, tit. I. *De divis rer.*, § 22.

Rome, qui semble n'exister que pour faire la guerre et ne faire la guerre que pour tout envahir, Rome à qui tous les moyens furent bons, pourvu qu'elle étendît sa puissance, Rome n'avait garde de laisser à la merci du premier occupant les îles qu'elle pouvait s'approprier sans effort, puisqu'elles étaient désertes (1). »

Nous ne discuterons pas l'opinion de Merlin, on peut lui accorder un certain crédit, l'admettre ou la rejeter suivant l'étendue du terrain découvert, mais quoi qu'il en soit, il est certain que l'*occupatio pagana* n'a lieu relativement aux terres découvertes qu'autant qu'elles sont inhabitées. Quand une terre est habitée, quelque sauvages que soient les indigènes, ces hommes en sont propriétaires, et il n'est possible de la leur enlever que par l'*occupatio bellica*.

L'île née dans un fleuve par dessèchement ou par atterrissement n'est pas *res nullius*, et par suite ne peut pas faire l'objet d'une occupation. Elle appartient aux riverains, tantôt à l'un d'eux, tantôt à tous les deux ensemble suivant la position qu'elle occupe dans le fleuve : in flumine nata, quod frequenter accidit, si quidem mediam partem fluminis tenet, communis est eorum qui ab utraque parte fluminis prope ripam prædia possident, pro modo latitudinis cujusque fundi, quæ latitudo prope ripam sit, quod si alteri parti proximior sit, eorum est tantum qui ab ea parte prope ripam prædia possident (2).

Il faut pourtant remarquer que la règle donnée par

(1) Merlin. Ré. v°. *Occup.*, § 3, art 1

(2) Inst., liv. II, tit. I. *De divis. rer.*, § 22. Loi 7, § 3. Dig. *De adq. rer. dom* (41,1). Nous suivons encore aujourd'hui la même doctrine, lorsqu'il s'agit de rivières non navigables et non flottables. Quant aux îles qui se forment dans les rivières navigables ou flottables, elles appartiennent à l'Etat. (V. les art. 560 et 561 du Code civ.)

Justinien ou Gaius n'est applicable qu'aux îles naissant en face d'un *ager non limitatus*, c'est-à-dire d'un fonds qui n'a jamais été l'objet d'un bornage public et solennel, ou dont les limites effacées par le temps sont devenues méconnaissables. L'*ager limitatus*, dont la contenance est essentiellement invariable, n'a de droit ni à l'île, ni au lit abandonné par le fleuve, ni même à l'alluvion. L'île, le lit abandonné, l'alluvion, sont *res nullius* et appartiennent au premier occupant (1).

II. Des *res derelictæ*.

Celui qui abandonne la possession de sa chose avec l'intention d'en abdiquer la propriété, cesse d'en être propriétaire : qua ratione, verius esse videtur, si rem pro derelicto a domino habitam occupaverit quis, statim eum dominum effici. Les objets égarés ou perdus comme ceux qui dans une tempête ont été jetés pour alléger le navire, ou ceux qui sont tombés d'un véhicule en marche, ne cessent pas d'appartenir au propriétaire : alia causa, dit Justinien, est earum rerum quæ in tempestate maris, levandæ navis causa, ejiciuntur; hæ enim dominorum permanent, quia palam est eas non eo animo ejici quod quis eas habere non vult, sed quo magis cum ipsa navi maris periculum effugiat. Qua de causa, si quis eas fluctibus expulsas, vel etiam in ipso mari nactus, lucrandi animo abstulerit, furtum committit, nec longe discedere videntur ab his quæ de rheda currente, non intelligentibus dominis, cadunt (2).

(1) Loi 1, §§ 6 et 7. Dig. *De flum.* (43,12). Loi 16. Dig. *De adq. rer. dom.* (41,1).

(2) Inst., liv. II, tit. I. *De div. rer.*, § 48.

L'obstacle à l'occupation, c'est donc la persistance de l'*animus domini* chez le propriétaire, et remarquons que l'appréhension impuissante à faire acquérir immédiatement la propriété de l'objet égaré, ne saurait davantage servir de base à l'usucapion (1).

La chose véritablement abandonnée appartient tout aussitôt à la personne qui s'en empare. Ce point de droit est certain. Au contraire, la question de savoir si le *derelinquens* perd immédiatement la propriété de la chose qu'il délaisse, fait l'objet d'une controverse entre l'école proculienne et l'école sabinienne. Suivant les Proculiens, la chose abandonnée continue d'appartenir au *derelinquens*, tant qu'elle n'a pas été appréhendée par un autre ; Proculus non desinere eam rem domini esse, nisi ab alio possessa fuerit (2). Suivant les Sabiniens dont l'opinion a été consacrée par Justinien, la propriété de l'objet est perdue pour le *derelinquens* à l'instant même de l'abandon, et indépendamment de l'occupation qui peut advenir : statim dominus esse desinit (3).

Voici l'intérêt pratique de la controverse : dans le système des Proculiens, le *derelinquens* en reprenant l'*animus domini*, par un changement de volonté connu de l'occupant, acquiert le droit d'intenter contre lui l'action *furti*. L'esclave *pro derelicto habitus* conserve le *jus stipulandi* et procure à son maître le bénéfice de la stipulation. Le maître, de son côté, reste soumis à l'action noxale, à raison des délits commis par l'esclave. Une *res mancipi derelicta* ne passe sous le *dominium ex jure quiritium* de l'occupant qu'après l'accomplissement de l'usucapion.

(1) Lois 6 et 7. Dig. *Pro derelicto*. (41,7).
(2) Loi 2, § 1. Dig. *Pro derelicto* (41,7).
(3) Inst., liv. II, tit. I, *De divis. rer.*, § 47.

Jusque-là, elle est *in bonis*, car la tradition (traditio incertæ personæ) à laquelle la doctrine proculienne semble rattacher la *derelictio*, ne transfère pas le *dominium ex jure quiritium* des *res mancipi*. De là il résulte une stricte observation des modes civils d'aliénation : la nécessité pour les parties de recourir à la *mancipatio* ou à l'*in jure cessio*, et l'impossibilité pour elles de s'entendre pour simuler l'une un abandon et l'autre une appréhension spontanée.

Dans le système des Sabiniens, la chose abandonnée devient *res nullius* par le fait même de la *derelictio*, et quelle que soit l'intention du *derelinquens* au moment de l'appréhension, l'occupation produit tous ses effets. Dès lors, l'action *furti* ne saurait, en aucun cas, être exercée par le *derelinquens*, ni l'action noxalc contre lui; la stipulation faite par l'esclave *nullius* est absolument nulle; l'usucapion n'est pas nécessaire pour transférer le domaine quiritaire qu'acquiert l'occupant avec la prise de possession (1).

Nous devons nous fixer sur la question de savoir s'il faut rattacher à l'occupation l'acquisition des choses abandonnées ou y voir une application de la tradition faite *incertæ personæ*.

D'abord, qu'est-ce que la *traditio incertæ personæ?* La tradition faite à personne incertaine est celle par laquelle une personne se dessaisit d'un objet au profit du premier venu qui s'en emparera. Justinien présente un exemple d'une tradition de ce genre dans l'hypothèse d'un magistrat qni cherche la popularité en jetant des pièces de

(1) Loi 43, § 5. Dig. *De furtis* (47,2). Loi 36. Dig. *De stip. serv.* (45,3). Loi 38, § 1. Dig. *De noxalibus actionibus* (9,4). Lois 1 et 2, § 1. Dig. *Pro derelicto* (41,7). Inst., liv. II, tit. I. *De div. rer.*, § 47.

monnaie dans la foule : hoc amplius, interdum et incertam personam collata voluntas domini transfert rei proprietatem ; ut ecce prætores et consules, qui missilia jactant in vulgus, ignorant quid eorum quisque sit excepturus, et tamen quia volunt quod quisque exceperit ejus esse, statim eum dominum efficiunt. Tous les éléments d'une véritable tradition se rencontrent dans l'acte de ce magistrat qui non-seulement se dépouille de ses pièces de monnaie, mais qui entend aussi en transférer la possession et la propriété aux mains les plus adroites.

Pour les Proculiens, la *derelictio* offre aussi un exemple de *traditio incertæ personæ*. Dans leur opinion, la chose abandonnée n'est point une *res nullius*. Dès lors, celui qui s'en empare la tient du *derelinquens*. Pour les Sabiniens, au contraire, le *derelictio* n'est jamais une application de la *traditio incertæ personæ*, elle rend l'objet abandonné *res nullius* et donne lieu au mode originaire d'acquérir, à l'occupation.

Cette seconde opinion est fort rationnelle. La tradition, en effet, suppose nécessairement l'intention du *tradens* de se dépouiller au profit d'une personne connue déterminément ou non. Or, la *derelictio* fait-elle supposer une intention semblable? Aucunement. On n'oserait soutenir que le *derelinquens*, celui qui jette par sa fenêtre un objet qui l'embarrasse, cherche à l'attribuer à un passant. Ce serait à tort qu'on le comparerait au préteur jetant dans la foule des pièces de monnaie ; ces pièces qui ont une valeur réelle aux yeux du magistrat, quelle que soit d'ailleurs son opulence. ne sont pas jetées au hasard et sans motif sur la voie pnblique, elles sont dirigées vers le peuple, elles lui sont livrées pour prix de sa faveur.

(1) Inst., liv. II, tit. I, *De divis. rer.*, § 46.

Les deux doctrines opposées des Proculiens et des Sabiniens sont contenues dans un texte très-explicite du jurisconsulte Paul : « Proculus non desinere eam rem domini esse, nisi ab alio possessa fuerit ; Julianus, desinere quidem omittentis esse, non fieri autem alterius nisi possessa fuerit et recte (1). Cependant, malgré ce texte, on a soutenu que, même dans l'opinion sabinienne, l'acquisition des choses abandonnées se rattachait à la *traditio incertæ personæ*, et on a présenté en ce sens une loi du Sabinien Pomponius, ainsi conçue : « Id, quod quis pro derelicto habuerit, continuo meum fit ; sicuti eum quis æs sparserit, aut aves amiserit ; quamvis incertæ personæ voluerit eas esse, tamen ejus fierent, cui casus tulerit ; eaque cum quis pro derelicto habeat, simul intelligitur voluisse alicujusfieri» (2). Ce texte est-il bien formel dans le sens qu'on lui attribue ? Il est permis d'en douter, car des deux exemples choisis par Pomponius, il en est un qui s'oppose absolument à cette interprétation. C'est celui d'oiseaux captifs qu'on a relâchés. Il est certain que les oiseaux recouvrant à la sortie de la cage leur liberté naturelle, deviennent *res nullius* et ne sont susceptibles d'appropriation que par voie d'occupation, *aucupium*. D'ailleurs, n'y eût-il au texte que l'exemple tiré de pièces de monnaie jetées dans la foule, il serait peu vrai de dire que Pomponius assimile le *derelinquens* au magistrat *missilia jactans in vulgus*. Le jurisconsulte écrit seulement que celui qui s'est emparé d'une chose abandonnée en est propriétaire, comme l'homme du peuple est propriétaire des pièces d'argent jetées par le magistrat et saisies au passage. Mais le point de départ de la propriété n'est

(1) Loi 2, § 1. Dig. *Pro derelicto*. (4 1,7).
(2) Loi 5, § 1. Dig. *Eod. tit.*

pas le même dans les deux hypothèses, car d'un côté, on le trouve dans l'intention formelle du *tradens* de faire parvenir la chose aux mains d'un tiers, et de l'autre, dans un simple acte d'abandon que ne précède ou n'accompagne nulle intention semblable à celle du *tradens.* Avant tout, le *derelinquens* veut abandonner sa chose, et ce n'est qu'accessoirement, que virtuellement qu'il consent à l'appropriation de la *res derelicta* : simul intelligitur voluisse alicujus fieri. Nous estimons que l'opinion de Pomponius est conforme à celle de son école, se traduisant par la distinction du cas où l'on fait tradition *personæ incertæ* et du cas où l'on abandonne ce qui dégoûte ou embarrasse. Pour les Sabiniens, nous le répétons, la chose abandonnée devient *res nullius*, et la propriété s'en acquiert par l'occupation. Cette opinion, Ulpien, jurisconsulte éclectique, l'adopte et la résume ainsi : « si res pro derelicto habita sit, statim nostra esse desinit, et occupantis statim fit. » (1).

OCCUPATIO BELLICA.

L'occupation a également pour objet les hommes libres faits prisonniers à la guerre, les immeubles et les meubles pris sur l'ennemi : item ea quæ ex hostibus capimus jure gentium statim nostra fiunt : adeo quidem ut et liberi homines in servitutem nostram deducantur (2).

Ainsi, les choses prises sur l'ennemi sont acquises à l'occupant et il n'importe que la prise ait été effectuée sur le territoire même de l'ennemi ou sur le territoire romain. Du jour où la guerre a été déclarée, les biens

(1) Loi 1. Dig. *Pro derelicto* (41,7).
(2) Inst. *De divis. rer.*, liv. II, tit. I, § 17.

possédés par un étranger dans l'étendue de ce territoire cessent de lui appartenir et lui-même, s'il n'a pas regagné son pays, est réduit en esclavage (1). La propriété ennemie n'existe pas aux yeux des Romains ; tout ce qui appartient à l'ennemi est regardé par eux comme *res nullius* et entre dans leur patrimoine, franc et libre de toute charge. Modestin assimile le *fundus hostium* à l'homme libre et à l'esclave mort qui ne peuvent faire l'objet d'une stipulation : liber homo in stipulatum deduci non potest : quia nec dari oportere intendi, nec æstimatio ejus præstari potest : non magis quam si quis dari stipulatus fuerit mortuum hominem aut fundum hostium (2).

Prisonniers de guerre. — Le droit des peuples admettait que les guerriers pris les armes à la main, les habitants d'une ville rendue ou prise d'assaut devinssent esclaves du vainqueur : jure gentium, id est captivitate (3). Les Romains n'exigeaient même pas toujours l'état de guerre, et ils considéraient comme parfaitement légale la servitude d'un homme fait prisonnier en temps de paix, lorsqu'il n'existait ni liaisons de bienveillance et d'hospitalité, ni traité d'amitié avec la nation dont cet homme était originaire (4). Cependant, la règle générale formulée par Ulpien, est que les ennemis sont ceux à qui le peuple romain a déclaré la guerre (5).

Le roi Ancus Martius, si l'on en croit Tite-Live, avait consacré les déclarations de guerre par quelque appareil

(1) Loi 51. *De adq. rer. dom.* (49,1) et loi 12. pr. *De capt. et postl.* (49,15).

(2) Loi 103. *De verb. oblig.* (45,1).

(3) Inst , liv. I, tit. IV. *De ingenuis*, § 4.

(4) Loi 5, § 2. *De captiv. et postl.* (49,15).

(5 Loi 24, eod. tit.

religieux. Un fécial, arrivé sur les confins du territoire de la nation contre laquelle s'élevaient des sujets de plainte, se couvrait la tête d'un voile, et prenait les dieux à témoin de l'injustice de cette nation et de son refus de se rendre à des réclamations équitables. Le fécial lançait alors un javelot sur le territoire ennemi, et les hostilités commençaient (1).

Les voleurs, les brigands ou les pirates ne sont pas des ennemis proprement dits ; aussi, leur prisonnier ne devient pas leur esclave. Et dans les dissensions civiles où l'on ne combat pas pour la ruine de sa patrie, quoique souvent on y porte atteinte, les partis opposés ne sont pas l'un vis-à-vis l'autre comme des ennemis, dans l'acception propre du mot. Si donc un partisan de Pompée devient prisonnier de César, la captivité de fait qu'il subit ne lui fait perdre aucune de ses prérogatives de citoyen (2).

L'esclavage a sa source primitive dans le droit de la guerre, lorsqu'au lieu de tuer les ennemis, on a préféré leur donner la vie pour s'en servir. On suppose que le vainqueur conserve toujours le droit de leur ôter la vie, qu'il acquiert ce droit sur leurs enfants qui évidemment doivent leur existence à la conservation du père, qu'il transmet ce droit en aliénant l'esclave : « servi, dit Florentinus, ex eo appellati sunt, quod imperatores captivos vendere, ac per hoc servare nec occidere solent, qui etiam mancipia dicti sunt, eo quod ab hostibus manu capiuntur. L'application du principe de droit de vie et de mort sur la personne des captifs, fut souvent faite dans l'antiquité. Que de récits émouvants ne trouve-t-on pas

(1) Tite Live, I, 32.

(2) Loi 21, § 1. *De capt. et postl.* (49,15).

à ce sujet dans l'histoire grecque et dans l'histoire romaine ! Etiam qui triumphant, eoque diutius vivos hostium duces servant, ut, his per triumphum ductis, pulcherrimum spectaculum fructumque victoriæ populus perspicere possit, tamen cum de foro in Capitolium currum flectere incipiunt, illos duci in carcerem jubent; idemque dies et victoribus imperii et victis vitæ finem facit (1). Tite-Live raconte qu'après la reddition de Pométia, les principaux habitants expirèrent par le glaive (2); qu'après la défaite sanglante des Tarquiniens, on fit, dans nombre considérable des prisonniers, un choix de trois cent cinquante-huit officiers, pour les envoyer à Rome. Tout le reste fut massacré, et le peuple romain ne sévit pas avec moins de rigueur contre ceux qu'on lui avait envoyés. Tous furent battus de verges et expirèrent ensuite sous la hache, au milieu du Forum. C'était la représaille du massacre des Romains dans la cité des Tarquiniens (3). En vertu des mêmes principes, Vercingétorix mourut étranglé, après avoir été conduit en vaincu au triomphe de Jules César.

L'égoïsme militaire donna naissance à une institution qui améliora la situation des prisonniers, nous voulons parler de l'échange et du rachat des captifs. A la suite des exploits d'Amilcar, exploits qui avaient mis un grand nombre de Romains dans l'esclavage, les généraux de Rome et de Carthage convinrent d'échanger les prisonniers de guerre, à la condition que la nation qui en recevrait plus qu'elle n'en rendrait, paierait deux livres et demie d'argent par soldat. Les historiens latins rappor-

(1) Ciceron. 2e discours. *Contre Verrès*, liv. v, n° 30.
(2) Tite-Live, II, 17.
(3) Tite-Live, VII, 19.

tent que cette clause du traité fut observée. Le dictateur Fabius et le carthaginois Annibal passèrent ensemble la même convention. Il est vrai que le Sénat refusa de la ratifier parce que Fabius avait négligé de le consulter, mais le dictateur paya de ses deniers la dette publique, et le maintien de la convention tourna à sa gloire (1). Un autre Fabius obtint des Crétois le rachat de quatre mille prisonniers et des Romains les honneurs du triomphe, en récompense de ce service (2).

Toutefois, l'échange ou le rachat des captifs étant fondé sur l'intérêt de l'Etat, se trouvait resserré dans des limites assez étroites. A Rome, les sénateurs qui décidaient en pareille matière, s'inquiétaient peu de l'infortune des prisonniers, mais consultaient plutôt les règles économiques, les ressources militaires. La crainte de favoriser la lâcheté et de consacrer par des rachats trop fréquents un principe de défaillance pour l'armée, dominait aussi le Sénat, et ce sentiment n'était pas étranger au peuple, comme le montre l'histoire des fuyards de Cannes qui se donnèrent la mort pour échapper au mépris de leurs concitoyens (3).

Le droit d'asservir les populations vaincues persista dans toute la durée de la République et de l'Empire. Les nombreux succès des armées romaines rendirent la guerre très-féconde en esclaves. Paul-Emile en envoya d'Epire cent-cinquante mille. Les prisonniers de Marius, de Sylla et de Pompée n'ont pu être comptés. L'Etat tirait un grand profit de tous ces captifs, il les vendait à l'encan et en bloc aux spéculateurs qui les revendaient en détail sur les marchés de l'Europe et de l'Afrique.

(1) Tite-Live, XXII, 23.
(2) Tite-Live, XXXVII, 60.
(3) Tite-Live, XXII, 61.

Aulu-Gelle fait remarquer que chez ses ancêtres, les prisonniers de guerre étaient mis en vente avec une couronne sur la tête, d'où vient l'expression *sub corona venire*. D'après Sabinus, l'origine de ces mots se trouve aussi dans la couronne, marque particulière des esclaves pris à la guerre; d'après d'autres dans le cercle, *corona*, que formaient autour de ces esclaves exposés sur le marché, les soldats chargés de les garder. Aulu-Gelle qui préfère la première étymologie invoque à son appui l'autorité de Caton : « Verba sunt hæc Catonis: ut populus sua opera potius ob rem bene gestam coronatus supplicatum eat, quam re male gestas coronatus veniat. » (1).

Les captifs de guerre recouvrent la liberté par un mode spécial qu'on appelle le *jus postliminii*. Ce mot exprime le retour du prisonnier dans son pays et le recouvrement de ses droits antérieurs à la captivité. Or, parmi ces droits, la liberté se place au premier rang. On trouve, dans *limes* (seuil) et dans *post* (ensuite) l'étymologie du *jus postliminii*. L'individu qui retourne aux frontières de son pays après avoir été pris par l'ennemi est dit *reversus postliminio*, retourné ensuite au seuil. Le seuil d'une maison est une sorte de frontière, de limite, et les anciens ont vu dans la frontière d'un empire une sorte de seuil. *Postliminium*, c'est le retour du captif au même seuil qu'il avait passé pour se perdre (2). Une coutume superstitieuse des anciens Romains a fait trouver une autre étymologie. Plutarque (3) rapporte qu'il était de mauvais présage pour un Romain de retour d'une captivité

(1) Aulu-Gelle. *Nuits attiques*, VII, 4.

(2) Inst., liv. I, tit. XII. *Quib. mod. jus potest solv.*, § 5.

(3) Quæst. rom., V.

pendant laquelle on l'avait cru mort, de rentrer dans sa maison par la porte. Il évitait l'entrée principale de sa demeure et y pénétrait par le toit, *per tegulas et impluvium, post limen*. Mais cette étymologie est fort contestable, d'abord parce que la coutume rapportée par Plutarque n'est pas certaine, et ensuite parce que le *postliminium* était acquis au prisonnier de guerre bien avant sa rentrée dans son habitation. Quoi qu'il en soit, le *jus postliminii* est très-ancien dans la législation romaine et il s'applique à la guerre et à la paix. A la guerre, c'est-à-dire entre nations en lutte, à la paix, entre peuple que ne lie aucun traité d'alliance.

Le captif recouvre ses anciens droits en passant les frontières de son pays ou celle d'une nation alliée, peu importe la manière dont il revienne ; qu'il emploie la force ou la ruse, qu'il obtienne son renvoi de l'ennemi lui-même, qu'il en reçoive la liberté pour prix de ses services, qu'il la doive au dévouement de ses compatriotes. En mettant le pied sur le sol national, pourvu que ce ne soit pas pendant une trêve, le prisonnier qui n'est pas frappé de déchéance, jouit pleinement du *jus postliminii*.

Immeubles conquis. — Les terres conquises font partie du domaine public. Publicatur, dit Pomponius, ille ager qui ex hostibus captus sit (1). En effet, l'État ou le peuple belligérant s'en est emparé par les troupes qu'il a envoyées sur le territoire ennemi, et par les garnisons qu'il y maintient, il entend consacrer son fait d'occupation.

Le territoire de Rome s'étant, comme on sait, formé tout entier par la conquête, l'État à qui toute conquête

(1) Loi 20, § 1. *De captivis* (49,15).

territoriale appartient, s'est trouvé le premier propriétaire des terres dont se composait la République ou l'Empire. Numa partagea entre les citoyens les terres que Romulus avait conquises et leur fit comprendre que sans piller ni ravager ils pouvaient vivre dans l'abondance par la culture de leurs champs (1). De même, les rois Tullus Hostilius, Ancus Martius et leurs successeurs aliénèrent au profit du peuple le fruit de leurs guerres, tout en en réservant une certaine partie, comme domaine de l'État (2). Il y eut dès lors deux propriétés immobilières, celle des particuliers et celle de l'État, l'*ager romanus* et l'*ager publicus*, le premier aliénable, susceptible d'un véritable domaine privé, le second au contraire inaliénable, du moins en ce sens que l'État qui s'en dessaisissait soit en faveur des peuples voisins, soit en faveur des citoyens de Rome, retenait un domaine de supériorité qui lui conservait le titre de propriétaire et certaines prérogatives. Ce droit supérieur ne survécut pas en Italie à la guerre sociale; dans les provinces, les fonds qui n'avaient pas obtenu le *jus italicum* restèrent inaliénables. Les fonds provinciaux sont considérés comme appartenant soit au peuple romain, soit à l'empereur, suivant qu'ils se trouvent dans une *provincia populi romani* ou dans une *provincia Cæsaris*, et par conséquent un simple particulier ne peut pas en être véritablement propriétaire. On les appelle stipendiaires, dans les provinces du peuple qui sont administrées par le Sénat, et tributaires du nom de l'impôt qu'ils paient, dans les provinces de l'empereur (3). Il paraît qu'assez longtemps avant Jus-

(1) Cicéron. *De répub.*, II, 12.

(2) Denys d'Halicarnasse. *Ant. rom.*, liv. II, ch. 7 et 62, liv. III, 1 et 48, liv. IV, 13.

(3) Gaius. *Com.* II, § 21.

tinien, les fonds provinciaux tendirent à se rapprocher des fonds italiques. On discute la question de savoir si l'empereur Maximin a transporté à l'Italie le système d'impôts appliqué dans les provinces, mais ce qui est certain, c'est que sous le règne de Dioclétien, de simples particuliers sont regardés comme nantis du *dominium* sur des fonds provinciaux (1). L'assimilation des fonds provinciaux et des fonds italiques est consacrée par Justinien, dans ces termes généraux : inter prædia quæ in provinciis sunt nec non et italica prædia, ex nostra constitutione, nulla est differentia (2).

Meubles pris sur l'ennemi. — De même que les immeubles conquis, le butin mobilier fait par l'armée appartient à l'État et profite au Trésor public. Toutefois, il est loisible aux généraux d'armée d'employer le butin au paiement de la solde des troupes, ou de le partager entre les soldats à titre de récompense. Le grade du combattant, si l'on en croit Tite-Live, servait de base au partage. Ainsi, au triomphe de Paul-Émile, chaque fantassin eut cent deniers, chaque centurion le double et chaque chevalier le triple; le général était disposé à doubler la récompense des fantassins et à gratifier les cavaliers dans la même proportion, s'ils avaient reçu avec plus d'enthousiasme l'annonce de cette gratification (3).

Justinien consacra en termes exprès la coutume qui autorisait les généraux à récompenser leurs troupes : simili etiam modo a gestorum absolvimus ordinatione,

(1) Frag. vatic., §§ 263, 315, 316.
(2) Inst. *De divis. rer.*, liv. II, tit. I, § 40.
(3) Tite-Live, XLV, 40.

donationes rerum mobilium vel sese moventium, quas viri gloriosissimi magistri militum fortissimis præstant militibus, tam ex sua substantia, quam ex spoliis hostium, sive in ipsa bellorum occupatione, sive in quibuscumque locis degere noscuntur (1).

Les meubles de l'ennemi, la personne ennemie elle-même dont un Romain s'empare individuellement, lui appartient en propre par droit d'occupation. C'est dans cette hypothèse que Paul et Gaius se placent quand ils disent que les choses prises à l'ennemi appartiennent au premier occupant : item bello capta... ejus fiunt, qui primus eorum possessionem nanctus est — aut, statim capientium (2). Ce principe reçoit application, quand, par exemple, un *paganus* pénètre sur le territoire de l'ennemi et y enlève une *res hostilis*, quand un *miles* victorieux dans un combat singulier s'empare des dépouilles de son adversaire. On connaît l'histoire de Manlius Torquatus s'appropriant aux yeux de toute l'armée le collier d'un Gaulois tué par lui : uno torque spoliavit, quem repersum cruore, collo circumdedit suo (3).

Le jurisconsulte Marcien s'explique sur l'attribution au Trésor de l'État du butin fait pendant les opérations régulières de la guerre : Divus Commodus rescripsit obsidum bona, sicut captivorum, omnimodo in fiscum cogenda esse (4). Modestin exprime la même idée, en présentant comme coupable de péculat celui qui dérobe le butin : is qui prædam ab hostibus captam subripuit,

(1) Loi 36, § 1, Code. *De donationibus* (8,54).
(2) Loi 1, § 1. *De adq. vel amitt. poss.* (41,2). Loi 5, § 7. *De adq. rer. dom.* (41,1).
(3) Tite-Live, VII, 10.
(4) Loi 31. *De jure fisci* (49,14).

lege peculatus tenetur et in quadruplum damnatur (1). Les historiens nous laissent aussi quelques passages relatifs à la propriété du butin. Aulu-Gelle donne la formule de l'antique serment sur la réparation des vols militaires. Ce serment se prêtait au moment de l'enrôlement et en présence du tribun militaire. Il portait sur des objets de quelque valeur, comme deux pièces d'argent, une lance, bois de lance, bois, fruit, fourrage, outre, soufflet, flambeau (2). Polybe rapporte qu'au début d'une expédition, on faisait jurer aux soldats qu'ils ne détourneraient rien du butin (3). Enfin, dans Denys d'Halicarnasse, on lit ce passage : « omnes profecto scitis, prædam ex hostibus captam, nostraque virtute partam, ad rempublicam, legis jussu, pertinere, et non modo nullum privatum hominem, sed ne ipsum quidem imperatorem, in istam jus habere; sed quæstoris esse hanc acceptam vendere et pecuniam hinc redactam in ærarium ferre » (4).

Præda désigne le butin en nature par opposition à *manubiæ* qui exprime l'idée d'un butin vendu au profit du peuple par le ministère du questeur ou à une époque plus récente par le préfet du Trésor, et par suite transformé en une somme d'argent (5).

On comprend que pour une nation toujours en guerre et le plus souvent victorieuse, comme la république romaine, le butin dut être une source féconde de richesses. Le pillage, d'ailleurs, était organisé de façon qu'il fût le plus productif, sans péril pour l'armée. Ainsi, Polybe parle de troupes en partie courant au pillage, en

(1) Loi 13. *Ad leg. jul. pecul.* (48,13).
(2) Aulu-Gelle. *Nuits attiques*, XVI, 4.
(3) Polybe. *Hist.*, liv. X, ch. 16.
(4) Denys d'Halicarnasse, liv. VII, ch. 62.
(5) Aulu-Gelle. *Nuits attiques*, XIII, 24.

partie veillant à la sûreté commune (1). On ne saurait évaluer les richesses dont les Romains s'emparèrent de cette manière dans les villes de Grèce et de Macédoine. Ce fut à la suite de la conquête de ces provinces que l'impôt foncier fut supprimé en Italie : « omni, dit Cicéron, Macedonum gaza, quæ fuit maxima, potitus est Paulus: tantum in ærarium pecuniæ invexit, ut unius imperatoris præda finem attulerit tributorum » (2).

Les Romains, pour qui le butin était une *res nullius* semblable aux îles qui naissent dans la mer, aux objets qu'on trouve sur le rivage, admettaient les peuples ennemis à la propriété du butin dont ils s'étaient emparés. Mais de même qu'un prisonnier de guerre recouvre la liberté en retournant dans son pays, celui qui perd quelque chose *jure belli*, en redevient propriétaire, quand elle est reprise sur l'ennemi. Il y a, en effet, deux sortes de *jus postliminii*, l'un se référant au retour d'un captif et l'autre au recouvrement d'un objet. Postliminium, dit le jurisconsulte Paul, est jus amissæ rei recipiendæ ab extraneo, et in statum pristinum restituendæ, inter nos ac liberos populos regesque moribus, legibus, constitutum. Nam quod bello amisimus, aut etiam citra bellum, hoc in rursus recipiamus, dicimur post liminio recipere, id que naturali æquitate introductum est, ut, qui per injuriam ab extraneis detinebatur, is, ubi in fines suos rediisset, pristinum jus suum reciperet (3). Ce droit de *postliminium* s'applique en général à tous objets tombés au pouvoir de l'ennemi, comme les navires, les bateaux de transport, les chevaux et autres choses propres

(1) Polybe. *Hist.*, liv. x, chap. 16.

(2) Ciceron. *De officiis.* liv, II, chap. 22. Plutarque, *Paul-Emile*, 38.

(3) Loi 19, prin. *De capt. et postl.* (49,15).

à la guerre. Il faut excepter cependant les objets dont la capture, honteuse pour le soldat qui les avait, élève contre lui une présomption de lâcheté, tels sont les armes et l'uniforme militaires : postliminio carent, qui armis victi se dederunt (1).

Le postliminium amène un résultat assez curieux à noter : Quand le butin de l'ennemi revient au pouvoir des Romains, au lieu d'appartenir à l'État ou au premier occupant, suivant les cas, il fait retour à son ancien propriétaire avec tous les droits qui le grèvent de son chef (2). Pareillement, la chose prise sur un Romain et rachetée par un autre Romain n'appartient pas au *redemptor* ; celui-ci peut seulement l'usucaper s'il l'a acquise de bonne foi. Cependant, à une époque difficile à préciser, une constitution, portée dans l'intérêt du *redemptor*, le rendit propriétaire immédiat de la chose rachetée, sauf la faculté pour l'ancien propriétaire de recouvrer ses droits, en remboursant, dans l'année, le prix d'achat (3).

INVENTIO.

L'*inventio* est un autre genre d'occupation se rapportant à la découverte d'un trésor. Le jurisconsulte Paul définit ce don de fortune : vetus quædam depositio pecuniæ cujus non extat memoria, ut jam dominum non habeat : sic enim fit ejus qui invenit, quod non alterius sit. Alioquin si quis aliquid vel lucri causa, vel metus, vel custodiæ, condiderit sub terra, non est thesaurus, cujus etiam furtum fit (4).

(1) Loi 2, § 2. *De capt. et postl.* et loi 17, eod. tit.
(2) Loi 20, § 1. *De captivis* (49,15).
(3) Loi 12, §§ 7 et 8. *De capt. et postl.* (49,15).
(4) Loi 31, § 1. Dig. *De adq. rer. dom.* (41,1).

Cette définition fait ressortir les deux éléments distinctifs du trésor, chose enfouie le plus souvent dans le sol, sur laquelle personne ne peut justifier un droit de propriété ; chose par conséquent toute différente des objets précieux cachés en terre *metus vel custodiendæ causa*, ou d'une somme d'argent oubliée ou perdue, pecunia forte perdita, vel per errorem ab eo quem pertinebat non ablata (1). Ces objets, cette somme d'argent continuent d'appartenir à leur maître, et celui qui s'en emparerait, commettrait un *furtum*.

Le trésor est-il une *res nullius*, ou est-il un accessoire du sol où il se trouve enfoui ? cette importante question en appelle une autre, celle de savoir à qui l'*inventio* doit profiter.

Répondant à la première, nous dirons que le trésor ne saurait être classé véritablement parmi les choses *nullius*, car la propriété n'a jamais été réellement perdue, seulement tous les souvenirs en sont effacés. D'autre part, le trésor ne saurait davantage être regardé comme l'accession du sol où il se trouve caché, puisqu'il n'en fait pas partie intégrante. Donc en droit pur, ni l'inventeur, ni le propriétaire du fonds ne prétendraient justement au trésor, l'un *jure occupantis*, l'autre *jure domini soli*.

Rationnellement, le trésor devrait être la propriété exclusive de l'inventeur : c'est un don de fortune, un bienfait de Dieu devant appartenir à celui-là seul qui en a été gratifié. Le droit romain le décidait peut-être ainsi à l'origine, mais l'empereur Adrien a cru plus sage, plus prudent de combiner les deux principes de l'occupation et de l'accession et d'attribuer le trésor pour moitié à l'inventeur et pour moitié au propriétaire du fonds : at si

(1) Loi 67. Dig. *De rei vindic.* (6,1).

quis in alieno loco, *non data ad hoc opera*, sed fortuito invenerit, *dimidium* inventori, *dimidium* domino soli concessit. Et convenienter, si quis in *Cæsaris loco* invenerit, dimidium inventoris, dimidium Cæsaris esse statuit. Cui conveniens est, si quis in *fiscali* loco vel *publico* invenerit, dimidium ipsius esse, dimidium fisci vel civitatis (1). — *Locus Cæsaris*, c'est un bien patrimonial de l'empereur ; *locus fiscalis*, c'est un bien provenant de confiscation, de caducité, etc., attribué au fisc ; *locus publicus*, c'est enfin un bien dont l'usage est commun à tout le peuple, comme les rues, les places, les édifices publics.

Nous insistons sur cette idée : *non data ad hoc opera sed fortuito*. L'inventeur n'a de droit au trésor qu'autant qu'il la trouvé par l'effet du hasard, peu importe d'ailleurs que le propriétaire du fonds soit un simple particulier, l'empereur ou le fisc. La condition du hasard si nettement indiquée aux Institutes est encore exprimée, et sa nécessité confirmée dans une constitution portée en 474 sous Léon le Jeune. Il en résulte bien clairement que le trésor trouvé à la suite de recherches non autorisées appartient tout entier au propriétaire du fonds (2). Ces recherches, d'ailleurs, constituent, dans une certaine mesure, une violation de la propriété, un acte répréhensible et impropre à fonder un droit : in alienis terrulis, nemo audeat invitis, imo nec volentibus, vel ignorantibus dominis opes abditas, suo nomine, perscrutari (3).

S'agit-il de perquisitions autorisées par le propriétaire,

(1) Justinien. Inst., liv. II, tit. I. *De divis. rer.*, § 39.
(2) Loi unic., code. *De thesauris* (10,15).
(3) Loi unic., in medio, cod. *De thes.*

l'ouvrier spécialement chargé de faire des fouilles ayant pour objet la recherche d'un trésor, n'a aucun droit aux richesses enfouies qu'il découvre. Pourquoi? Parce que l'ouvrier n'est ici que l'instrument du maître qui l'emploie. Mais l'ouvrier, travaillant sur le fonds d'autrui, a droit à la moitié du trésor qu'il a mis à nu sans avoir été chargé de le rechercher. Il en est de même de toute personne qui découvre un trésor sur le fonds d'autrui, à l'occasion de travaux entrepris sans le consentement du propriétaire, mais dans tout autre but que celui de la recherche d'un trésor.

L'attribution de la moitié du trésor au propriétaire du fonds est fort équitable. La valeur qui a été découverte appartient peut-être au propriétaire du fonds ou du moins à ses ancêtres. D'un moment à l'autre, elle pouvait être découverte par lui et parvenir ainsi tout entière en sa jouissance. Au reste, celui qui se prétend propriétaire d'un objet caché et enfoui qu'on aurait indûment considéré comme un trésor a toujours le droit de le revendiquer.

Nous devons signaler une certaine variation de la quotité attribuée au propriétaire. En l'an 386, les empereurs Gratien, Valentinien et Théodose Ier décidèrent que le propriétaire d'un fonds enrichi par un trésor, n'aurait plus droit qu'au quart de ce trésor. La constitution des empereurs fut appliquée jusqu'en 474, époque qui vit le rétablissement de la doctrine d'Adrien (1).

Le trésor trouvé par le propriétaire lui-même dans son propre fonds, lui appartient tout entier, qu'il ait été ou non l'objet de recherches. La constitution de l'empereur

(1) Loi 2, Code théod. *De thes.* (10,18). Loi unic., Code de Just. *De thes.* (10,15).

Léon concède expressément au propriétaire le droit de faire des fouilles dans son terrain dans le but d'y rechercher des trésors. Toutefois, il lui défend d'y faire concourir les arts de la magie (1).

Le propriétaire en question est le *dominus ex jure quiritium*, ou celui qui a le fonds *in bonis*, ou le nu-propriétaire. L'usufruitier, le mari relativement au fonds dotal n'ont aucun droit au trésor *jure soli*, ils n'en pourraient retenir que la moitié comme inventeurs : non magis, quam si thesaurus fuerit inventus ; in fructum enim non computabitur, sed pars ejus dimidia restituetur, quasi in alieno inventi (2). L'usager, le possesseur de bonne foi, l'emphytéote ne sauraient être non plus assimilés au véritable propriétaire. Comme l'usufruitier, ils n'ont de droit qu'à la moitié du trésor *jure inventionis* et comme lui ils sont tenus de restituer entièrement au propriétaire le trésor recherché et découvert par eux pendant la durée de leur possession.

Il peut arriver qu'un trésor soit découvert *fortuito* sur un terrain sacré ou religieux. Ce terrain, on le sait, n'appartient à personne : nullius sunt res sacræ et religiosæ et sanctæ : quod enim divini juris est, id nullius in bonis est (3). L'ancien droit appelait *sacræ* les choses consacrées aux dieux supérieurs, et *religiosæ* les choses abandonnées aux dieux Mânes. Sous Justinien, sont *res sacræ* les choses consacrées à Dieu *rite et per pontifices* ; sont *religiosi* les terrains où l'on a déposé un mort. Quant aux *res sanctæ*, c'étaient les murailles et les portes des villes. Adrien laissait à l'inventeur la totalité du tré-

(1) Loi unic., Code. *De thesauris* (10,15).
(2) Loi 7, § 12. Dig. *De soluto matrim.* (24,3).
(3) Instit., liv. II, tit. I. *De divis. rer.*, § 7.

sor trouvé dans un terrain sacré ou religieux : idemque statuit, dit Justinien après avoir parlé du droit du propriétaire sur le trésor trouvé dans son propre terrain, si quis in sacro aut religioso loco fortuito casu invenerit (1). Mais l'empereur Marc-Aurèle, si l'on s'en rapporte à un fragment de Callistrate, permit au fisc d'en revendiquer la moitié. Voici ce fragment : « si in locis fiscalibus, vel publicis, religiosisve, aut in monumentis thesauri reperti fuerint : divi fratres constituerunt, ut dimidia pars ex his fisco vindicaretur » (2). Marc-Aurèle a-t-il effectivement modifié la constitution d'Adrien en attribuant au fisc la moitié du trésor découvert dans les terrains sacrés et religieux ? Assurément, on peut le soutenir, cependant quelques interprètes, voulant concilier le texte de Callistrate avec la constitution d'Adrien, estiment que le jurisconsulte fait allusion au sol des provinces, qui n'est jamais sacré ni religieux, et qui appartient toujours à César ou au peuple. Quoi qu'il en soit, il résulte clairement du texte précité des Institutes que Justinien est revenu à la doctrine de l'empereur Adrien.

Telle est l'état de la législation romaine sur le trésor à partir d'Adrien jusqu'au temps de Justinien. Postérieurement et jusqu'au règne de Léon, les trésors furent attribués au fisc. Léon voulant intéresser le chercheur de trésor, *qui in lucem productus magnam utilitatem est allaturus*, remit en vigueur les dispositions anciennes (4). En outre, il décida que l'inventeur qui tenterait frauduleusement de s'approprier le totalité du trésor, en en ca-

(1) Inst , liv. II, tit. I. *De divis. rer.*, § 39.

(2) Loi 3, § 10. Dig. *De jure fisci* (49,14).

(3) Ortolan. *Expl. des Inst.*, t. II, p. 303.

(4) Imper. *Leonis Augusti novellæ constitutiones*, const. LI.

chant la découverte au propriétaire du fonds dans lequel il a été trouvé, serait privé de la moitié à laquelle il peut prétendre : cæterum si improbus esse, neque quidquid repereri confiteri inventor omne velit, sed dolo mendaciisque ex re reperta non nulla detineat : in vanum tunc ille laborarit, et tanquam malitiosus rerumque alienarum occultator et fur, nihil omnino accipiat, ac beneficium loci domino soli cedat (1).

On s'est demandé si dans le premier temps de l'Empire les trésors n'étaient pas attribués au fisc. Quelques auteurs l'ont pensé, frappés de l'histoire de Bassus que raconte Tacite en ses Annales. Suivant le récit de l'historien, Bassus vint d'Afrique trouver Néron lui annonçant qu'il avait trouvé dans son champ une caverne profonde où des lingots d'or étaient entassés depuis des siècles *augendis præsentibus bonis*. C'était peut être la phénicienne Didon qui après la fondation de Carthage avait enfoui ces richesses, de peur qu'une trop grande opulence ne corrompît son peuple naissant. Néron accrédite cette nouvelle, donne des trirèmes à Bassus et l'envoie chercher le trésor imaginaire (2). Peut-on réellement conclure de là que l'empereur ou le fisc avait droit aux trésors découverts dans toute l'étendue de l'Etat ? Nous ne le pensons pas, attendu que le sol d'Afrique appartenait à l'empereur comme fonds provincial, et que Néron, en vertu de son *dominium*, eût pu revendiquer tous les trésors susceptibles de s'y trouver.

Le fragment de Callistrate dont nous parlions tout à l'heure et que l'on invoque également en faveur du fisc, n'est guère plus concluant que le récit de Tacite, car il

(1) Imper. *Leonis.* const. eadem.
(2) *Annales*, liv. XVI, chap. 1.

paraît certain que ce fragment composé au IIIe siècle de l'ère chrétienne, se rapporte aux cas où d'après la législation d'Adrien et de Marc-Aurèle, le fisc avait des droits sur le trésor.

EFFETS DE L'OCCUPATION.

L'occupation a pour effet de faire acquérir la propriété des choses *nullius*. Mais ce mode d'acquisition donne-t-il le *dominium ex jure quiritium*, ou place-t-il *in bonis* l'objet appréhendé ?

On sait que la distinction du domaine quiritaire et de la propriété bonitaire se fit à une époque assez rapprochée de l'origine de Rome et qu'elle disparut sous le règne de Justinien (1). On sait encore que l'*in bonis* donne à l'ayant droit la faculté d'user, de jouir et de disposer comme le *dominus ex jure quiritium*, qu'il est protégé et transmissible comme le *dominium*, les moyens de transmission et de protection étant toutefois différents. Presque tous les avantages sérieux de la propriété appartiennent à celui qui a la chose *in bonis*; le *dominium ex jure quiritium* n'emporte que le privilége de rendre le *dominus* capable de faire des legs *per vindicationem* (2), de rendre citoyen romain l'esclave qu'il affranchit (3), d'être appelé à la tutelle légitime de l'affranchi impubère (4).

(1) Gaius. *Comm.* II, § 40, Loi unic., Code. *De nudo jure quir.* (7,25).

(2) Gaius. *Comm.* II, § 196.

(3) Gaius. *Comm.* I, § 167.

(4) Gaius. *Comm.* I, § 167. Avant la loi Junia, l'esclave affranchi par celui qui avait l'*in bonis* ne devenait pas libre en droit, mais en fait *moraretur in libertate tuitione prætoris.* Cette loi dont on place la date sous le consulat de Junius Norbanus et Lucius Cornelius, en 671, ou sous le consulat de Junius Silanus et Junius Norbanus, en 772, *imperante Tiberio*, rendait latin Junien, l'esclave affranchi par le proprié-

L'intérêt pratique de la distinction n'est donc pas d'une grande importance ; quoi qu'il en soit, répondant à la question de savoir si l'occupation procure le *dominium* ou l'*in bonis*, nous affirmons que l'occupation étant le mode par excellence, le mode originaire d'acquérir la propriété, elle donne la propriété pleine et entière ou domaine quiritaire.

On a contesté cette manière de voir et on a prétendu que l'*in bonis* seul résultait d'un fait d'occupation. Voyons si ce système est acceptable, mais auparavant rappelons une distinction des choses très-ancienne, puisqu'elle remonte au moins à la loi des Douze-Tables (1), très-importante au point de vue de leur transmission, nous voulons parler de la division des choses en *res mancipi* et en *res* nec *mancipi*. Ulpien l'indique en ces termes : Omnes res aut mancipi sunt, aut nec mancipi. Mancipi res sunt prœdia in italico solo, tam rustica, qualis est fundus, quam urbana, qualis domus; item jura prædiorum rusticorum, velut via, iter, actus, aquæductus ; item servi, et quadrupes quæ dorso collove domantur, velut boves, muli, equi, asini. Ceteræ res nec mancipi sunt. Elephanti et cameli, quamvis collo dorsove domentur, nec mancipi sunt, quoniam bestiarum numero sunt (2). Ainsi, sont *res mancipi*, les immeubles ruraux ou urbains situés en Italie, les bêtes de trait ou de somme (bœufs, mulets, chevaux, ânes), enfin les esclaves.

taire l'ayant *in bonis*, ainsi que l'esclave affranchi *inter amicos* et non *vindicta*, *censu vel testamento*. A partir de Justinien, l'esclave affranchi devient toujours citoyen romain quelle que soit la propriété du *manumissor* ou le mode de *manumissio* employé. (Inst., liv. I, tit. V. *De Libert.*, § 5.)

(1) Gaius. *Comm.* II, § 47.

(2) *Frag.* XIX, § 1. *Comp.* Gaius, II, §§ 15-17.

Quel est le caractère distinctif de cette catégorie de choses ? Ni Ulpien, ni Gaius, ni aucun juriconsulte parlant des *res mancipi* ne le signale expressément, mais l'énumération d'Ulpien permet de découvrir l'idée qui a présidé à la distinction des *res mancipi* et des *res nec mancipi*. Cette énumération comprend toutes choses éminemment propres à l'agriculture, les choses par conséquent les plus précieuses pour un peuple agricole. Or, les anciens Romains étaient tous laboureurs et le prix qu'ils attachaient tout naturellement aux principaux éléments de leur profession, dut fonder les garanties exceptionnelles dont ils entourèrent la propriété des immeubles, des bêtes de somme et des esclaves. Afin d'en rendre l'aliénation plus difficile, ou plutôt afin que le consentement de l'aliénation prît un caractère plus évident de certitude, on le soumit aux formalités de la *mancipatio* (1). On décida en outre que les femmes pubères en tutelle ne pourraient se dessaisir, même par *mancipatio*, des *res mancipi* sans l'*auctoritas* de leurs tuteurs (2).

La solennité de la *mancipatio* appliquée aux *res nec mancipi* reste dépourvue d'effet: «finge, dit Cicéron, mancipio aliquem dedisse id, quod mancipio dari non potest : num idcirco id ejus factum est, qui accepit ? Aut num is, qui mancipio dedit, ob eam rem se ulla re obligavit ? » (3) C'est par la tradition *ex justa causa* que se transfère la propriété, le *dominium* des *res nec mancipi* : traditio propria

(1) C'est une vente fictive qui se fait en présence de cinq témoins et d'un porte-balance, *libripens*, citoyens et pubères. L'acheteur dit, en touchant la chose : Hanc ego rem ex jure quiritium meam esse aio, eaque mihi empta est hoc ære æneaque libra. Puis, il frappe la balance avec une pièce de cuivre, qu'il donne *quasi pretii loco*.

(2) Ulpien. *Reg.* XI, § 27.

(3) Topiques, x, *in fine*.

est alienatio rerum nec mancipi : harum rerum dominia traditione ipsa adprehendimus, scilicet si ex justa causa tradita sunt nobis (1). C'est par la *mancipatio* indépendamment de toute tradition que se transfère la propriété des *res mancipi :* si mancipi sit, mancipio dare (aut in jure cedere, possessionemque tradere debet); si nec mancipi sit, sufficit si tradiderit (2). La tradition des *res mancipi* donne l'*in bonis*.

Que décider maintenant de l'occupation? Appliquée aux *res nec mancipi*, en transférera-t-elle le *dominium ex jure quiritium*, à l'exemple de la tradition ? Appliquée aux *res mancipi*, produira-t-elle les effets de la *mancipatio* ?

Notre réponse est affirmative dans les deux hypothèses. Les modes du droit des gens, la tradition et l'occupation, jouant relativement aux *res nec mancipi* le rôle de la *mancipatio* vis-à-vis des *res mancipi*, transfèrent la propriété quiritaire, comme les contrats du droit des gens engendrent des obligations civiles. Ainsi Gaius met exactement sur la même ligne l'aliénation du droit naturel et celle du droit civil ; et le jurisconsulte Paul observe que le *dominus ex jure quiritium* exerce l'action *in rem civilis* ou revendication aussi bien quand il est devenu propriétaire par un mode du droit des gens que lorsqu'il l'est devenu par un mode du droit civil. Au reste, supposé que l'occupation ne transfère pas immédiatement la propriété quiritaire, l'usucapion la procurera nécessairement plus tard. Voilà donc la propriété

(1) Ulpien. *Frag.* XIX, § 7.
(2) Gaius. *Comm.* II, § 204.
(3) Gaius. *Comm.* II, § 65.
(4) Loi 23, princ. Dig. *De rei vindic.* (6,1).

bonitaire d'une *res nec mancipi* convertie en *dominium ex jure quiritium*, voilà l'usucapion reconnue utile à l'acquéreur d'une *res nec mancipi* tradita vel occupata. Or, comment expliquer ici le silence des jurisconsultes, alors surtout qu'ils s'expriment sur l'importance de l'usucapion à l'égard des choses livrées *ex justa causa a non domino*, et des *res mancipi* livrées *ex justa causa* par simple tradition ! Le parallèle que nous établissons entre la tradition et l'occupation cesse vis-à-vis des *res mancipi*. La simple tradition *ex justa causa* d'une *res mancipi* en transfère, nous le savons, non pas la propriété quiritaire, mais l'*in bonis*, et il n'en peut être de même de l'occupation. L'*in bonis*, en effet, ne se comprend qu'autant qu'il y a possibilité de donner à une personne le titre de *dominus ex jure quiritium*. S'agit-il de tradition, le *tradens* est ce *dominus* dans les délais de l'usucapion ; mais s'agit-il d'occupation, on ne sait à qui attribuer le domaine quiritaire. Le chasseur qui s'empare d'un cheval ou d'un bœuf sauvage, le guerrier qui enlève du bétail à l'ennemi, doit acquérir le *dominium*. Autrement, qui l'aurait? Serait-ce la nature? Serait-ce l'ennemi? L'affirmative serait contraire et à la lettre et à l'esprit du droit romain, elle serait absurde. Le jurisconsulte Paul donne à l'occupant l'action en revendication de sa chose *mancipi* ou *nec mancipi* : in rem actio competit ei, qui aut jure gentium, aut jure civili dominium adquisivit. Or, cette action, *rei vindicatio*, n'appartenant en propre qu'au *dominus ex jure quiritium*, la propriété bonitaire étant de son côté garantie par l'action publicienne *ad exemplum vindicationis data*(1), nécessairement Paul considère l'occupant comme investi du *dominium ex jure qui-*

(1) Loi 35, princ., *in fine*. Paul, Dig. *De oblig. et act.* (44,7).

ritium. Au surplus, cette manière de voir est entièrement conforme aux idées romaines touchant l'occupation et particulièrement l'*occupatio bellica*. Pour les anciens Romains, la guerre était le mode par excellence d'acquérir, la pique était le symbole de la propriété, et dans les procès sur une question de propriété, ils faisaient figurer une baguette qui représentait l'arme du fantassin : festuca utebantur, quasi hastæ loco, signo quodam justi dominii, quia maxime sua esse credebant quæ ex hostibus cepissent (1).

Nous terminons ce chapitre en remarquant que la controverse dont il s'agit se place exclusivement dans le droit classique. A l'époque de Justinien, la distinction des *res mancipi* et des *res nec mancipi* ayant disparu, il est évident que l'occupation et la tradition elle-même purent s'appliquer avec la même efficacité à toute chose corporelle *in commercio*. La confusion qui s'opéra alors du domaine quiritaire et de la propriété bonitaire amena la restauration du très-ancien droit signalé par Gaius : quo jure etiam populus romanus olim utebatur ; aut enim ex jure quiritium unusquisque dominus erat, aut non intelligebatur dominus (2).

(1) Gaius. *Comm*. IV, § 16.
(2) Gaius. *Comm*. II. § 40.

DEUXIÈME PARTIE

DE LA CHASSE

SUIVANT LES RÈGLES DE L'ANCIEN DROIT

> Τὸ μὲν εὕρημα θεῶν·
> La chasse est une invention des dieux.
> Xénophon. *Cynégétique*, chap. I.

L'occupation, avons-nous dit, est un titre par lequel on acquiert la propriété d'une chose *nullius* ; *quod nullius est, id ratione naturali occupanti conceditur*. La chasse est aussi un acte d'occupation par lequel on acquiert la propriété du gibier dont on s'empare. Le gibier, c'est l'animal sauvage, quadrupède ou volatile, *in laxitate naturali*.

C'est un exercice fort ancien que la chasse : on le trouve au premier âge de l'humanité, on le rencontre chez tous les peuples, variant suivant leurs besoins et leur état de civilisation. Il était en grand honneur chez les peuples de l'antiquité. La Bible fait l'éloge de Nemrod, qu'elle appelle *robustus venator coram Domino* (1). Les Egyptiens sculptaient sur leurs monuments les exploits cynégétiques de leurs rois. Les Mèdes, les Perses, les Spartiates faisaient de la chasse une école de guerre (2) et Xéno-

(1) Genèse, X, 9.
(2) Xénophon. *Cyropédie*, *passim*, et *Cynég.*, chap. 1.

phon l'appelle une invention des dieux (1). Les Germains et les Francs étaient d'intrépides chasseurs. César dit des uns : « *Vita omnis in venationibus atque in studiis rei militaris consistit.* » (2) Eginhard dit des autres : « Charlemagne se livrait assidûment à l'équitation et aux plaisirs de la chasse : c'était chez lui un goût national, car à peine trouvait-on dans toute la terre un peuple qui pût rivaliser avec les Francs dans ces deux exercices. » (3)

Chez les Francs, la chasse était libre; la loi salique prescrivait seulement quelques peines contre ceux qui s'emparaient du gibier levé par d'autres chasseurs, contre les voleurs de chiens, d'oiseaux et de cerfs apprivoisés ou dressés à la chasse. Toutefois, il est permis de croire que dès le règne des rois de la première race, le fait de chasse fut prohibé dans les forêts du roi. Les Carlovingiens accrurent les forêts royales et portèrent des lois pour les faire respecter. Les grands vassaux eurent aussi des forêts et les seigneurs d'un ordre inférieur, des garennes.

Le droit seigneurial de forêt et de garenne n'était autre chose qu'une réserve de chasse établie sur la propriété d'autrui, réserve souvent funeste à l'agriculture, puisqu'elle autorisait le maître à peupler indéfiniment la forêt ou la garenne de toute espèce d'animaux avec défense expresse de les détruire. Il disparut au treizième siècle, grâce à l'influence civilisatrice de l'Eglise et des rois de France, et les seigneurs dépouillés de leurs forêts ou garennes établirent sur leurs terres des enclos destinés à la conservation de leur gibier. Ces enclos, peuplés

(1) Xénophon. *Cyn.*, ch. 1.
(2) César. *De bell. Gall.*, VI, § 21, et IV, § 1.
(3) Eginh. *Vie de l'emp. Charles*, chap. 22.

pour la plupart de lapins, reçurent la double dénomination de buissons à connils et de garenne, de *wahren* qui en langue germanique signifiait garder, défendre. Une garenne de ce genre était évidemment bien différente de la garenne seigneuriale, cependant trompés par l'expression, les légistes de l'époque appliquèrent aux buissons à connils les lois abolitives qui la concernaient. C'est ainsi que la plupart des coutumes rédigées aux XVIe et XVIIe siècles défendirent aux seigneurs d'avoir des *garennes* ou *conninières*.

La liberté de s'emparer des animaux sauvages fut particulièrement restreinte vers la fin du XIVe siècle. Estimant la chasse un droit utile au noble qu'elle aguerrit pour les combats, funeste au paysan qu'elle distrait de ses travaux, notre ancienne Jurisprudence la réserva à l'un et l'ôta à l'autre. « La chasse, dit Pothier, étant un exercice propre à détourner les paysans et les artisans de leur travail, et les marchands de leur commerce, il était utile et pour leur propre intérêt et pour l'intérêt public de la leur défendre. » (1) Il paraît que Solon qu'inquiétait le goût des Athéniens pour la chasse, l'avait également défendue au peuple qui négligeait, pour s'y livrer, les arts mécaniques. Charles VI est le premier roi qui dans notre pays fit une ordonnance en ce sens. Il voulut « qu'aucune personne non noble de son royaume, s'il n'était à ce privilégié, ou s'il n'avait aveu ou expresse commission à ce, de par personne qui la lui put ou la lui dut donner, ou s'il n'était personne d'Eglise ou bourgeois vivant dans ses possessions et rentes (c'est-à-dire ceux qui n'exercent aucun art mécanique, ni profession illibérale) ne se enhardit de chasser, de tendre

(1) Pothier. *De la propriété*, I, 2.

grosses bêtes ou oiseaux, ni d'avoir pour ce faire chiens, furets, cordes, etc. » (1) Plus tard, François Ier informé que « plusieurs n'ayant droit de chasse, ni privilége de chasser prenaient bêtes rousses et noires, comme lièvres, faisans, perdrix.... en quoi faisant, perdaient leur temps qu'ils devraient employer au labourage, arts mécaniques et autres, selon l'état et vacation dont ils étaient, lesquelles choses reviennent au grand détriment de la chose publique.... defendit à tous ses sujets non nobles et non ayant droit de chasse, qu'ils n'eussent chiens, collets, etc. » (2) Henri IV renouvela ces défenses dans une ordonnance du mois de juin 1601 qui porte : « et quant aux marchands, artisans; laboureurs, paysans et autres telles sortes de gens roturiers, leur avons fait défenses de tirer de l'arquebuse, etc. »

Jusqu'en 1396, tout individu, quelle que fût sa condition sociale, le roturier comme le noble avait eu le droit de chasser, sauf dans certains lieux, avec des engins et à grosses bêtes, ce qui n'était permis qu'aux gentilshommes. Cela résulte d'une ancienne Instruction sur les faits de chasse. Voici, en effet, ce que porte l'article 1er : « Personnes non-nobles peuvent chasser partout hors garennes à lièvres et connins, à lévriers et chiens courants ou à chiens, à oiseaux et à bâtons ; mais ils n'y peuvent tendre quelconques engins, ni grosses bêtes, s'ils n'ont titre. » Et il est dit en l'article 3 : « Gentilshommes peuvent chasser à connins et lièvres à tous engins hors garennes, et si garennes ont, ils en peuvent faire à leur volonté. » Et en l'article 6 : « Gentilshommes peuvent chasser aux grosses bêtes en leurs garennes et en celles

(1) Ordonnance de janvier, 1396.
(2) Ordonn. de 1515.

de leurs voisins avec congé, et non ailleurs. » Remarquons pourtant que bien avant les roturiers, les ecclésiastiques s'étaient vus privés de l'exercice du droit de chasse. Les conciles d'Epernon (507), de Tours (813), de Reims (1583) et d'Aix (1585) avaient porté sur ce point des défenses (1) qui furent sanctionnées par le pouvoir civil : « Et d'autant, dit l'ordonnance de 1600 (art. 20) que plusieurs religieux, prêtres et autres ecclésiastiques, contre la décence de leur profession et au lieu de vaquer au service divin, s'abandonnent au fait de chasse nous voulons qu'ils soient punis de pareilles peines et amendes que les laïcs et séculiers, selon que nous avons ci-dessus ordonné, sans qu'ils se puissent prévaloir de leurs tonsures et priviléges. »

Dans le dernier état de notre ancien droit, c'est-à-dire à partir de l'ordonnance de 1669, tout roturier non propriétaire de fiefs, paysan, artisan, marchand ou non, est privé du droit de chasse que la loi réserve aux seigneurs, c'est-à-dire aux propriétaires de fiefs et aux nobles. « Permettons à tous seigneurs, gentilshommes et nobles de chasser noblement à force de chiens et oiseaux dans leurs forêts, buissons, garennes et plaines, pourvu qu'ils soient éloignés d'une lieue de nos plaisirs, même aux chevreuils et bêtes noires, dans la distance de trois lieues » (2). Et par l'article 28, l'ordonnance défend indistinctement à tous les roturiers et non nobles, non propriétaires de fiefs, seigneuries, hautes-justices « de chasser en quelque lieu, sorte et manière et sur quelque gibier à poil ou de plume que ce puisse être, à peine de cent livres d'amende pour la première fois, du

(1) Voir surtout le canon 15 du IVe concile de Latran.
(2) Ordonn. de 1669, art. 14.

double pour la seconde, et pour la troisième, d'être attaché pendant trois heures au carcan du lieu de leur résidence, à jour de marché, et bannis pendant trois années du ressort de la maitrise, sans que, pour quelque cause que ce soit, les juges puissent modérer la peine, à peine d'interdiction. »

DES PERSONNES A QUI LE DROIT DE CHASSE APPARTIENT.

C'est au souverain et aux particuliers qu'il lui a plu de choisir, c'est-à-dire aux propriétaires de fiefs et aux nobles qu'appartient l'exercice du droit de chasse. Ces particuliers exercent ce droit chacun sur leurs terres.

On sait que les biens immeubles se divisent par rapport à la manière dont ils sont tenus, en féodaux (à charge de foi et hommage), en censuels (à charge d'une redevance pécuniaire, en reconnaissance de la seigneurie), en allodiaux qui, selon l'expression de Pothier, ne sont d'aucun seigneur, sauf quant à la Justice.

La *foi et hommage* est une promesse solennelle de fidélité que le vassal fait à son seigneur. Elle comprenait la promesse du service militaire, avant que le droit de faire la guerre devînt la prérogative exclusive du roi.

Le *cens* est une redevance seigneuriale, c'est-à-dire récognitive de la seigneurie directe, imprescriptible, par conséquent essentiellement différente de la rente foncière. Le propriétaire d'un héritage censuel ne peut pas le bailler à cens, suivant la maxime : *cens sur cens n'a lieu*, consacrée par l'art. 122 de la coutume d'Orléans. La raison, suivant Pothier, est que son droit de propriété ne contenant rien d'honorifique, mais seulement ce qu'il y a de purement utile, il n'a aucune seigneurie honorifique et directe qu'il puisse se retenir sur le cens ; et par conséquent, il ne peut le donner à cens, ne pouvant y avoir de bail à cens, sans réserve de la seigneurie directe de la part du bailleur (1). A défaut de cens, le champart sert parfois de droit récognitif de la seigneurie. C'est une redevance foncière qui consiste dans une certaine quotité des fruits recueillis sur l'héritage grevé. Cette quotité varie suivant les titres ou coutumes, entre la vingtième et la neuvième gerbe.

Le *franc-aleu* est noble ou roturier. Le franc-aleu noble est « celui auquel il y a Justice, censive, ou fief mouvant de lui. » (2). C'est, selon Pothier, celui auquel est attaché un droit de Justice, ou qui, sans avoir droit de justice, a des vassaux ou au moins des censitaires mouvants de lui. Il se partage noblement dans les successions, comme les terres tenues en fief. Le franc-aleu roturier n'a aucun droit de Justice, ni aucun vassal.

Voyons à qui appartient le droit de chasse sur les immeubles féodaux, censuels et allodiaux.

Et d'abord, qui chasse sur le sol féodal ? Est-ce le propriétaire du fief, le propriétaire de la seigneurie utile, ou bien est-ce le propriétaire de la seigneurie directe, c'est-à-dire le seigneur de qui le premier tient l'immeuble en fief (3) ? La seigneurie directe séparée de l'utile consistant dans une seigneurie d'honneur, dans le droit de se faire reconnaître seigneur d'une terre par ceux qui la possèdent, la seigneurie utile comprenant le droit d'en percevoir l'utilité, d'en jouir, d'en user et disposer

(1) Traité des cens, ch. prélim.

(2) Coutnme de Paris, art. 68.

(3 Nous savons qu'il n'importe que le propriétaire soit noble ou roturier relativement au droit de chasse qu'il a sur son fief.

à la charge de reconnaître la seigneurie directe, on pourrait croire que la chasse *quæ magis in honore quam in utilitate consistit*, appartient au seigneur direct. Mais, la tenue en fief étant une tenue noble, le seigneur direct est censé avoir accordé non-seulement des droits utiles, mais encore des droits d'honneur, comme le droit de chasse. C'est donc le propriétaire de la seigneurie ùtile qui chasse sur l'immeuble féodal. Cependant la jurisprudence laisse au seigneur direct la faculté d'y chasser en personne et une ou deux fois seulement dans l'année, en reconnaissance de son domaine supérieur.

Le droit de chasse sur l'immeuble censuel appartient au seigneur qui l'a baillé à cens. Le censitaire n'a jamais que des droits utiles, et la chasse est regardée par notre ancienne législation comme un droit purement honorifique. Y aurait-il une exception en faveur du censitaire gentilhomme ? On a allégué en faveur du gentilhomme que l'art. 14 de l'ordonnance de 1669 lui permettant de chasser dans ses forêts, buissons, garennes et plaines, sans distinguer s'il les tient en fief ou en censive, il était inutile d'ajouter dans cet article *gentilshommes et nobles*, s'il n'avait le droit de chasser que sur des terres tenues en fief et à titre de seigneurie, car il suffisait de parler du seigneur ; que ce serait assimiler, au mépris de l'ordonnance de 1669, le gentilhomme au roturier qui a toujours le droit de chasser sur ses terres féodales, qu'enfin le seigneur dans le fief duquel le gentilhomme a une terre en censive, ne tenant son droit de chasse que de la permission du roi, ne doit pas trouver mauvais que le roi ait accordé au gentilhomme un droit dont l'exercice ne lui porte aucun préjudice. Mais ces raisons sont peu probantes ; elles disparaissent devant l'intention du seigneur qui en ne concédant à son censitaire que ses droits utiles, entend par cela même conserver ses droits honorifiques. Le gentilhomme ne peut donc chasser que dans son fief propre et dans les fiefs d'autrui qu'avec la permission de leurs seigneurs, et ici sa position est plus avantageuse que celle du roturier qui ne peut jamais chasser dans un fief étranger.

A qui appartient le droit de chasse sur les biens allodiaux? Pothier répond à cette question en distinguant les franc-aleux nobles des franc-aleux roturiers : « à l'égard des franc-aleux nobles, même de ceux auxquels il n'y a pas de droit de Justice attaché, mais qui ont quelques vassaux ou censitaires qui en sont mouvants, il n'est pas douteux que ceux qui en sont propriétaires, soit qu'ils soient nobles, soit qu'ils soient roturiers, ont le droit de chasser sur ces terres et sur celles qui en relèvent en censive; car ces terres, au moyen des vassaux et des censitaires qui en relèvent, sont des seigneuries. Or, l'ordonnance de 1669, art. 28, suppose que les roturiers ont le droit de chasse dans leurs seigneuries, par ces termes : faisons défense aux .....roturiers non possédant fiefs, seigneuries, etc.

A l'égard des franc-aleux roturiers, si le propriétaire est gentilhomme. il n'est pas douteux qu'il a le droit de chasse. Le propriétaire qui est roturier peut-il le prétendre? On peut dire, pour l'affirmative, que si le propriétaire de terres tenues en fief ont le droit de chasse sur leurs terres, le propriétaire d'une terre en franc-aleu doit l'avoir à plus forte raison, puisqu'il a sur cette terre toute la plénitude du domaine, et par conséquent un domaine plus parfait que n'est celui du propriétaire d'une terre qui la tient en fief. On dit pour la négative que les animaux sauvages qui passent sur une terre, ou même qui s'y nourrissent, étant des choses qui n'appartiennent à personne, lesdits animaux, et le droit de les chasser, ne sont point une dépendance de la terre ; ce n'est donc point le domaine de la terre, quelque parfait qu'il soit, qui y donne le droit de chasse : le roi s'étant réservé le droit de chasse pour lui et pour ceux auxquels il veut bien en faire part, personne n'a le droit de chasser sur ses propres terres, quelque parfait que soit son domaine, qu'autant que le roi le lui a accordé : or, le roi n'a accordé le droit de chasse aux roturiers que sur leurs *fiefs*, *seigneuries* et *hautes justices*, suivant l'art. 28. Le franc-aleu roturier n'ayant aucune de ces qualités, n'étant ni fief, ni seigneurie, le roturier qui en est le propriétaire, n'y peut prétendre le droit de chasse » (1).

En règle générale, le droit en question s'exerce sur les terres dont on est propriétaire ou sur les terres d'autrui, moyennant le consentement du maître de la chasse. Par exception, les seigneurs hauts-justiciers ont le droit de chasse dans toute l'étendue du territoire de leur Justice, sur leur fief propre, comme sur les fiefs des autres seigneurs, alors même que ces fiefs ne relèveraient pas du leur : « Déclarons, dit l'ordonnance de 1669, art. 26, tous seigneurs, hauts-justiciers, soit qu'ils aient censive ou non, en droit de pouvoir chasser dans l'étendue de leur haute-justice, quoique le fief de la paroisse appartînt à un autre. sans néanmoins qu'ils puissent y envoyer chasser aucun de leurs domestiques, ni autres personnes de leur part, ni empêcher le propriétaire du fief de la paroisse de chasser aussi dans l'étendue de son fief. » D'après l'art. 27 : « Si la haute-justice était dé-

(1) De la Propriété, p. 1, ch. 1.

membrée et divisée entre plusieurs enfants ou particuliers, celui seul à qui appartiendra la principale portion, aura droit de chasser dans l'étendue de sa Justice à l'exclusion des autres co-justiciers qui n'auront part au fief, (c'est-à-dire qui ne pourront pas se prévaloir de leur qualité de propriétaire du fief), et si les portions étaient égales, celle qui procéderait du partage de l'aîné aurait cette prérogative à cet égard seulement, et sans tirer à conséquence pour leurs autres droits. »

Ainsi, trois seigneurs différents peuvent avoir droit de chasser sur les mêmes terres :

1° Le seigneur propriétaire du fief, qui est le véritable titulaire du droit de chasse.

2° Le seigneur haut-justicier dans le territoire duquel elles sont situées. Son droit, absolument personnel, ne peut être exercé ni par ses domestiques ni par ses enfants.

3° Le seigneur de qui le propriétaire tient les terres en fief ou le droit de censive. Nous rappelons que le droit du seigneur de qui le propriétaire tient en fief n'est qu'une faculté de pure bienséance dont il doit user avec modération.

DE L'EXERCICE DU DROIT DE CHASSE.

Les personnes ayant droit de chasse sur un immeuble usent de leur droit soit par elles-mêmes, soit par leurs enfants, par leurs amis, soit même par leurs domestiques, surtout si elles sont sexagénaires, infirmes, veuves ou gens d'Église (1).

Il est permis aux propriétaires d'avoir des gardes-chasse

(1) Edit d'Henri IV, juin 1601, articles 4 et 5. Déclaration du 3 mars 1604.

pour empêcher que d'autres ne chassent sur leurs terres. Ces gardes sont reçus soit dans la Justice du seigneur, s'il est haut-justicier, soit au siége de la Maîtrise des eaux et forêts. Ils ne peuvent recourir aux voies de fait contre un chasseur étranger, ni pour lui enlever son gibier, ni pour le contraindre à rendre son arquebuse ou son fusil. Leur mission se borne à dresser un procès-verbal qu'ils présenteront au seigneur propriétaire de la chasse. C'est à lui de faire poursuivre le délinquant, à sa requête ou à la requête de son procureur-fiscal, s'il est haut-justicier.

Le caractère honorifique du droit de chasse s'oppose à ce que le titulaire s'en serve par spéculation plutôt que par agrément, qu'il en fasse l'objet d'un contrat de louage. Toutefois, il est permis d'affermer une garenne peuplée de lapins à l'instar d'un colombier peuplé de pigeons. Diverses Ordonnances règlementent la manière de jouir du droit de chasse. Elles déterminent principalement le temps pendant lequel il est défendu de chasser, les moyens qu'il est permis d'employer, les animaux dont la capture est interdite. les lieux destinés aux plaisirs du roi. L'usage a parfois modifié les règlements. Il a introduit le *droit de suite,* qui laisse au chasseur la liberté de suivre avec ses chiens les traces d'une bête sauvage sur les fiefs d'autrui. La coutume de Bourgogne s'exprime de la manière suivante : « La bête meute (lancée) de la chasse d'aucun ayant droit et pouvoir de faire chasser, se peut poursuivre en autre Justice et seigneurie, et s'elle y est prinse et abattue, elle doit être rendue au premier de qui la chasse est meute, elle s'est poursuivie par les chasseurs ou par les chiens dedans les vingt-quatre heures qu'elle sera abbatue et doit être gardée ladite beste sans demembrer, lesdites vingt-quatre heures. »

Temps prohibé. — L'Ordonnance de 1669 (Art. 4.) défend à toutes personnes « de chasser à feu et d'entrer ou demeurer de *nuit* dans nos forêts, bois et buissons en dépendant, ni même dans les bois des particuliers avec *armes à feu* à peine de cent livres d'amende et de punition corporelle, s'il y échet. » L'article 18 de la même ordonnance défend « à tous gentilshommes et autres ayants droit de chasser à pied ou à cheval, avec chiens ou oiseaux, de chasser sur *terres ensemencées*, depuis que le bled sera en tuyaux et dans les vignes, depuis le premier jour de mai jusqu'à la dépouille, à peine de privation de leur droit de chasse, cinq cents livres d'amende et de tous dépens, dommages-intérêts envers les propriétaires ou usufruitiers. »

Moyens. — Il est permis de chasser à force de chiens, à l'arquebuse ou au fusil. Il est au contraire défendu à toute personne par l'article 9 de l'Ordonnance de 1601, « de faire ouvrir et exposer en vente, avoir et eux aider de tirasses, tonnelles, traineaux, bricolles de corde et de fil d'archal, piccet et pants de rets et collets, ains seulement pourront estre exposés en ventes toiles à grosses bestes, poches et panneaux à prendre lapins et connils, ailliers à caille, napes et filets à alouettes, grues et merles, ramiers, bizets, bécasses, pluviers, sarcelles et autres oiseaux de passage. » L'article 10 défend à toutes personnes « d'user au faict de chasse, avoir ou tenir aucuns *chiens couchants.* » La même défense est faite par l'Ordonnance de 1669, article 16, mais cette prohibition tomba bientôt en désuétude.

Gibier réservé. — La chasse du *cerf*, *biche* et *faon* est réservée à ceux qui ont une permission expresse ou qui sont fondés à l'exercer, soit en titres, soit en octrois ou concessions dûment vérifiées. Cette réserve est faite par l'article 1er de l'ordonnance de 1601 et se trouve confirmée par l'article 15 de l'ordonnance de 1669. Nous en mentionnons l'article 12 défendant d'enlever, sur quelque terrain que ce soit, les œufs de perdrix, de cailles et de faisans. Un règlement de la Table de Marbre de Paris, du 16 avril 1600, portait défense à toute personne, même munie de la permission du propriétaire, de chasser et prendre à la glu, pipée, feuilles, avec harnais, filets et engins, ou autrement *les menus oiseaux de chant et de plaisir*, soit linottes, chardonnerets, pinsons, serins, tarins, fauvettes, rossignols, cailles, alouettes, merles, sansonnets et autres semblables, *depuis la mi-mars jusqu'à la mi-août*, à l'exception des jeunes oiseaux de l'année en âge compétent pour nourrir, lesquels pourront être pris et dénichés dans les héritages des particuliers propriétaires, par leur congé et permission.

Capitaineries. — Le roi s'est réservé un droit de chasse exclusif dans certains lieux, dits capitaineries. Aux termes de l'article 20 de l'Ordonnance de 1669, il est défendu à toutes personnes, de quelque qualité et condition qu'elles soient, de chasser à l'arquebuse ou avec chiens, dans l'étendue des capitaineries des maisons royales de Saint-Germain, Fontainebleau, Chambord, Vincennes, Livry, Compiègne, Bois de Boulogne, Varenne-du-Louvre, même aux Seigneurs hauts-justiciers, et à tous autres, quoique fondés en titres ou permissions générales ou particulières, déclarations, édits et arrêts.

Cette défense s'étend à une certaine distance des limites de la capitainerie. On lit, en effet, à l'article 14 de l'Ordonnance : « Permettons à tous seigneurs, gentilshommes et nobles de chasser noblement à force de chiens et oiseaux dans leurs forêts, buissons, garennes, *pourvu qu'ils soient éloignés d'une lieue* de nos plaisirs, même aux chevreuils et bêtes noires dans la distance de *trois lieues.* » L'article 13 fait encore « très-expresses inhibitions et défenses à tous seigneurs, gentilshommes, hauts-justiciers et autres personnes de quelque qualité et condition qu'ils soient, de tirer ou chasser à bruit dans les forêts, plaines, garennes et buissons royaux, s'ils n'en ont titre ou permission. »

L'infraction aux prescriptions des Ordonnances entraîne des peines dont la rigueur a varié suivant les époques. Il serait superflu d'en faire une énumération complète ; voici seulement les principales peines édictées par l'Ordonnance de 1669, dernier règlement porté sur le fait des chasses. L'article 2 défend tout d'abord de condamner au dernier supplice, pour le fait de chasse, de quelque qualité que soit la contravation, s'il n'y a d'autres crimes mêlés qui puissent mériter cette peine. L'article 28 déclare punissable d'une amende de cent livres pour la première fois, du double pour la seconde et pour la troisième du carcan pendant trois heures joint au bannissement pendant trois années hors la maîtrise, celui qui chasse sans être possesseur d'un fief, d'une seigneurie ou d'une haute-justice. D'après l'article 12, celui qui emploie des engins prohibés doit être condamné pour la première fois au fouet et à trente livres d'amende, pour la seconde fois à être fustigé, flétri et banni pour cinq ans du ressort de la maîtrise. Les contraventions commises dans les plaisirs du roi sont punies d'une amende de quinze cents livres, si le délinquant est de race noble ; s'il est roturier, l article 13 le rend passible des condamnations indiquées par l'Ordonnance de 1601. c'est-à-dire d'une amende plus ou moins forte suivant les cas, et quelquefois des galères et du bannissement.

TROISIÈME PARTIE

DE LA CHASSE

SUIVANT LES RÈGLES DU DROIT ACTUEL

L'article 715 du Code civil nous avertit que la faculté de chasser est réglée par des lois particulières. La plus importante de ces lois est celle du 3 mai 1844 modifiée en ses articles 3 et 9 par la loi du 25 janvier 1874 (1). Cette œuvre législative divisée en quatre sections elles-mêmes réparties en trente et un articles, est la dernière qui ait été faite sur la chasse, et elle abroge, en tout ce qui est contraire à ses dispositions, les lois, arrêtés, décrets et ordonnances antérieurs, notamment le décret du 4 mai 1812 et la loi du 30 avril 1790.

C'est donc la loi de 1844 qui fera l'objet principal de la troisième partie de notre étude. Voici l'ordre que nous nous proposons de suivre dans le commentaire de ses articles :

1° Du fait de chasse ;
2° De la faculté de chasser ;
3° Du permis ;
4° Ouverture et fermeture ;

(1) L'article 5 qui autorise les préfets seuls à délivrer des permis de chasse et qui détermine le prix de ces permis, se trouve également modifié par un décret de 1861 et par une loi du 20 décembre 1872 jointe à celle du 2 juin 1875. Voir les pages 106 et 107.

5° De la défense de chasser de nuit ;
6° Modes de chasse autorisés ;
7° Pouvoirs des préfets ;
8° Mesures prises contre le braconnage.
9° Des pénalités ;
10° Poursuite des délits ;
11° Du jugement :
12° Dispositions particulières.

LOI SUR LA POLICE DE LA CHASSE

SECTION PREMIÈRE

De l'exercice du droit de chasse.

Article 1er. Nul ne pourra chasser, sauf les exceptions ci-après, si la chasse n'est pas ouverte. et s'il ne lui a pas été délivré un permis de chasse par l'autorité compétente.

Nul n'aura la faculté de chasser sur la propriété d'autrui sans le consentement du propriétaire ou de ses ayant-droit.

Art. 2. Le propriétaire ou possesseur peut chasser ou faire chasser en tout temps, sans permis de chasse, dans les possessions attenant à une habitation et entourées d'une clôture continue faisant obstacle à toute communication avec les héritages voisins.

Art. 3. Les préfets détermineront, par des arrêtés publiés au moins dix jours à l'avance, l'époque de l'ouverture et celle de la clôture de la chasse, dans chaque département.

Art. 4. Dans chaque département, il est interdit de mettre en vente, de vendre, d'acheter, de transporter et de colporter du gibier pendant le temps où la chasse n'y est pas permise.

En cas d'infraction à cette disposition, le gibier sera saisi et immédiatement livré à l'établissement de bienfaisance le plus voisin, en vertu soit d'une ordonnance du juge du paix, si la saisie a eu lieu au chef-lieu du canton, soit d'une autorisation du maire, si le juge de paix est absent ou si la saisie a été faite dans une commune autre que celle du chef-lieu. Cette ordonnance ou cette autorisation sera délivrée sur la requête des agents ou gardes qui auront opéré la saisie et sur la présentation du procès-verbal régulièrement dressé.

La recherche du gibier ne pourra être faite à domicile que chez les aubergistes, chez les marchands de comestibles et dans les lieux ouverts au public.

Il est interdit de prendre ou de détruire, sur le terrain d'autrui, des œufs et des couvées de faisans, de perdrix et de cailles.

Art. 5. Les permis de chasse seront délivrés sur l'avis du maire et du sous-préfet, par le préfet du département dans lequel celui qui en era la demande aura sa résidence ou son domicile.

La délivrance des permis de chasse donnera lieu au paiement d'un droit de quinze francs au profit de l'Etat, et de dix francs au profit de la commune, dont le maire aura donné l'avis énoncé au paragraphe précédent.

Les permis de chasse seront personnels ; ils seront valables pour tout le royaume et pour un an seulement.

Art. 6. — Le préfet pourra refuser le permis de chasse :

1° A tout individu majeur qui ne sera point personnellement inscrit, ou dont le père ou la mère ne serait pas inscrit au rôle des contributions ;

2° A tout individu qui, par une condamnation judiciaire, a été privé de l'un ou de plusieurs des droits énumérés dans l'article 42 du Code pénal, autre que le droit de port d'armes ;

3° Tout condamné à un emprisonnement de plus de six mois, pour rébellion ou violence envers les agents de la force publique ;

4° A tout condamné pour délit d'association illicite, de fabrication, débit, distribution de poudre, armes ou autres munitions de guerre ; de menaces écrites ou de menaces verbales, avec ordre ou sous condition ; d'entraves à la circulation des grains : de dévastation d'arbres ou de récoltes sur pied, de plants venus naturellement ou faits de main d'homme ;

5° A ceux qui auront été condamnés pour vagabondage, mendicité, vol, escroquerie ou abus de confiance.

La faculté de refuser le permis de chasse aux condamnés dont il est question dans les paragraphes 3, 4 et 5, cessera cinq ans après l'expiration de la peine.

Art. 7. — Le permis de chasse ne sera pas délivré :

1° Aux mineurs qui n'auront pas seize ans accomplis ;

2° Aux mineurs de seize à vingt et un ans, à moins que le permis ne soit demandé pour eux par leur père, mère, tuteur ou curateur porté aux rôles des contributions,

3° Aux interdits ;

4° Aux gardes-champêtres ou forestiers des communes et établissements publics, ainsi qu'aux gardes-forestiers de l'Etat et aux gardes-pêche.

Art. 8. — Le permis de chasse ne sera pas accordé :

1° A ceux qui, par suite de condamnations, sont privés du droit de port d'armes ;

2° A ceux qui n'auront pas exécuté les condamnations prononcées contre eux pour l'un des délits prévus par la présente loi

3° A tout condamné placé sous la surveillance de la haute police.

Art. 9. — Dans le temps où la chasse est ouverte, le permis donne à celui qui l'a obtenu le droit de chasser de jour, à tir et à courre, sur ses propres terres, et sur les terres d'autrui avec le consentement de celui à qui le droit de chasse appartient.

Tous autres moyens de chasse, à l'exception des furets et des bourses destinées à prendre le lapin, sont formellement interdits.

Néanmoins les préfets des départements, sur l'avis des conseils généraux, prendront des arrêtés pour déterminer :

1° L'époque de la chasse des oiseaux de passage, autres que la caille, et les modes et procédés de cette chasse ;

2° Le temps pendant lequel il sera permis de chasser le gibier d'eau, dans les marais, sur les étangs, fleuves et rivières ;

3° Les espèces d'animaux malfaisants ou nuisibles que le propriétaire, possesseur ou fermier, pourra en tout temps détruire sur ses terres, et les conditions de l'exercice de ce droit, sans préjudice du droit appartenant au propriétaire ou au fermier de repousser ou de détruire, même avec des armes à feu, les bêtes fauves qui porteraient dommages à ses propriétés.

Ils pourront prendre également des arrêtés :

1° Pour prévenir la destruction des oiseaux ;

2° Pour autoriser l'emploi des chiens lévriers pour la destruction des animaux malfaisants ou nuisibles ;

3° Pour interdire la chasse pendant les temps de neige ;

Art. 10. — Des ordonnances royales détermineront la gratification qui sera accordée aux gardes et gendarmes rédacteurs des procès-verbaux ayant pour objet de constater les délits

SECTION DEUXIÈME

Des peines.

Art. 11. — Seront punis d'une amende de 16 à 100 fr. :

1° Ceux qui auront chassé sans permis de chasse ;

2° Ceux qui auront chassé sur le terrain d'autrui sans le consentement du propriétaire ;

L'amende pourra être portée au double si le délit a été commis sur des terres non dépouillées de leurs fruits, ou s'il a été commis sur un terrain entouré d'une clôture continue, faisant obstacle à toute communication avec les héritages voisins, mais non attenant à une habitation ;

Pourra ne pas être considéré comme délit de chasse le fait du passage des chiens courants sur l'héritage d'autrui, lorsque ces chiens seront à la suite d'un gibier lancé sur la propriété de leurs maîtres, sauf l'action civile, s'il y a lieu, en cas de dommage ;

3° Ceux qui auront contrevenu aux arrètés des préfets concernant les oiseaux de passage, le gibier d'eau, la chasse en temps de neige, l'emploi des chiens lévriers ; ou aux arrêtés concernant la destruction des oiseaux et celle des animaux nuisibles ou malfaisants ;

4° Ceux qui auront pris ou détruit, sur le terrain d'autrui, des œufs ou couvées de faisans, de perdrix ou de cailles ;

5° Les fermiers de la chasse, soit dans les bois soumis au régime forestier, soit sur les propriétés dont la chasse est louée au profit des communes ou établissements publics, qui auront contrevenu aux clauses et conditions de leurs cahiers de charges relatives à la chasse.

Art. 12. — Seront punis d'une amende de 50 à 200 fr., et pourront, en outre, l'être d'un emprisonnement de six jours à deux mois :

1° Ceux qui auront chassé en temps prohibé ;

2° Ceux qui auront chassé pendant la nuit, ou à l'aide d'engins et instruments prohibés, ou par d'autres moyens que ceux qui sont autorisés par l'article 9 ;

3° Ceux qui seront détenteurs ou ceux qui seront trouvés munis ou porteurs, hors de leur domicile, de filets, engins ou autres instruments de chasse prohibés ;

4° Ceux qui, en temps où la chasse est prohibée, auront mis en vente, vendu, acheté, transporté ou colporté du gibier ;

5° Ceux qui auront employé des drogues ou appâts qui sont de nature à enivrer le gibier ou à le détruire ;

6° Ceux qui auront chassé aux appeaux, appelants ou chanterelles.

Les peines déterminées par le présent article pourront être portées au double contre ceux qui auront chassé pendant la nuit sur le terrain d'autrui et par l'un des moyens spécifiés au paragraphe 2, si les chasseurs étaient munis d'une arme apparente ou cachée.

Les peines déterminées par l'article 11 et par le présent article seront toujours portées au maximum, lorsque les délits auront été commis par les gardes-champêtres ou forestiers des communes, ainsi que par les gardes-forestiers de l'État et des établissements publics.

Art. 13. — Celui qui aura chassé sur le terrain d'autrui, sans son consentement, si ce terrain est attenant à une maison habitée ou servant à l'habitation, et s'il est entouré d'une clôture continue faisant obstacle à toute communication avec les héritages voisins, sera puni d'une amende de 50 à 300 fr., et pourra l'être d'un emprisonnement de six jours à trois mois.

Si le délit a été commis pendant la nuit, le délinquant sera puni d'une amende de 100 à 1,000 fr. et pourra l'être d'un emprisonnement de trois mois à deux ans, sans préjudice, dans l'un et l'autre cas, s'il y a lieu, de plus fortes peines prononcées par le code pénal.

Art. 14. — Les peines déterminées par les trois articles qui précèdent pourront être portées au double, si le délinquant était en état de récidive, s'il était déguisé ou masqué, s'il a pris un faux nom, s'il a usé de violence envers les personnes, ou s'il a fait des menaces, sans préjudice, s'il y a lieu, de plus fortes peines prononcées par la loi.

Lorsqu'il y aura récidive dans les cas prévus en l'article 11, la peine de l'emprisonnement de six jours à trois mois pourra être appliquée si le délinquant n'a pas satisfait aux condamnations précédentes.

Art. 15. — Il y a récidive, lorsque, dans les douze mois qui ont précédé l'infraction, le délinquant a été condamné en vertu de la présente loi.

Art. 16. — Tout jugement de condamnation prononcera la confiscation des filets, engins et autres instruments de chasse. Il ordonnera, en outre, la destruction des instruments de chasse prohibés.

Il prononcera également la confiscation des armes, excepté dans le cas où le délit aura été commis par un individu muni d'un permis de chasse dans le temps où la chasse est autorisée.

Si les armes, filets, engins ou autres instruments de chasse n'ont pas été saisis, le délinquant sera condamné à les représenter ou à en payer la valeur suivant la fixation qui en sera faite par le jugement, sans qu'elle puisse être au-dessous de 50 fr.

Les armes, engins ou autres instruments de chasse abandonnés par les délinquants restés inconnus, seront saisis et déposés au greffe du tribunal compétent. La confiscation et, s'il y a lieu, la destruction, en seront ordonnées sur le vu du procès-verbal.

Dans tous les cas, la quotité des dommages-intérêts est laissé à l'appréciation des tribunaux.

Art. 17. — En cas de conviction de plusieurs délits prévus par la présente loi, par le Code pénal ordinaire ou par les lois spéciales, la peine la plus forte sera seule prononcée.

Les peines encourues pour des faits postérieurs à la déclaration du procès-verbal de contravention pourront être cumulées, s'il y a lieu, sans préjudice des peines de la récidive.

Art. 18. — En cas de condamnation pour délits prévus par la présente loi, les tribunaux pourront priver le délinquant du droit d'obtenir un permis de chasse pour un temps qui n'excèdera pas cinq ans.

Art. 19. — La gratification mentionnée en l'article 10, sera prélevée sur le produit des amendes.

Le surplus desdites amendes sera attribué aux communes sur le territoire desquelles les infractions auront été commises.

Art. 20. — L'article 463 du Code pénal ne sera pas applicable aux délits prévus par la présente loi.

SECTION TROISIÈME.

De la poursuite et du jugement.

Art. 21. — Les délits prévus par la présente loi seront prouvés, soit par procès-verbaux ou rapports, soit par temoins, à défaut de rapports et procès-verbaux, ou à leur appui.

Art. 22. — Les procès-verbaux des maires et adjoints, commissaires de police, officier, maréchal-des-logis ou brigadier de gendarmerie, gendarmes, gardes-forestiers, gardes-pêche, gardes champêtres, ou gardes assermentés des particuliers, feront foi jusqu'à preuve contraire.

Art. 23. — Les procès-verbaux des employés des contributions indirectes et des octrois, feront également foi jusqu'à preuve contraire, lorsque, dans la limite de leurs attributions respectives, ces agents rechercheront et constateront les délits prévus par le paragraphe premier de l'article 4.

Art. 24. — Dans les vingt-quatre heures du délit, les procès-verbaux des gardes seront, à peine de nullité, affirmés par les rédacteurs devant le juge de paix ou l'un de ses suppléants, ou devant le maire ou l'adjoint, soit de la commune de leur résidence, soit de celle où le délit aura été commis.

Art. 25. — Les délinquants ne pourront être saisis ni désarmés; néanmoins, s'ils sont déguisés ou masqués, s'ils refusent de faire connaître leurs noms, ou s'ils n'ont pas de domicile connu, ils seront conduits immédiatement devant le maire ou le juge de paix, lequel s'assurera de leur individualité.

Art. 26. — Tous les délits prévus par la présente loi seront poursuivis d'office par le ministère public, sans préjudice du droit conféré aux parties lésées, par l'article 182 du Code d'instruction criminelle.

Néanmoins, dans le cas de chasse sur le terrain d'autrui, sans le consentement du propriétaire, la poursuite d'office ne pourra être exercée par le ministère public sans une plainte de la partie intéressée, qu'autant que le délit aura été commis dans un terrain clos suivant les termes de l'article 2, et attenant à une habitation ou sur des terres non encore dépouillées de leurs fruits.

Art. 27. — Ceux qui auront commis conjointement les délits de chasse, seront condamnés solidairement aux amendes, dommages-intérêts et frais.

Art. 28. — Le père, la mère, le tuteur, les maîtres et commettants sont civilement responsables des délits de chasse commis par leurs enfants mineurs non mariés, pupilles demeurant avec eux, domestiques ou préposés, sauf tout recours de droit.

Cette responsabilité sera réglée conformément à l'article 1384 du Code civil, et ne s'appliquera qu'aux dommages-intérêts et frais, sans pouvoir toutefois donner lieu à la contrainte par corps.

Art. 29. — Toute action relative aux délits prévus par la présente loi sera prescrite par le laps de trois mois, à compter du jour du délit.

SECTION IV.

Dispositions générales.

Art. 30. — Les dispositions de la présente loi relatives à l'exercice du droit de chasse, ne sont pas applicables aux propriétés de la couronne. Ceux qui commettraient des délits de chasse dans ces propriétés seront poursuivis et punis conformément aux sections 2 et 3.

Art. 31. — Le décret du 4 mai 1812 et la loi du 30 avril 1790, sont abrogés.

Sont et demeurent également abrogés, les lois, arrêtés, décrets et ordonnances, intervenus sur les matières réglées par la présente loi, en tout ce qui est contraire à ses dispositions.

LOI DU 25 JANVIER 1874.

Modifiant les articles 3 et 9 de la loi du 3 mai 1844.

Article unique.

Les articles 3 et 9 de la loi du 3 mai 1844, sont modifiés ainsi qu'il suit :

Art. 3. — Les préfets détermineront, par des arrêtés publiés au moins dix jours à l'avance, les époques des ouvertures et celles des clôtures des chasses, soit à tir, soit à courre, à cor et à cris, dans chaque département.

Art. 9. — Dans le temps où la chasse est ouverte, le permis donne à celui qui l'a obtenu, le droif de chasser de jour, soit à tir, soit à courre, à cor et à cris, suivant les distinctions établies par les arrêtés préfectoraux, sur ses propres terres et sur les terres d'autrui, avec le consentement de celui à qui le droit de chasse appartient.

Tous les autres moyens de chasse, à l'exception des furets et des bourses, destinés à prendre les lapins, sont formellement prohibés.

Néanmoins, les préfets des départements, sur l'avis des conseils généraux. prendront des arrêtés pour déterminer :

1° L'epoque de la chasse des oiseaux de passage autres que la caille, la nomenclature des oiseaux et les modes et procédés de chaque chasse pour les diverses espèces ;

2° Le temps pendant lequel il sera permis de chasser le gibier d'eau dans les marais, sur les étangs, fleuves et rivières ;

3° Les espèces d'animaux malfaisants ou nuisibles que le propriétaire, possesseur ou fermier pourra en tout temps détruire sur ses terres, et les conditions de l'exercice de ce droit, sans préjudice du droit appartenant au propriétaire ou au fermier de repousser et de détruire même avec des armes à feu, les bêtes fauves qui porteraient dommage à ses propriétés.

Ils pourront également prendre des arrêtés :

1° Pour prévenir la destruction des oiseaux ou pour favoriser leur repeuplement ;

2° Pour autoriser l'emploi des chiens lévriers pour la destruction des animaux malfaisants ou nuisibles ;

3° Pour interdire la chasse pendant les temps de neige.

DU FAIT DE CHASSE.

Chasser, c'est accomplir un fait de chasse. Le fait de chasse est l'action de rechercher ou de poursuivre le gibier dans le but de s'en rendre maître.

On peut définir le *gibier* tout animal à poil ou à plume vivant à l'état de liberté et fréquentant le bois, la montagne, la plaine ou le marais ; par exemple : le chevreuil, le sanglier, le lièvre, la perdrix, la caille, la bécasse, la bécassine, le canard sauvage, la grive, la litorne et la mauviette.

Le sens juridique du mot gibier diffère sensiblement du sens littéraire, d'après lequel un animal pris à la chasse n'est gibier qu'autant qu'il est bon à manger. Ainsi, le loup ou le renard, les oiseaux de proie dont la chair répugne, sont gibiers au point de vue du droit, car la loi n'établit aucune distinction entre les diverses espèces d'animaux. Lapin, belette, vanneau, pivert, quadrupèdes, volatiles, toute bête, en un mot, qui ne rentre pas dans la classe des animaux domestiques ou dans celle des poissons, peut faire l'objet d'un acte de chasse (1). Viser des hirondelles au-dessus d'un étang, tirer des moineaux, des pies-grièches au vol ou au posé, c'est chasser ; tuer des corbeaux pour s'exercer ou pour préserver des volailles contre la rapacité de ces oiseaux,

(1) Cour de cassation. Arrêt du 13 novembre 1818.

c'est encore chasser, et par suite le tireur d'hirondelles, de pies ou de corbeaux est tenu de se conformer aux prescriptions imposées aux chasseurs (1).

De ce que la chasse est l'action de rechercher ou de poursuivre le gibier jointe à l'intention de s'en emparer, il résulte que celui qui avant l'ouverture se promène sans arme dans la campagne, en laissant quêter son chien d'arrêt et même en l'encourageant dans sa quête, n'accomplit pas un acte de chasse. C'est un amateur qui exerce, qui dresse son chien, ce n'est pas un chasseur, un délinquant (2). Toutefois, si le chien sur son arrêt surprenait un lièvre au gîte ou happait une caille au vol, il naîtrait de cet accident une présomption absolue contre son maître. Le berger ou le taupier, dont le chien lève par hasard une pièce de gibier, s'acharne à sa poursuite et s'en empare, ne répond pas de ce fait, quand il s'abstient de ramasser la pièce de gibier (3). Il en est de même du laboureur qui retire des dents de sa herse un lièvre qui s'y est laissé prendre et qu'il rend à la liberté, en cas de survivance (4); de l'amateur qui lance un furet dans l'un des trous d'un terrier de lapins, sans placer de bourse à une autre issue ; du villageois qui tire par occasion sur un lièvre au-devant de sa porte (5), qui tue

(1) Cour de cass. Arrêt du 5 novembre 1842.

(2) Douai, Arrêt du 2 oct., 1852. Pau, Ar. 28 août, 1857. Colmar, Ar. 30 décembre, 1862. Contra. Cour de cass. Ar. du 17 février, 1852.

(3) Angers, 12 août, 1872. Au contraire, les fermiers ou ouvriers de ferme qui conduisent dans les champs des chiens, dont l'unique occupation, pendant que le maître travaille, est de fureter dans les sillons et d'étrangler les petits levrauts, sont toujours responsables.

(4) Nancy, 7 août, 1871.

(5) Bordeaux, Arrêt du 28 mars, 1844. La théorie change à l'égard des petits oiseaux qui voltigent *habituellement* autour des habitations. Cour de cass. Arrêt du 24 septembre, 1847.

un renard dans son poulailler, ou un loup dans sa bergerie. Au contraire, le paysan qui armé d'une houe, s'en va à la découverte d'un gîte (1) ; celui qui assomme une hase au passage, avec une pioche ou un bâton ; le braconnier qui parcourt les champs sans arme d'aucune sorte, dans le but de découvrir un lièvre au gîte, comptant le tuer ultérieurement ; enfin, celui qui travaille à faire passer le gibier du terrain d'autrui sur son propre fonds, pour l'y chasser ensuite (2), accomplissent de véritables actes de chasse.

On voit par les derniers exemples que l'acte de chasse résulte moins du fait de porter une arme (3) que de celui de rechercher ou de poursuivre le gibier. Cependant, le port d'une arme ou d'un engin de chasse est un élément essentiel de cet actè dans les chasses à l'affût et au feu. La première consiste précisément à se tenir armé avant l'aube ou vers le crépuscule sur la lisière d'un bois ou contre une haie pour y attendre le gibier ; la seconde, à parcourir les champs pendant la nuit avec une lanterne, dont la lumière trompeuse, invite la perdrix endormie à s'égayer, comme aux premiers feux du jour, et à s'exposer aux filets du chasseur. Ce genre de chasse est prohibé, comme toute chasse de nuit ; l'affût est permis dans des conditions que nous verrons plus loin. Mais gardons-nous de le confondre avec le fait de porter une arme pris isolément. Ici, point d'acte de chasse. La faculté du port d'armes étant commune à tous,

(1) Tours, Tribunal 6 juin 1845.

(2) Paris, Arrêt du 8 mars, 1866, et du 16 février, 1870. C. cassation, 16 janvier, 1872. Angers, 27 janvier, 1873.

(3) Le tribunal de Valenciennes a condamné, pour délit de chasse, un braconnier qui, sans arme, poursuivait des faisans et s'efforçait de les frapper à coups de pierres.

quiconque ne l'a pas perdue par suite d'une condamnation ou d'une mesure administrative, peut prendre un fusil soit par fantaisie, soit par raison de sûreté, puis se promener sur la voie publique ou aller à travers champs vers une destination. Seulement, le porteur d'une arme fera bien d'observer son attitude, s'il ne veut passer pour chasseur et courir les risques d'un procès. Nous engageons le chasseur qui traverse la réserve d'autrui ou qui, avant l'ouverture de la chasse en plaine, se dirige à travers champs vers le marais, à mettre son fusil au repos, à le porter en bandoulière (1), à tenir son chien en lesse (2), et à marcher droit devant lui sans jeter les yeux çà et là (3), sur les éteules ou sur les terres en labour.

L'emploi des chiens courants (4) et des traqueurs (5) n'est pas non plus à lui seul l'élément constitutif du fait de chasse, il faut en outre l'intention de forcer le gibier, le dessein de s'en emparer. L'amateur de vènerie qui découple ses chiens courants et les pousse au bois dans le but de les essayer, de les éduquer, ne se livre donc pas à un acte de chasse, surtout si les chiens courants sont jeunes et incapables de suivre fructueusement la piste du gibier.

En temps de chasse, il arrive assez souvent qu'un

(1) Douai, Ar. 16 juillet, 1841.

(2) Douai, Ar. 17 octobre, 1842.

(3) C. de cass. Arrêt du 22 janvier, 1829.

(4) La vènerie n'était guère connue des peuples de l'antiquité. L'honneur de la découverte en revient aux Gaulois : « Galli etiam, absque retium usu venantur quotquot quidem non victum venando quærunt, sed ipsam honestam voluptatem quam venatio habet conjunctam. » Arrianus. *De venat*, ch. 3.

(5) L'aide des traqueurs est permis, n'étant pas proscrit par la loi. C. de Dijon, Arrêt, 28 novembre, 1845. C. de cass. Arrêt, 29 novembre, 1845.

chien courant, entraîné par son instinct cynégétique, quitte le bois de son maître au bruit d'une meute étrangère, au coup de fusil tiré par un chasseur de la plaine, ou s'échappe du chenil et poursuive un lièvre à l'insu de son maître ou au mépris du cornet d'appel. Le maître doit-il répondre d'une poursuite ainsi faite sur le terrain d'autrui? La Cour de Douai l'a prétendu : « Considérant, a-t-elle dit, qu'il résulte du procès-verbal et des dépositions des gardes rédacteurs, que dès onze heures et demie de la matinée, un des chiens de la meute de Gustave de Robaulx a été aperçu chassant sur une terre du sieur Prudent Bossus, sans le consentement de ce dernier, et qu'il a été suivi chassant sur d'autres propriétés appartenant à des tiers jusqu'au moment où les gardes sont parvenus à le couper et à l'arrêter ; qu'il importe peu dans ces circonstances, que le chien de Gustave de Robaulx ait ou non suivi cette direction à l'insu de son maître ; considérant que ces faits constituent suffisamment à la charge de .... (1). » La Cour de cassation, au contraire, a décidé avec raison que le chien qui se livre à la chasse par son seul instinct et sans la participation de son maître, le rend bien responsable du dommage causé, mais ne le constitue jamais en délit (2). L'espèce prévue par la Cour suprême présentait une particularité délicate de nature à modifier sa décision. Il s'agissait de lévriers, et l'on connaît l'extrême agilité de ces animaux si propres à la destruction du gibier. Néanmoins, la Cour n'a pas voulu reconnaître un acte de chasse dans le fait tout matériel et le plus souvent fatal de la pour-

(1) Arr., 11 février, 1843.

(2) Arrêt, 20 novembre, 1845. En ce sens : Nancy, Ar. du 11 février, 1846. C. cass. 21 juillet, 1855.

suite d'un lièvre par un chien-courant. Suivant elle, il n'y a point ici de délit de chasse sans intention de chasse, et cette opinion est assurément fort prudente, car en tenant compte de la nature sauvage du braque, elle laisse à la vènerie son libre exercice et met le propriétaire de chiens-courants à l'abri de la mauvaise foi ou de l'humeur superbe de son voisin (1).

La chasse aux chiens courants se fait à la fois sous bois et en plaine. Un limier, ou plus simplement un chien *lanceur* borde un taillis, quête et signale de la voix la présence du gibier. L'attaque se fait, la meute suit la piste partout où elle la mène, ramenant bien souvent le gibier à la randonnée au lieu voisin du départ. La meute en action n'est point aux ordres de son maître ; loin de répondre à l'appel du chasseur, comme le chien d'arrêt qui quête sous le fusil, elle chasse pour son propre compte et quand elle est en haleine par un temps froid et humide, il n'est veneur qui puisse la rompre. Dès lors, qui l'empêcherait de passer de l'héritage du maître sur le fonds d'autrui ? Emportée à la suite d'un gibier, il se peut qu'elle traverse un grand nombre de petites propriétes voisines et l'on se demande si ce passage renversant en quelque sorte le principe qui fait de la propriété du sol la condition essentielle de l'exercice du droit de chasse, ne doit pas constituer le maître en délit. Or, le soutenir, ce serait évidemment frapper de déchéance la chasse à courre, ce mode de chasse par excellence. Qu'a donc fait le législateur ? Sans rétablir

(1) Le voisinage impose certains devoirs aux propriétaires chasseurs. Il a été jugé qu'un propriétaire excédait ses droits et se rendait passible de dommages-intérêts, quand il faisait faire sur son terrain des bruits et tapages destinés à effrayer le gibier et rendre infructueuses les chasses projetées par son voisin. Paris, 2 décembre, 1871.

l'ancien droit de suite qui autorisait le passage et des chiens et du chasseur lui-même sur le fonds d'autrui, il a toléré dans une certaine mesure le seul passage des chiens courants, laissant aux tribunaux le soin d'apprécier si ce fait est bien indépendant de la volonté du maître des chiens (1). Voici les termes de sa décision : « Pourra ne pas être considéré comme délit de chasse le fait du passage des chiens courants (2) sur l'héritage d'autrui, lorsque ces chiens seront à la suite d'un gibier lancé sur la propriété de leurs maîtres, sauf l'action civile, s'il y a lieu, en cas de dommage (3). » Le législateur suppose deux domaines contigus, et le propriétaire de l'un en chasse avec ses braques qui lancent un lièvre sur son terrain. Les chiens suivent le gibier dans le domaine du voisin ; le chasseur reste chez lui, à la limite des deux héritages et il y tire le lièvre ramené par les chiens. C'est son droit. Mais, voici un bois réservé et un terrain contigu dont la chasse est libre. Un individu s'y promène avec ses chiens, les pousse au bois ou les y laisse entraîner par leur instinct. Un lièvre est lancé, tiré à la sortie du bois ou suivi en plaine et tué à son retour sur le terrain libre. Est-ce le droit du chasseur? Non, sans nul doute. Il a tiré le lièvre au préjudice du propriétaire du bois, il s'est approprié ce gibier par des moyens injustes et malhonnêtes. Nous voudrions voir réprimer sévèrement

(1) C. cass., 23 juillet, 1869 et 28 janvier, 1875. C'est au chasseur à faire la preuve de l'impossibilité où il se trouvait d'arrêter les chiens. Caen, 26 janvier, 1870. C. cass., 7 décembre, 1872. Angers, 17 mars, 1873. Dijon, 21 janvier, 1874.

(2) Ce mot exclut les chiens couchants ou d'arrêt, chiens de fantaisie, chiens de cour, chiens à poil ras parfois très-propres au lancer et même à la poursuite du gibier. Metz, Ar. 8 janvier, 1845.

(3) Loi de 1844. Art. 11.

cette manière d'attenter à la propriété d'autrui, ce braconnage aussi insolent que dommageable.

La chasse est un titre d'occupation par lequel on acquiert la propriété des animaux sauvages. Ces animaux, jouissant de leur liberté naturelle, n'appartiennent à personne ; ils sont *res nullius* même à l'égard du propriétaire du fonds sur lequel ils se trouvent, car le propriétaire ne les a pas à sa disposition. Le gibier peu sédentaire de sa nature, passe souvent d'un endroit à un autre. Sans parler des oiseaux de passage ou des quadrupèdes nomades, la perdrix et le faisan, le lièvre et le lapin qui de tous les gibiers s'attachent le plus au lieu natal, émigrent, changent de canton, quand ils se voient l'objet de chasses trop fréquentes. Quelles pourraient être alors les prétentions du propriétaire du fonds abandonné? Les animaux d'une espèce ne portent point de signe qui permette de les distinguer, et d'ailleurs, ce n'est pas tout de reconnaître le gibier, il faut lui commander, il faut s'en emparer. Jusque là, l'animal sauvage s'appartient à lui-même, témoin la facilité avec laquelle il évite la poursuite du chasseur. Notre Code civil n'entend pas méconnaître les faits naturels qui établissent si nettement le principe de l'indépendance du gibier, quand il déclare les lapins de garenne immeubles par destination, et attribue au propriétaire d'une garenne « les lapins qui y passent, » ou quand il rend l'État propriétaire des biens sans maître, indépendamment de toute prise de possession. Personne n'ignore que les articles 524 et 564 sont la partie incomplète d'une règle de l'Ancien droit, d'après laquelle le propriétaire d'une garenne n'était pas propriétaire des lapins mais seulement d'une garenne peuplée de lapins. Ces animaux ne lui appartiennent que comme dépendance du fonds occupé par eux, en sorte que leur ensemble devient l'accessoire et une partie de ce fonds : ils ne lui appartiendront *per se* et comme objet direct de son droit de propriété qu'à mesure qu'ils seront appréhendés. On sait aussi que les articles 539 et 713 s'appliquent seulement aux immeubles et aux successions vacantes qu'on n'acquiert point par occupation. « La loi civile, disait le projet primitif du Code, ne reconnaît point le droit de simple occupation. Les biens qui n'ont jamais eu de maître et qui sont vacants comme abondonnés par leur propriétaire appartiennent à la nature ; nul ne les peut acquérir que par une possession suffisante pour opérer la prescription. » Or, la première partie de ce projet, fut supprimée, sur les observations d'un certain nombre de tribunaux d'appel, comme heurtant le droit naturel qui autorise l'occupation de *res nullius*. Au surplus, la capture des animaux sauvages est reconnue par notre Code d'une manière toute spéciale, quoique implicite, dans l'article 715 aux termes duquel « la faculté de chasser est réglée par des lois particulières. »

Dans notre Droit où la chasse n'est pas libre comme à Rome, mais limitée par le droit de la propriété, il semble qu'il importe peu de maintenir au gibier son caractère de *res nullius*. Voici cependant un double intérêt dont l'importance n'échappera à personne : 1° Celui qui s'empare d'une pièce de gibier, *res nullius*, sur le fonds d'autrui, ne commet pas un vol, mais un simple délit de chasse. L'animal capturé appartient au chasseur et la restitution n'en pourrait être exigée par le propriétaire du fonds ou par son garde témoin du délit. 2° Le propriétaire d'un fonds giboyeux est étranger à l'article 1385 du Code civil, suivant lequel « le propriétaire d'un animal ou celui qui s'en sert, pendant qu'il est à son usage, est responsable du dommage que l'animal a causé, soit que l'animal fût sous sa garde, soit qu'il fût égaré ou échappé (1). » Le maître d'une réserve qui par son fait, sa négligence ou son imprudence cause un préjudice à son voisin tombe sous le coup de l'article 1383 qui le déclare responsable du dommage occasionné. Mais remarquons que la responsabilité du propriétaire ne dérive pas de la multiplication naturelle du gibier : s'il ne la favorise pas, il n'est pas plus responsable des dégâts occasionnés par des renards, des lièvres ou des perdrix que du préjudice causé par les corbeaux ou les moineaux qui nichent dans son domaine. Tant pis pour les voisins qui n'avisent pas à la destruction de ces animaux ! Il en serait tout autrement, si par exemple, pour le plaisir de la chasse, le propriétaire d'un fonds nourrissait des lapins, leur ménageait des terriers ou refusait la permission de les détruire aux voisins lésés qui la solliciteraient (2).

L'animal sauvage devient la propriété du chasseur dès l'instant où il tombe entre ses mains, mort ou vivant, et il reste dépendant dans l'enclos ou dans la garenne fermée qui le reçoit (3). L'état même du gibier abattu par le chasseur est un signe évident de la capture ; mais il peut se faire que le gibier seulement blessé ait la force de fuir devant le chasseur, que fatigué par une longue chasse, il échappe pourtant à la meute acharnée à sa poursuite, ou que simplement découvert, il déploie toute la vitesse de son allure, et il s'agit de savoir si dans ces hypothèses

(1) C. de cass. Ar. 22 juin, 1870. Compiègne, Tribunal, 31 août, 1872.
(2) C. cass., 20 janvier, 1873 et 6 janvier, 1874.
(3) C. cass. Ar. 13 août, 1840 et ar. 19 juillet, 1859.

le chasseur a droit au gibier. Or, si l'on ne voit dans la chasse que son titre d'occupation, il faut convenir que le gibier non soumis à la possession immédiate du chasseur, garde sa condition indépendante. Les jurisconsultes romains le voulaient ainsi, mais c'était du rigorisme, c'était refuser au chasseur tout droit à l'animal dont une longue poursuite ou une blessure mortelle rendait la capture certaine, c'était subordonner à la volonté d'un tiers la capture d'un gibier à bout de forces sur le terrain d'autrui, et autoriser des larrons à dérober au chasseur l'objet de ses recherches et de ses fatigues. Aussi, nos vieux auteurs mûs par un sentiment d'équité, ont rejeté la théorie romaine. Pothier, le grand organe de l'Ancien Droit, disait : « Pour qu'un chasseur soit censé s'être emparé de l'animal et en avoir acquis le domaine, il n'est pas nécessaire qu'il ait mis la main dessus ; mais de quel façon que ce soit que l'animal ait été en son pouvoir de manière à ne pouvoir s'échapper(1). » Notre jurisprudence moderne a consacré cette opinion. L'animal est-il blessé mortellement ou harassé, le chasseur en est reconnu propriétaire ; il peut en finir la poursuite sur le fonds d'autrui ou en exiger la remise de son possesseur. La blessure n'est-elle pas mortelle, l'animal peu atteint prend-il la fuite, le chasseur n'a point de droit sur lui ; l'animal ne cesse pas d'être *res nullius* et le premier venu pourra l'achever et s'en emparer. Cette solution s'applique *a fortiori* à l'animal simplement découvert, par exemple à la perdrix pendant l'arrêt du chien, au lièvre ou au lapin après le lancer et durant la poursuite. Ni l'arrêt, ni l'attaque ne constituent un commencement de possession donnant au chasseur un droit acquis opposable aux

(1) Pothier. *De la propriété*, n° 25.

tiers; l'animal poursuivi par les meilleurs chiens et par conséquent le plus en danger de perdre sa liberté, n'écarte-t-il pas souvent ce péril en lassant la meute, en la dépistant, en se réfugiant dans un lieu inacessible (1)?

Le fait de chasse est habituellement accompli par une seule personne; mais il peut aussi arriver que deux ou plusieurs chasseurs abattent ensemble une pièce de gibier, que deux meutes étrangères se réunissent et forcent une bête sauvage. A qui donc appartiendra l'animal dans ces circonstances? Dans l'hypothèse des tireurs, à défaut d'indice favorable à l'un d'eux (situations respectives, portée des fusils, etc.), les coups seront vérifiés, la direction des bourres sera examinée, et en cas de doute les chasseurs se partageront l'objet du litige ou le vendront à leur profit commun. Dans l'hypothèse des meutes, l'animal sera également partagé entre les propriétaires des chiens, à moins que la meute survenue après l'attaque, n'ait relevé aucun défaut ni pris la tête pendant la poursuite, en un mot, n'ait en quoi que ce soit aidé à la capture.

La mort du gibier est le dénoûment suprême du fait de chasse. Le chasseur matinal qui ramasse par hasard un lièvre étranglé dans un collet ou des perdrix abandonnées la veille sur le terrain de chasse, ou des bécasses mortes en volant contre des fils télégraphiques, se livre à un acte étranger à son art, puisque chasser, c'est rechercher, c'est poursuivre ou s'emparer d'un animal jouissant de sa liberté naturelle. Le gibier mort lui appartient comme aubaine, sans que, par exemple, le pro-

(1) C. de cass. Ar. 23 juillet 1839 et 29 avril, 1862. La loi Salique disait, au contraire · *Si quis aprum lassum quem alieni canes moverunt occiderit et furaverit, D. C. denarios culpabilis judicetur.*

priétaire de l'engin meurtrier en puisse rien prétendre. Sur quelle disposition légale baserait sa réclamation, le braconnier que la simple détention d'engins constitue en délit? *Nemo ex delicto suo potest consequi actionem.* Mais le propriétaire du fonds où vient d'être trouvé le gibier mort, pourrait en revendiquer au moins la moitié. Il réclamerait la moitié, si la bête cachée dans des broussailles ou dans un fourré, devait échapper à ses regards (1).

DE LA FACULTÉ DE CHASSER.

Les lois romaines considérant la chasse comme étant de droit naturel, lui laissaient une entière liberté. Nos lois modernes, au contraire, ne permettent pas de chasser sur le fonds d'autrui sans son consentement; la propriété est la limite de la faculté de chasser.

Le propriétaire chasse lui-même (2) ou confère à un étranger telle permission (3) de chasser sur ses terres qu'il juge convenable. Il lui est permis de céder son droit temporairement, de le louer, de l'abandonner. L'abandon doit être présumé quand le propriétaire a laissé chasser un certain temps sans se plaindre. Le bail est soumis en général aux règles ordinaires du contrat de louage : le preneur pourra sous-louer ou céder son bail sans l'intervention du bailleur, à moins de clause contraire insérée dans le contrat; il pourra, en cas de tacite réconduction, prétendre à un nouveau bail dont la durée

(1) Cod. civ. Art. 552 et 716.

(2) Toutefois, l'exercice du droit de chasse est subordonné à l'obtention d'un permis, à l'ouverture de la chasse et à l'emploi des moyens indiqués par la loi.

(3) La permission est personnelle et c'est au chasseur à en justifier. Dijon, 15 janvier, 1873.

n'excédera pas la saison courante, et en cas de privation de jouissance par force majeure, demander la résiliation du bail ou une diminution de prix proportionnelle au défaut de jouissance (1). Toutefois le preneur, en supposant l'aliénation de l'immeuble, ne serait pas fondé à invoquer l'article 1743 du Code civil obligeant l'acquéreur à respecter le bail authentique ou le bail sous seing privé enregistré, quand le bailleur ne s'est pas réservé par le contrat de bail le droit d'expulser le fermier. Cette disposition ne déroge qu'en faveur de l'agriculture et de l'industrie au principe, suivant lequel les acquéreurs particuliers ne succèdent pas aux obligations de leurs auteurs. Le fermier de la chasse a une simple action en dommages-intérêts contre le propriétaire qui dans le bail n'a pas prévu la résolution du contrat. Les avantages résultant du bail de chasse sont atteints par le droit de mutation après décès (2). La cession du droit de chasse est toujours temporaire, car la perpétuité placerait l'immeuble dans un état de dépendance illicite ; elle aboutirait à l'établissement d'une servitude prédiale, malgré l'article 686 du Code civil qui ne permet d'établir de servitude, qu'autant qu'elle n'est imposée ni à la personne, ni en faveur de la personne, mais seulement à un fonds et pour un autre fonds. N'est-il pas évident que le droit de chasse ne peut être concédé que pour l'agrément des personnes ? C'est donc à tort que la Cour d'Amiens a dé-

(1) Tel fut l'effet produit par la suspension de l'exercice de la chasse pendant la guerre de 1870-1871. Trib. civ. de Douai, 20 décembre, 1871. Tr. Lyon, 31 janvier, 1872. C. de Paris, 8 mai, 1875. On se souvient que le décret du 13-15 septembre, 1870 suspendit la chasse à partir du dixième jour de sa publication et édicta une amende extraordinaire de 100 à 500 francs, indépendamment des peines ordinaires, contre les contrevenants.

(2) C. cass., 7 avril, 1868.

cidé que le vendeur pouvait se réserver sur le fonds vendu le droit de chasse à perpétuité pour lui, ses héritiers et ayants-cause, et que cette clause obligeait les tiers-acquéreurs ultérieurs, comme les premiers acquéreurs (1). Une stipulation de ce genre constitue une obligation personnelle et celui-là seul qui l'aurait consentie serait tenu de l'exécuter (2).

La propriété d'un fonds est parfois indivise entre plusieurs personnes ; parfois aussi elle fait l'objet d'un démembrement. L'indivision ne modifie pas l'attribution du droit de chasse qui subsiste dans toute son intégrité au profit de chaque copropriétaire, quel que soit son droit dans la totalité de l'immeuble (3). Mais le démembrement laisse-t-il la faculté de chasser au nu-propriétaire, ou bien la transporte-t-il à l'usufruitier et à l'usager? L'usufruitier a certainement cette faculté. « Il est, dit Duranton, pleinement substitué au propriétaire quant à la jouissance. On doit tenir qu'il a le droit de chasse et que le nu-propriétaire ne l'a point. Vainement dira-t-on que, généralement du moins, le gibier n'est pas un fruit du fonds et conséquemment qu'il ne rentre pas dans la jouissance de l'usufruitier ; car il ne suit pas de là que le droit de chasse en lui-même ne soit susceptible d'aucun produit et qu'il ne soit d'ailleurs au nombre des agréments que procure la chose. Or, l'usufruitier jouit de tous les produits à l'exception de ceux qui lui sont spécialement refusés par la loi, tels que les bois de haute futaie. Il jouit pareillement de tous les agréments dont la

(1) Arrêt du 2 décembre, 1835.

(2) C. cass., 13 décembre, 1869.

(3) La permission de chasser sur un terrain indivis doit émaner de tous les co-propriétaires. Rouen, 21 février, 1862.

chasse est susceptible (1). » La solution est la même soit que l'usufruit résulte de conventions privées, soit qu'il dérive d'une disposition spéciale de la loi. Ainsi le droit de chasse sera exercé par le père durant le mariage et après la dissolution du mariage par le survivant des père et mère sur les fonds de leurs enfants mineurs de 18 ans et non émancipés ; par le père ou la mère survivant héritier en concours avec des successibles collatéraux autres que des frères ou sœurs ou descendants d'eux, sur les fonds rentrant dans le tiers des biens auxquels ils ne succèdent pas en pleine prospérité ; par le mari sur les biens de la communauté dont il est d'ailleurs seigneur et maître ; par le mari sur les fonds exclus de la communauté. Les titulaires d'une cure sont usufruitiers des immeubles qui en dépendent, et peuvent, en droit civil, prétendre à l'exercice du droit de chasse sur ces immeubles (2).

Le possesseur de bonne foi a aussi la faculté de chasser, car il jouit pleinement de l'objet de sa possession (3). L'usager, au contraire, n'ayant pas la jouissance du fonds soumis au droit d'usage, ne saurait prétendre à l'exercice du droit de chasse, à moins d'une clause spéciale insérée au titre constitutif du droit d'usage. Il en est de même de l'antichrésiste dont le droit est réduit par l'article 2085 du Code civil à la perception des fruits du fonds, à charge de les compter annuellement sur les in-

(1) Dur. t. IV, p. 472, n° 515.

(2) C. civ., art. 384, 754, 1421, 1549. Décret du 6 novembre 1813 sur la conservation et l'administration des biens du clergé. Art. 6, 29 et 49.

(3) C. civ., art. 2228.

térêts, s'il lui en est dû, et ensuite sur le capital de sa créance (1).

A qui appartient le droit de chasser sur un domaine affermé? Distinguons. Le propriétaire s'est-il réservé le droit de chasse dans une clause du bail, a-t-il attribué ce droit au fermier, la convention fait la loi des parties (2). Au contraire, le bail est-il muet, nous n'hésitons pas à attribuer la faculté de chasser au propriétaire. Le bail à ferme ne concède au fermier que la jouissance des fruits utiles parmi lesquels il est impossible de compter la chasse sans heurter les données les plus certaines du droit et de l'économie (3).

La Jurisprudence qui depuis longtemps repousse toute prétention du fermier au droit de chasse, établit ainsi sa doctrine : « Attendu que dans le silence d'un bail à ferme, le droit de chasse ne fait pas nécessairement partie de la chose louée; — que la chasse envisagée sous un point de vue général n'est pas un fruit du sol; — que la loi du 30 avril 1790, en consacrant l'abolition de ce droit, en tant qu'affecté à une certaine classe de personnes ou à une certaine nature de propriétés, ne l'avait par aucune de ses dispositions identifié avec le fait de la jouissance à quelque titre que cette jouissance fût exercée; que les articles 1, 13 et 14 ne font mention que du propriétaire ou possesseur; — que si, en les dé-

(1) Arg. Loi de 1790, art. 14. Cour de cassation. Arrêt du 21 mars, 1850.

(2) C. civ., art. 1165.

(3) C. civ., art. 1709. La chasse loin d'être pour le fermier une source de bénéfices, est plutôt pour lui une cause de ruine. Cet exercice dispendieux et si séduisant réclame des loisirs, et le fermier qui le plus souvent doit tout son temps à son exploitation ne saurait en sacrifier la surveillance aux plaisirs de la chasse qu'à son grand désavantage.

« Il n'est, pour voir, que l'œil du maître. »

nommant itérativement dans son article 15, elle ajoute que cet article se rapporte même au fermier, c'est uniquement pour l'autoriser à détruire le gibier dévastateur et à repousser les bêtes fauves, exception fondée sur ce qu'il appartient au propriétaire des fruits de s'en assurer la conservation ; — attendu que la loi du 3 mai 1844 n'a pas à l'égard du fermier introduit un droit nouveau ; qu'aux termes de son article 1er § 2' sanctionné par l'article 11 §§ 1 et 2, le fait de chasse n'est légitime qu'autant qu'il a lieu du consentement du propriétaire ou de ses ayants-droit ; — que le sens du mot ayant-droit ressort manifestement soit de l'ensemble de cet article, soit des dispositions qui s'y rattachent ; — que notamment dans son article 9, la loi nouvelle, qui, ainsi que la législation antérieure, a distingué le fermier du possesseur, n'a comme cette législation attribué au preneur que le droit de repousser ou de détruire les animaux nuisibles ; — attendu dès lors que l'ayant-droit dont il s'agit dans l'article 1er n'est autre que celui qui représente le propriétaire, soit par délégation spéciale, soit en vertu d'une concession expresse, soit à titre universel ; — que sous ces divers rapports, on ne saurait voir dans l'attribution légale conférée à ce titre, comme dans le droit qui en est la source, qu'une conséquence virtuelle de la seule qualité du propriétaire : d'où il suit que la faculté de chasser ou de faire chasser doit, à défaut de stipulation contraire, être réputée inhérente au droit de propriété, sans préjudice de l'action réservée au fermier contre toutes personnes qui, soit par l'usurpation, soit même par l'abus de cette faculté, auraient occasionné un dommage quelconque à son exploitation.... (1). »

(1) Cour de cass., 4 juillet 1845. Grenoble, 19 mars, 1846. Riom, 21 décembre, 1864. Aix, 8 novembre, 1865. Caen, 6 décembre, 1871.

Cette doctrine est admise par la plupart des auteurs. La minorité attribue le droit de chasse soit au fermier, soità la-fois au fermier et au propriétaire, système plein d'inconvénients pour eux et surtout funeste à leurs bons rapports. Quelques auteurs distinguent : le bail à ferme consiste-t-il en bois, buissons ou terres vagues, on donne la faculté de chasser au propriétaire ; consiste-t-il en fonds de culture, c'est au fermier qu'on croit devoir l'adjuger. « En la lui refusant, dit Prudhon, on le priverait d'une de ses garanties sur la perception des fruits de la terre amodiée, lesquels fruits pourront être dévastés et endommagés soit par le gibier, soit même par des chasses intempestivement exercées par le propriétaire (1). » Prudhon oublie que le fermier a le pouvoir de s'armer contre le gibier qui dévaste ses récoltes, qu'il peut actionner civilement tout chasseur, soit le propriétaire lui-même, qui ne les respecterait pas. Suivant Dalloz, le droit de chasse appartient au propriétaire ou au fermier, suivant que l'objet du bail est ou non un domaine de luxe et d'agrément (2).

L'emphytéose ou bail à longue échéance ne donne pas plus de droits à l'emphytéote que le bail ordinaire n'en donne au fermier. Cependant, la Cour de cassation qui range l'emphytéose parmi les droits réels, quoique le Code civil ne la mentionne pas spécialement comme telle, et en fait une sorte d'usufruit, doit logiquement assimiler l'emphytéote à l'usufruitier et lui concéder l'exercice du droit de chasse. Cette assimilation, disons-le en passant, nous semble téméraire, vu la loi du 29 décembre 1790 qui déclare les baux emphytéotiques tem-

(1) Traité du domaine, t. I, nº 382.
(2) Chasse, sect. 3, nº 51.

poraires et fixe leur durée extrême à quatre-vingt-dix-neuf ans. Or, d'après Dumoulin, l'Ancien Droit mettait seulement l'emphytéose perpétuelle au nombre des droits réels : *emphyteusis perpetua quasi alienatio dominii videtur, non autem emphyteusis temporalis.*

Quand le propriétaire d'un immeuble est une personne morale, comme l'Etat, la Commune(1), un hospice, une fabrique ou autre établissement public, les représentants ou les administrateurs n'exercent pas à leur profit le droit de chasse sur l'immeuble. Ni le préfet, ni le maire ne peuvent chasser comme tels sur le terrain de l'Etat et de la Commune, ou donner des permissions de chasse de leur autorité privée. Ils sont sous ce rapport semblables à leurs administrés qui ne seraient pas mieux fondés à chasser sur le fonds de l'Etat ou de la Commune qu'à en récolter les fruits (2). La chasse des propriétés de l'Etat

(1) Dans la discussion de la loi de 1844, M. Lelorgne d'Ideville, proposa d'insérer à la fin de la section I un article additionnel ainsi conçu :

« Les communes rurales pourront, au moyen d'une délibération du conseil municipal, homologuée par le préfet, affermer le droit de chasse *sur les biens communaux* et sur les terrains des propriétaires qui déclareront renoncer à exercer ce droit par eux-mêmes.

« Dans ce cas, le prix de fermage sera appliqué au paiement du garde-champêtre, et, s'il y a lieu, au rachat des prestations en nature et autres charges communales.

« Le dégrèvement aura lieu de manière à ce qu'il allége d'autant la part de cotisation attribuée sur les rôles de la commune, à ceux des propriétaires qui auront renoncé à exercer le droit de chasse. »

C'était, suivant l'auteur de la proposition, le moyen de rendre le droit de chasse efficace là où la propriété est morcelée, d'opposer aux braconniers des adversaires sérieux, de procurer des ressources aux communes pauvres. On a trouvé cet amendement inutile : « Les communes, a dit le rappporteur, peuvent incontestablement louer le droit de chasse sur leurs terres, et profiter de la bonne volonté des habitants qui consentent à ce que le droit de chasse sur leurs propriétés soit loué dans l'intérêt communal. »

(2) C. cass., 5 février. 1848. Pau, 8 janvier, 1836. Nancy, 13 novembre, 1850.

se loue aux enchères publiques ; celle des immeubles d'une commune doit également être louée quand elle a quelque importance et les conditions du bail sont réglées par une délibération du Conseil municipal approuvée par le préfet (1). Il s'agit bien entendu d'immeubles appartenant à la commune. Evidemment, le conseil municipal ne saurait, sans excéder ses pouvoirs, louer ou réserver les propriétés particulières formant le territoire de la Commune. Sa délibération serait nulle de plein droit comme portant sur un objet étranger à ses attributions, et le préfet en déclarerait la nullité en Conseil de préfecture (2). La location ou la réserve du territoire d'une commune exige le concert des propriétaires.

Les grandes routes, les fleuves et rivières navigables ou flottables, le rivage de la mer, les terrains, les fossés ou étangs des places de guerre sont propriétés nationales (3), et l'Etat pourrait en louer ou du moins n'y point tolérer l'exercice de la chasse (4). — La faculté de chasser sur les cours d'eau ni navigables ni flottables appartient aux riverains, qu'on les reconnaisse ou non propriétaires de ces cours d'eau. N'ont-ils pas la faculté plus importante d'y pêcher, d'employer les engrais provenant du curage, de se servir de l'eau courante à son passage, pour l'irrigation des fonds riverains (5) ? — Les talus en remblai ou en déblai des chemins de fer sont boisés par endroits et assez giboyeux. Ces chemins font partie de

(1) Loi du 18 juillet, 1837, art. 17, §§ 2 et 47.

(2) Loi du 5 mai, 1855, art. 23.

(3) Code c., art. 538.

(4) Paris, 24 octobre, 1844. Metz, 5 mars, 1845. Cet arrêt a condamné un chasseur qui avait été vu sur le chemin de halage de la Moselle, tirant sur des canards sauvages.

(5) Loi du 15 avr., 1829, art. 2. Loi du 14 floréal, an VII, code civ., art. 644.

la grande voirie quand ils sont concédés par l'Etat, et les concessionnaires n'étant que des fermiers, des entrepreneurs d'un service public, n'ont ni le droit d'y chasser eux-mêmes, ni celui de donner des permissions de chasse à leurs employés ou à des personnes étrangères au service des chemins de fer. Il est d'ailleurs défendu à ces dernières de pénétrer dans l'enceinte de la voie et d'y introduire des chiens (1). Aux termes de l'article 68 de l'ordonnance de 1846, les cantonniers, gardes-barrières et autres agents du chemin de fer sont chargés de faire sortir immédiatement le contrevenant et de mettre en fourrière le chien qui ne répondrait pas à son appel. Les employés, inspecteurs, officiers de police peuvent circuler sur la voie, mais ce droit de circulation doit être restreint aux nécessités du service. Toutes les raisons qui ont déterminé le législateur à interdire l'accès des lignes de fer aux personnes étrangères à l'exploitation, sont applicables à l'employé devenu chasseur, et il en résulte que sa présence sur la voie est une double illégalité. En fait, permettre aux agents des chemins de fer de chasser sur les lignes, c'est créer en leur faveur un privilége d'autant plus exorbitant que la disposition de la voie de fer assure, pour ainsi dire, la destruction du gibier (2).

(1) Ordonnance du 15 novembre, 1846, art. 61. Voici deux autres dispositions qui intéressent tout particulièrement les chasseurs : Art. 65. « L'entrée des voitures est interdite à tous individus porteurs d'armes à feu chargées. Tout individu porteur d'une arme à feu devra, avant son admission sur les quais d'embarquement, faire constater que son arme n'est point chargée. » Art. 67. « Aucun chien ne sera admis dans les voitures servant au transport des voyageurs ; toutefois la compagnie pourra placer dans des caisses de voitures spéciales les voyageurs qui ne voudraient pas se séparer de leurs chiens, pourvu que ces animaux soient muselés, en quelque saison que ce soit. »

(2) Un chemin de fer dans une chasse, c'en est presque la ruine. Les

DU PERMIS DE CHASSE.

Le port d'armes qui dans l'Ancien Droit, constituait un privilége au profit des « gentilshommes, gens vivant noblement, officiers de justice royale, gens de guerre et arquebusiers », est permis aujourd'hui à tout français domicilié et bien famé qui ne s'en trouve pas déchu par suite d'une condamnation (1). Chacun peut porter des armes en voyage pour son agrément ou pour sa défense personnelle et cette faculté n'est subordonnée à l'obtention d'aucune autorisation administrative. Toutefois, il y a des armes dont l'usage et le port sont prohibés; ce sont les armes offensives et secrètes, comme les poignards, couteaux-poignards, baïonnettes, pistolets de poche, épées en bâtons, bâtons à ferrements autres que ceux qui sont ferrés par le bout, fusils et pistolets à vents, revolvers, etc. (2). — En 1810, un décret du 11 juillet ordonna qu'il serait envoyé dans chaque département des registres de permis de port d'armes de chasse, et que ces ports d'armes valables pour un an seraient payés à raison de trente francs. Ces dispositions manquaient

lièvres fascinés par le disque lumineux des trains de nuit se laissent écraser; les perdrix arrêtées dans leur vol par les fils télégraphiques tombent à terre ou mortes ou blessées; les braconniers, et il s'en rencontre parmi les cantonniers et les gardes de la voie, tendent un grand nombre de collets dans la clôture réglementaire; l'exercice de la chasse est entravé par cette clôture. En présence de ces faits bien connus, le propriétaire ou le locataire d'une chasse ne serait-il pas fondé à se faire indemniser par le jury d'expropriation?

(1) Code pénal, art. 28 et 42.

(2) Avis au Conseil d'Etat du 10 mai, 1811 approuvé par décret du 17. Déclaration du 23 mars, 1728. Décrets des 12 mars, 1806 et 2 nivôse, an XIV. Ordonnance du 23 février, 1837. Décision ministérielle du 20 juin, 1858.

de sanction pénale, et un second décret vint le 4 mai 1812 édicter des peines correctionnelles contre tout individu chassant sans permis de port d'armes de chasse. Mais ces décrets ne touchèrent point au droit général de port d'armes, le permis de port d'armes de chasse n'étant en réalité qu'un permis de chasse sous une fausse dénomination. La loi de 1844 qui abrogea les décrets, fit disparaître cette incertitude en remplaçant la nécessité du *permis de port d'armes* par l'obligation, pour qui veut chasser, de se munir d'un *permis de chasse.* « Nul ne pourra chasser, dit l'article 1er, s'il ne lui a pas été délivré un permis par l'autorité compétente. » Ce changement de mots a d'ailleurs une autre importance. Le décret de 1810 énonçait que le permis n'était nécessaire que pour la chasse au fusil, la loi nouvelle exprime qu'il y a nécessité de prendre un permis, quels que soient les instruments et les moyens de chasse. « La commission, disait le rapporteur à la chambre des Pairs, a pensé que la nécessité de se pourvoir d'un permis pár l'autorité publique devait être imposée, non pas seulement à une classe de chasseur, mais à tous ceux qui se livrent à l'exercice de la chasse ; l'obtention du permis, dans l'état actuel de la législation, suppose le payement préalable d'un droit fixé à quinze francs ; il n'est pas juste d'exiger le paiement de ce droit pour un mode particulier de chasse et de ne le point exiger pour tous les autres moyens et procédés de chasse. Cette innovation, dans le fond des choses, en appelait une autre dans les termes du permis. Afin de rendre ce permis obligatoire pour tous les modes de chasse, il ne faut plus l'appeler *permis de port d'armes*, puisqu'il y a un certain nombre de chasses qui se font sans armes. Le gouvernement emploie l'expression de *permis de chasse* et la commission a adopté cette expression. Le projet de loi, d'ailleurs, fait nettement comprendre que le permis de chasse n'est que le permis de port d'armes généralisé. »

Nécessité du permis. — En règle générale, le permis est exigé de tout chasseur, quels que soient l'animal poursuivi et le mode de chasse employé. La Cour de Bourges avait décidé, au contraire, que la nécessité du permis ne s'appliquait qu'à la chasse ordinaire, c'est-à-dire à la chasse à tir, à courre et au furet, qu'elle était étrangère à la chasse exceptionnelle, que les préfets autorisent contre les oiseaux de passage, et que, par exemple, l'obtention d'un permis était inutile pour prendre des alouettes avec des lacets en crin, quand l'emploi de ces engins avait été autorisé. Mais la Cour de cassation a repoussé cette doctrine, jugeant que la loi de 1844 soumet la chasse à quatre conditions : ouverture de la chasse, obtention d'un permis, propriété du terrain de chasse, ou le consentement du propriétaire, chasse de jour, à tir ou à courre ; que si l'article 9 de cette loi autorise les préfets, dans certains cas, et spécialement en ce qui concerne les oiseaux de passage, à modifier ces conditions, ce n'est que sous le rapport du temps où la chasse est permise, et des moyens qu'on y peut employer ; qu'aucune disposition ne les autorise à porter atteinte aux deux autres conditions générales relatives au droit de propriété et au permis de chasse, lesquelles doivent donc, dans tous les cas, être remplies par les chasseurs ; que la loi ne fait, en ce qui concerne l'obligation, d'avoir un permis de chasse, aucune distinction entre celui qui veut chasser à courre ou à tir pendant tout le temps où la chasse est ouverte, et celui qui veut seulement chasser aux oiseaux de passage, à l'aide de moyens exceptionnels, et pendant le temps déterminé par les arrêtés particuliers des préfets ; et que les tribunaux ne peuvent suppléer cette distinction (1).

Par exception, le permis de chasse n'est pas nécessaire pour chasser dans des possessions attenantes à une habitation, et entourées d'une clôture continue faisant obstacle à toute communication avec les héritages voisins ; pour repousser ou détruire les bêtes fauves, les animaux malfaisants ou nuisibles, désignés par le préfet.

On s'est pourtant demandé si le préfet à qui il appartient de déterminer les animaux malfaisants ou nuisibles, et de fixer les conditions du droit de destruction, ne pourrait pas faire figurer parmi elles l'obligation du permis ? La question est à la fois posée et résolue dans la circulaire adressée en 1844, aux préfets, par le ministre de l'intérieur. « Vous aurez enfin, dit le ministre, après avoir pris l'avis du conseil général, à déterminer les espèces d'animaux malfaisants ou nuisibles que le propriétaire, possesseur ou fermier, pourra en tout temps détruire sur ses terres, et les conditions de l'exercice de ce droit. Vous remarquerez que ce n'est plus ici un fait de chasse que vous aurez à autoriser ; il s'agit d'un acte de légitime défense, qui a pour objet unique de préserver les récoltes des dégâts qu'y occasionnent certaines espèces d'animaux. Il n'est donc pas nécessaire, pour l'exercice de ce droit, que les propriétaires soient munis d'un permis de chasse, mais ils commettraient une contravention, et il y aurait lieu de verbaliser contre eux, si, à l'occasion

(1) Arrêt du 18 avril 1845.

de la défense de leurs récoltes, ils se livraient à l'exercice de la chasse. »

Voici un troisième cas où l'obtention d'un permis de chasse n'est point exigée. D'après une ordonnance du 20 août 1814, quand les animaux nuisibles occasionnent de trop grands dégâts, le préfet autorise des battues sur la demande du lieutenant de la louveterie ou du conservateur des forêts, et le louvetier, d'accord avec le préfet et le conservateur, requiert un certain nombre de chasseurs. Cette réquisition sanctionnée par une amende de 1 à 5 francs (1), ou même de 10 francs, suivant quelques personnes qui se fondent sur un arrêt du Conseil, en date du 26 février 1697, cette réquisition, disons-nous, équivaut à la délivrance d'un permis.

Délivrance du permis.— Aux termes de l'article 5, § 1 de la loi de 1844, « les permis de chasse seront délivrés sur l'avis du maire et du sous-préfet, par le préfet du département dans lequel celui qui en fera la demande aura sa résidence ou son domicile. » Ce paragraphe ne fut rédigé qu'après bien des hésitations. Le projet de loi donnait compétence au préfet du département de la résidence ; la Chambre des pairs au préfet du domicile ; enfin la commission de la Chambre des députés voulant faciliter davantage la délivrance des permis, proposa de s'en rapporter indifféremment au préfet du domicile, et à celui de la résidence. Cette mesure était encore insuffisante. Bientôt, le nombre des demandes de permis augmentant, plusieurs préfets ne purent y répondre sans retard, et le ministre de l'intérieur, pour sauvegarder les intérêts du Trésor et des chasseurs, fut obligé d'auto-

(1) Code pénal, article 471 § 15.

riser les sous-préfets à signer pour les préfets, mais sous laréserve de leur approbation, les permis demandés par les personnes domiciliées ou résidant dans leur arrondissement (1). Enfin, l'année qui suivit cette autorisation, un décret permit aux sous-préfets de statuer souverainement sur les demandes de permis.

Ce sont donc les préfets et les sous-préfets du domicile ou de la résidence qui, dans le dernier état du droit, délivrent le permis de chasse. Toutefois, la demande du permis ne leur est pas directement soumise. Avant d'arriver à la préfecture ou à la sous-préfecture, elle passe par les mains d'un intermédiaire qui est le maire du domicile ou de la résidence de l'impétrant.

Celui qui désire obtenir un permis de chasse doit rédiger tout d'abord une demande sur papier timbré (2). La nécessité du timbre résulte de l'article 12 de la loi du 13 brumaire an VII, qui soumet au timbre de dimension toute pétition adressée à l'administration : « Les pétitions ou mémoires, même en forme de lettres, présentées au directoire exécutif, aux ministres, à toutes autorités constituées, au commissaire de la trésorerie nationale, à cause de la compatibilité nationale, aux directeurs de la liquidation générale, et aux administrations ou établissements publics, et généralement tous actes et écritures, extraits, copies et expéditions, soit publics, soit privés, devant ou pouvant faire titre, ou être produits pour obligation, décharge, justification, demande ou défense. » Cependant, à Paris, on obtient un permis de chasse sur la simple représentation à la préfecture de police, du

(1) Circulaire ministérielle du 12 juillet 1860.

(2) Circulaire ministérielle du 20 juillet 1844. Voir en sens contraire une circulaire du ministre des finances du 31 janvier 1846.

permis de l'année précédente, et de la quittance des droits de perception; et dans certaines localités les maires adressent à la sous-préfecture, en guise de demande, l'ancien permis, après l'avoir visé.

L'impétrant dépose ensuite à la mairie de son domicile ou de sa résidence, sa demande de permis, en y joignant la quittance du percepteur, attestant le paiement du droit fiscal. Ce droit, dont l'acquittement toujours antérieur à la délivrance du permis assure les intérêts du Trésor (1), fut primitivement de 30 francs par an. Réduit à 15 francs par une loi du 28 avril 1816, il fut porté, en 1844, à 25 francs, dont 15 furent attribués à l'État et 10 à la Commune du pétitionnaire, puis élevé momentanément par la loi du 23 août 1871, au chiffre exorbitant de 40 francs, dont 30 pour l'Etat et 10 pour la Commune. L'année suivante, le législateur voyant que le nombre des permis avait diminué à tel point que le Trésor se trouvait constitué en perte, rétablit l'ancien prix de 25 francs (2). Enfin, la loi du 2 juin 1875, article 6, en soumettant au double décime les droits de timbre existant avant 1870, et qui depuis cette époque n'avaient pas été augmentés en principal ou en décimes, augmenta de 3 francs le droit de 15 francs attribué à l'Etat, ce qui porta le prix du permis à 28 francs, dont 18 pour l'Etat et 10 pour la commune. Le Trésor a droit à cette somme dès que le permis est signé par l'autorité administrative. Mais jusque là, et quoique la remise de la demande ait été faite à la mairie, il est loisible à l'impétrant de renoncer à sa demande et de réclamer le montant de ses avances. La réclamation doit être faite dans les cinq an-

(1) Circulaire ministérielle du 18 juillet 1844.

(2) Loi du 20 décembre 1872.

nées du versement, d'après la loi du 29 janvier 1831, qui déclare déchu de ses droits, le créancier de l'Etat dont la créance n'a pas été liquidée, ordonnancée et payée dans les cinq années ; et même, si l'on s'en rapportait à la décision ministérielle du 30 juillet 1849, les sommes versées dans la caisse du percepteur ne seraient remboursées qu'autant que, dans les trois mois du versement, il serait produit à la préfecture un certificat du maire, constatant que c'est à raison d'empêchements réels qu'il n'a pas été donné suite à la demande, et les sommes demeureraient acquises au Trésor, à l'expiration du délai trimestriel.

La demande est transmise à la préfecture ou à la sous-préfecture, avec l'avis du maire de la commune. Cet avis auquel le préfet ou le sous-préfet n'est point tenu de se conformer, mais que le maire ne pourrait refuser de donner, fait savoir si l'impétrant se trouve dans une des catégories énumérées par les articles 6, 7 et 8 de notre loi, s'il convient de lui accorder le permis à raison de sa moralité. L'autorité administrative prend connaissance de la demande et de l'avis, expédie le permis au maire avec mission de le faire parvenir au destinataire, on charge le maire de prévenir la partie intéressée du rejet de sa demande, et le receveur des finances de lui faire rembourser par le percepteur, le montant des droits acquittés (1).

En donnant au chasseur le droit de pétitionner, soit au lieu de sa résidence, soit au lieu de son domicile, le législateur a voulu faciliter les demandes de permis, sous le contrôle des maires. Ce contrôle doit être efficace, et pour cela il faut que le maire soit à même d'apprécier la situation morale et juridique de l'impétrant. C'est pourquoi nous nous

(1) Circulaire ministérielle du 30 juillet 1849.

garderons de donner un sens trop étendu aux expressions de la loi *domicile* et *résidence*. Le domicile dont il est ici question est celui du lieu où l'impétrant a son principal établissement, à l'exclusion des domiciles spéciaux choisis parfois pour l'exercice de certains droits ou l'exécution de certaines obligations (1). La résidence, c'est un séjour réel dans la commune, un séjour d'une durée suffisante pour permettre au maire de se renseigner convenablement. Il faut observer que la demande une fois remise au maire de la résidence ou au maire du domicile, l'impétrant doit suivre la filière administrative. Il ne pourrait pas prendre l'avis du maire de sa résidence, puis s'adresser au préfet ou au sous-préfet de son domicile et réciproquement. Mais rien n'empêche qu'il ne s'adresse par exemple au préfet de sa résidence, sur le refus du préfet de son domicile, après avoir formulé une nouvelle demande remise au maire de sa résidence, conformément à l'ordre établi dans la hiérarchie des pouvoirs.

Faculté de refuser. — L'article 6 de la loi du 3 mai 1844 autorise le préfet à refuser le permis de chasse : 1° à tout individu majeur qui ne serait pas inscrit ou dont le père ou la mère ne serait pas inscrit au rôle des contributions ; 2° à tout individu qui, par une condamnation judiciaire, a été privé de l'un ou de plusieurs des droits énumérés dans l'art. 42 du Code pénal, autres que le droit de port d'armes ; 3° à tout condamné à un emprisonnement de plus de six mois pour rébellion ou violence envers les agents de l'autorité publique ; 4° à tout condamné pour délit d'association illicite, de fabrication, débit, distribution de poudre, armes et autres munitions de guerre, de menaces écrites ou de menaces verbales,

(1) Code civil, art. 111.

avec ordre ou sous condition; d'entraves à la circulation des grains, de dévastations d'arbres ou de récoltes sur pied, de plants venus naturellement ou faits de main d'homme; 5° à ceux qui auront été condamnés pour vagabondage, mendicité, vol, escroquerie ou abus de confiance. — La faculté de refuser le permis de chasse aux condamnés dont il est question dans les paragraphes 3, 4 et 5 cesse cinq ans après l'expiration de la peine. Le projet de loi était plus absolu : il conférait au préfet un pouvoir discrétionnaire pour refuser dans tous les cas le permis de chasse, à la charge de rendre immédiatement compte des motifs du refus au ministre de l'intérieur. C'était ouvrir la porte aux abus, c'était confisquer au profit de l'arbitraire administratif le droit de chasse que chacun tient de sa qualité de propriétaire. Le système actuel permet au préfet de refuser seulement aux personnes comprises dans les catégories indiquées par l'art. 6, mais vis-à-vis d'elles, l'autorité administrative est souveraine, sauf le recours de droit commun de la partie lésée au ministre de l'Intérieur et au Conseil d'État (1). La mention de ce recours était faite dans le projet de loi; on l'a retranchée comme inutile et dangereuse.

La première des cinq classes d'individus à qui le préfet peut refuser le permis de chasse comprend les personnes non inscrites personnellement ou dont le père ou la mère, à l'exclusion des ascendants, ne serait pas inscrit au rôle des contributions. Devant une inscription quelconque, le pouvoir discrétionnaire de l'administration s'évanouit. Ainsi, il importe peu qu'il s'agisse d'impôt personnel ou mobilier, ou des portes et fenêtres, des pa-

(1) Conseil d'Etat, 13 mars 1867.

tentes, des taxes assimilées aux contributions directes, comme la redevance sur les mines, la taxe municipale des chiens (1), la prestation en nature exigée pour l'entretien des chemins vicinaux, prestation qui, du reste, suppose l'inscription au rôle des contributions directes, et que l'impôt soit ou non effectivement payé. C'est pourquoi les petits locataires qui, dans certaines villes, sont exonérés de l'impôt personnel et mobilier par suite de la conversion partielle de cet impôt en impôt d'octroi, jouissent d'une pleine capacité. On sait que ces personnes continuent à figurer pour mémoire sur les rôles des contributions. Au reste, l'impétrant n'est en aucune façon tenu de joindre à sa demande un extrait du rôle; la loi ne l'oblige pas à éclairer le préfet. Toutefois, la production d'un extrait serait de sa part une sage précaution, si sa situation devait inspirer quelque doute.

La seconde classe comprend ceux que le tribunal correctionnel a privés de l'un des droits énumérés par l'article 42 du Code pénal, le port d'armes excepté : droit de vote et d'élection, d'éligibilité, d'être appelé ou nommé aux fonctions publiques ou emplois de l'administration, ou d'exercer ces fonctions ou emplois, de vote et de suf-

(1) Elle est de 10 fr. au maximum et de 1 fr. au minimum. Dans ces limites, le tarif qui ne doit contenir que deux taxes, l'une pour les chiens de luxe, l'autre pour les chiens de garde, est arrêté par le conseil municipal et homologué par décret après avis du conseil général. La taxe est due pour tout chien sevré possédé au 1er janvier. Le possesseur doit en faire la déclaration, sinon il se rend passible de triple taxe, ou de double taxe en cas de déclaration insuffisante. Le contribuable qui a perdu ou aliéné son chien doit faire une déclaration avant le 15 janvier de la perte ou de l'aliénation, s'il ne veut être maintenu à la taxe. Loi du 2 mai 1855 et décret du 3 août 1861. Il a été jugé qu'un chien de garde qui sert à la chasse, qui quitte les bâtiments, doit être classé dans la première catégorie. Conseil d'Etat, 4 et 26 juin 1867.

frage dans les délibérations de famille, d'être expert ou employé comme témoin dans les actes, de témoignage en justice, autre que pour y faire de simples déclarations.

Les trois autres classes comprennent des individus ayant subi, pour causes spécifiées dans les §§ 3, 4 et 5, des condamnations définitives, c'est-à-dire irréformables par voie d'opposition, voie d'appel ou de cassation. La déchéance cesse cinq ans après l'expiration de leur peine (1). Ce délai, en cas d'emprisonnement, courra du jour de la sortie de prison ; en cas de simple amende, il courra du jour du paiement. Toutefois, quelques auteurs trouvant cette solution fort rigoureuse, alors surtout que le condamné diffère de payer l'amende, font courir le délai du jour où la condamnation est devenue définitive (2).

Le délai quinquennal qui met fin au pouvoir discrétionnaire du préfet dans les cas prévus par les §§ 3, 4 et 5 ne vise pas le § 2 de l'art. 6. Est-ce oubli du législateur? Sinon, décidera-t-on que le pouvoir du préfet disparaît dès que cesse la privation des droits, ou bien que le préfet peut refuser le permis, quel que soit le temps écoulé depuis l'expiration de la peine? Selon nous et quoique le texte ne soit pas favorable à notre opinion, il faut décider que la faculté de refuser le permis s'évanouit au moment même où finit la privation des droits énumérés en l'article 42 du Code pénal. Ne serait-il pas bizarre, en effet, que la privation de droits plus ou moins étrangers à la chasse entraînât une déchéance plus grande que la pri-

(1) Sauf le cas d'amnistie. Le 16 mars 1856, un décret impérial accorda amnistie quant aux peines pécuniaires et à celles d'emprisonnement prononcées ou encourues pour délit de chasse, de pêche, etc.

(2) Notamment, Petit, t. I, n° 301.

vation du port d'armes, lequel est pourtant placé sur la même ligne qu'eux ? Admettrait-on qu'à l'expiration du temps durant lequel la privation est encourue, privation qui, dans la plupart des cas, ne commence à courir que du jour où la peine principale a été subie, une autre peine vînt s'ajouter aux précédentes et prolonger ainsi la déchéance d'une manière indéfinie ? « On comprend, dit Duvergier (1), que l'on n'accorde pas un permis de chasse à une personne le lendemain du jour où elle est sortie de prison, et qu'à la peine corporelle qu'elle a subie, on fasse succeder une certaine incapacité ; qu'en d'autres termes, l'incapacité soit la conséquence de la peine corporelle; mais que, lorsque la peine elle-même est une incapacité, supposer qu'après son expiration commence une autre espèce d'incapacité, c'est prêter au législateur une combinaison dont il n'y a pas d'exemple et qui répugne à la nature même des choses. »

L'administration n'est pas autorisee à refuser le permis de chasse en raison du sexe de la personne qui fait la demande. Aucune loi n'enlevant aux femmes le droit de chasse, le permis ne saurait être refusée à une femme majeure et inscrite au rôle des contributions, alors surtout qu'étant mariée elle a obtenu l'autorisation maritale (2).

L'administration peut-elle refuser la délivrance d'un duplicata ou d'un certificat en cas de perte ou de destruction du permis de chasse et exiger du chasseur une nouvelle demande précédée de l'acquittement de nouveaux droits ? Quelques auteurs admettent l'affirmative

(1) Comm. de la loi de 1844, p. 38, note 1, *in fine*.

(2) De même, il doit être délivré des permis de chasse aux agents-voyers, aux instituteurs, aux étrangers.

qu'ils fondent sur une circulaire ministérielle du 22 juillet 1851 engageant les préfets à ne délivrer jamais ni duplicata ni certificats. D'autres auteurs, munis également d'une circulaire (1) qui autorise les préfets à remplacer les passe-ports et ports d'armes hors d'usage, distinguent entre le cas de perte et celui de destruction ou de mise hors d'usage. Ici, ils consentent à la délivrance d'un certificat. là, ils s'y opposent de crainte que le permis égaré ne vienne à tomber entre les mains d'un individu disposé à s'en servir. Crainte assurément peu fondée ! Le signalement que contient le permis rendra la fraude fort difficile; et puis la loi ne prononce-t-elle pas une peine sévère contre celui qui se servirait d'un permis de chasse délivré sous un autre nom que le sien, et même contre le titulaire complice de cette fraude (2)? L'administration exige toujours du chasseur un second acquittement du droit fiscal. Mais c'est violer à la fois la loi et l'équité, sous prétexte de servir les intérêts du Trésor. Le chasseur à qui le permis a été délivré sur sa demande a une situation nette et définitive. Il a le droit de chasse (nous le supposons propriétaire), il a l'exercice de ce droit, quel que soit le sort de la feuille volante délivrée par l'administration, puisque délivrance de permis a été faite et que c'est la seule condition imposée par la loi à l'exercice du droit de chasse. En outre, le duplicata ne pourrait lui être refusé sous prétexte que cette condition n'a pas été remplie, car en s'adressant aux bureaux mêmes de l'administration, en compulsant les souches des permis, l'impétrant saura trouver un témoignage irrécusable de la délivrance.

(1) Circulaire ministérielle du 7 décembre 1816.

(2) Code pénal, art. 154, § 2 et 59.

Obligation de refuser. — D'après l'art. 7 de notre loi, le permis de chasse ne doit pas être délivré : 1° aux mineurs qui n'ont pas seize ans accomplis ; 2° aux mineurs de seize à vingt et un ans, à moins que le permis ne soit demandé pour eux par leur père, mère, tuteur ou curateur, porté au rôle des contributions ; 3° aux interdits ; 4° aux gardes-champêtres ou forestiers des communes et établissements publics, ainsi qu'aux gardes forestiers de l'État et aux garde-pêche ; et, d'après l'art. 8, le permis ne doit pas être accordé (1) : 1° à ceux qui, par suite de condamnations, sont privés du droit de port d'armes ; 2° à ceux qui n'ont pas exécuté les condamnations prononcées contre eux pour l'un des délits prévus par la présente loi ; 3° à tout condamné placé sous la surveillance de la haute police.

Voilà donc deux classes de personnes auxquelles le permis de chasse sera nécessairement refusé : la classe des indignes et celle des incapables.

La première comprend : 1° les *mineurs âgés de moins de seize ans*. Les préfets ou sous-préfets n'exigent pas de chaque impétrant la justification de sa majorité, c'est là un fait généralement connu et sur lequel d'ailleurs l'administration est chargée de s'éclairer elle-même. L'intérêt de la sécurité publique, l'intérêt du mineur de seize ans lui-même, tel est le double motif pour lequel le législateur a enlevé à ce mineur l'exercice du droit de chasse. Le mode de chasse ordinaire, c'est le tir, et le permis entraîne le droit de porter une arme. « Mais cette arme, a dit M. Lenoble dans son rapport,

(1) *Accordé* au lieu de *délivré* que l'on trouve à l'article précédent. Le législateur emploie un mot moins poli, plus grave, afin que la même prohibition ne frappe pas dans les mêmes termes des catégories différentes de personnes, les indignes et les incapables.

ne peut être mise sans danger dans les mains de ceux qui n'ont pas le discernement de leurs actes ; c'est le conseil de la prudence. Les mineurs de seize ans sont présumés par la loi ne point avoir de discernement; il ne peut donc leur être délivré un permis de chasse. »

2° Les *mineurs de seize à vingt et un ans*. L'incapacité des mineurs de seize à vingt et un ans cesse lorsqu'une demande de permis est adressée pour eux par leur père et à son défaut par leur mère, ou à défaut de tous les deux par le tuteur ou le curateur. Ces personnes doivent être portées au rôle des contributions, à moins que le mineur ne présente, dans une inscription personnelle, la garantie pécuniaire exigée par la loi.

3° *Les interdits*. Par interdits il faut entendre les individus privés de l'exercice de leurs droits dans un but de protection et ceux frappés d'interdiction légale par suite d'une condamnation. Les individus qui sans être interdits sont notoirement connus pour n'être pas sains d'esprit peuvent chasser, sauf le droit du préfet de provoquer leur détention par raison d'ordre public (1). Cela résulte du rejet, pour défaut de clarté et de précision, du paragraphe qu'avait introduit la Commission et qui était ainsi conçu : « A l'interdit ou à tout individu qui notoirement n'est pas sain d'esprit. » Les personnes pourvues d'un conseil judiciaire ont pleine capacité à l'effet de demander et d'obtenir un permis de chasse.

4° Les *gardes champêtres* ou *forestiers* des communes et des établissements publics ainsi que les *gardes forestiers*

(1) Loi du 30 juin 1838, art. 19.

de l'Etat et les *garde-pêche*. Cette énumération qui comprend d'ailleurs les gardes temporaires, comme les garde-coupe, garde-vignes ou messiers, aussi bien que les gardes permanents, ne saurait être étendue aux gardes des particuliers. « Vous avez décidé et avec beaucoup de raison, a dit M. Barillon, que les gardes forestiers de l'Etat, des communes et des établissements publics ne pourraient pas obtenir de permis de chasse. Ce n'est certes pas pour les dispenser d'acquitter un droit ou un impôt ; mais vous avez voulu faire entendre qu'ils ne devaient pas chasser, et que, préposés à la conservation du gibier, ils ne pouvaient, en aucun cas, être autorisés à le détruire. La disposition de l'article 10 ne s'applique pas, bien entendu, aux gardes des particuliers, puisque la chasse ne leur est pas interdite par la loi, et qu'ils ne relèvent, à cet égard, que du propriétaire dont ils sont les agents directs. Sous la législation actuelle, sous l'empire de la loi de 1790 et du décret de 1812, l'administration n'a pas de règles parfaitement uniformes sur la nécessité du permis de port d'armes pour les gardes des particuliers. Dans quelques départements, on exige qu'ils en soient munis, dans d'autres on ne l'exige pas. C'est donc un impôt levé sur le propriétaire, dans certains cas ; dans certains autres, c'est une remise que rien ne justifie. Il faut cependant, vous le sentez, que les gardes particuliers, comme les gardes de l'Etat et des établissements publics, soient armés ; ils doivent détruire les animaux nuisibles ou malfaisants ; ils sont constamment en face des malfaiteurs ; ils peuvent avoir besoin de recourir à leurs armes pour leur défense personnelle, et vous n'avez pas voulu les priver du droit de porter une arme avec eux. C'est sur ce point que je réclame une explication, et je demande, en outre, si sous la législation nouvelle, les gardes des particuliers seront tenus de se munir de permis de chasse ou s'ils en sont dispensés. Il est important que les propriétaires sachent s'il y a obligation pour eux de pourvoir leurs gardes du permis de chasse, et je prie M. le garde des sceaux de vouloir bien m'éclairer à cet égard. » M. le garde des sceaux a répondu : « Il est évident que, s'ils doivent chasser, ils devront prendre un permis de chasse ; s'ils ne doivent pas chasser, ils n'auront pas besoin de permis de chasse. Mais d'un autre côté, ils auront le droit de porter leurs armes. » — Remarquons que la prohibition dont il est question au paragraphe 4 n'atteint que les simples gardes. Les gardes brigadiers, les gardes à cheval, enfin tous les forestiers gradés sont laissés, comme les gardes particuliers, sous l'empire du droit commun.

La seconde classe comprend : 1° *ceux qui par suite d'une condamnation sont privés du droit de port d'armes* (1). Ce sont les individus qui ont été condamnés soit aux travaux forcés à temps, soit à la détention, soit à la réclusion, au bannissement. Toutes ces peines emportent la dégradation civique qui entraîne la privation du droit de port d'armes. Ce sont encore les individus auxquels il a été fait application de l'article 42 du Code pénal, aux termes duquel les tribunaux jugeant correctionnellement peuvent, dans certains cas, interdire l'exercice du port d'armes.

2° *Ceux qui n'auront pas exécuté les condamnations* (civiles ou pénales, la loi ne distingue pas) *prononcées contre eux pour l'un des délits prévus par la loi de* 1844. Quand il y a doute sur l'exécution d'une condamnation, le fardeau

(1) Code pénal, art. 28 et 34.

de la preuve incombe-t-il à l'impétrant ? La circulaire ministérielle du 20 mai 1844 admet l'affirmative : « Lorsqu'un impétrant, dit-elle au préfet, aurait, à votre connaissance, subi une condamnation pour délit de chasse, en vertu de la loi du 3 mai dernier, vous devrez exiger de lui la preuve qu'il a exécuté la condamnation encourue. » Cette opinion est-elle admissible? Nous ne le pensons pas par ce motif que l'administration n'est pas fondée à élever des exigences non autorisées par la loi. Que l'administration se renseigne, rien n'oblige l'impétrant à justifier sa libération. Le permis ne doit lui être refusé que si la preuve de la non-exécution de la condamnation est suffisamment acquise, sauf à l'impétrant à démontrer que la condamnation a été réellement exécutée, que la peine est prescrite ou remise (1).

3° *Tout condamné placé sous la surveillance de la haute police.* — Cette catégorie d'indignes s'étend aux coupables condamnés aux travaux forcés à temps, à la détention, à la réclusion, qui restent toute leur vie sous la surveillance de la haute police, aux bannis, à ceux qui ont été condamnés pour crimes ou délits intéressant la sûreté intérieure ou extérieure de l'Etat, enfin à ceux qu'un jugement renvoie sous cette surveillance, par application d'une disposition particulière de la loi pénale, comme ceux qui se sont livrés aux voies de fait contre un magistrat dans l'exercice de ses fonctions ; les mendiants dans certains cas, les auteurs de menaces écrites ou verbales ; d'arrestation, de détention, de séquestration temporaires ; les voleurs et les filous (2). Cette catégorie est nom-

(1) Le fait d'avoir subi le maximum de la contrainte par corps pour défaut du paiement de l'amende, ne pourrait pas servir de moyen de justification.

(2) Code pénal, art. 47, 48, 49, 50, 228, 277, 278, 279, 307, 343, 401.

breuse, comme on voit; néanmoins il sera facile aux préfets et sous-préfets qui ont toujours sous la main une liste nominative des personnes placées sous la surveillance de la haute police et résidant dans leur circonscription, de se conformer vis-à-vis d'elles aux prescriptions de la loi.

Une dernière classe d'indignes est indiquée par l'article 18 de notre loi. Cet article est ainsi conçu : « En cas de condamnation pour délits prévus par la présente loi, les tribunaux pourront priver le délinquant du droit d'obtenir un permis de chasse pour un temps qui n'excédera pas cinq années. » Les tribunaux prononcent la privation du permis en cas de délit grave, ou quand une personne n'inspire aucune confiance.

C'est ici le lieu d'examiner deux questions assez débattues se résumant en ces termes : 1° L'administration peut-elle retirer un permis de chasse délivré dans l'ignorance des causes énoncées aux articles 6, 7 et 8 ? 2° Peut-elle retirer le permis aux titulaires qui postérieurement à la délivrance, sont tombés dans la catégorie des incapables ou des indignes désignés par les articles 7 et 8 ?

Une circulaire du Ministre de l'Intérieur résout la première question de la manière suivante : « La privation du permis est une mesure de précaution que la loi permet ou prescrit de prendre dans un intérêt de sûreté publique. Aussi, ajouterai-je que si, par l'effet d'une erreur, vous aviez été entraîné à délivrer un permis de chasse à un individu à qui il n'eût pas dû être accordé, vous ne devriez pas hésiter à le retirer, et, dans le cas où cet individu ne se soumettrait pas à cette mesure, à appeler sur lui l'attention des agents préposés à la répression des délits de chasse (1). » Quelques auteurs prêtent à cette décision l'appui de leur autorité. L'administration disent-ils, a eu tort d'accorder un permis de chasse : or, l'autoriser à le retirer, c'est lui fournir le moyen de réparer sa faute. Au surplus, un droit ne doit pas se fonder sur une erreur; la délivrance du permis suppose la capacité de le recevoir, et elle en est, jusqu'à un certain point, la reconnaissance; aussi doit-elle être nulle et sans effet quand elle se trouve viciée dans son principe par suite d'une incapacité.

Cette manière de voir, parfaitement juste lorsque le permis a été accordé à l'encontre des articles 7 et 8, c'est à-dire à des personnes absolument incapables de le recevoir (2), l'est infiniment moins quand il s'agit d'une incapacité conditionnelle. Ici l'impétrant est habile à l'obtention d'un permis et la reconnaissance de cette capacité que fait l'administration en délivrant le permis n'est pas nulle, comme dans le cas précédent, faute de pouvoirs. L'administration avait, il est vrai, la faculté de ne pas la reconnaître, elle pouvait avant d'accueillir la demande se renseigner sur la condition de l'impétrant, mais tant pis pour elle, si elle s'est montrée négligente ; désormais l'impétrant n'est plus à sa discrétion. La distinction entre l'incapacité absolue et l'incapacité conditionnelle a été faite par la Cour de Rouen qui a jugé que le garde champêtre était passible des peines prononcées par la loi quoique porteur d'un permis, parce que ce permis ne pouvait être légalement accordé (3). Elle a été faite également par la Cour de Douai dans un arrêt ainsi motivé :

(1) Circulaire ministérielle du 20 mai 1844.

(2) Cour de cassation, 30 mai 1873.

(3) Arrêt du 30 novembre 1844. Contra. : Cour de cassation, arrêt du 28 janvier 1858.

« Attendu que ce permis de chasse obtenu en trompant la religion de l'autorité, ne peut prévaloir sur une prohibition judiciairement prononcée, et qu'il doit dès lors être considéré entre ses mains comme nul et non avenu (1). »

Un système plus radical est enseigné par M. Petit (2). D'après cet auteur, le permis une fois délivré doit dans tous les cas produire son effet. L'argent ne peut être rendu, ni le permis repris par l'administration, *aucun texte n'autorisant la reprise*. Mais, répondrons-nous, est-il besoin d'un texte de loi, après la défense formelle édictée aux articles septième et huitième ?

La seconde question doit, selon nons, être résolue par l'affirmative. Ainsi, le chasseur parfaitement capable à l'époque de la délivrance du permis, se trouve-t-il dans le cours de l'année frappé d'interdiction, devient-il garde forestier ou tombe-t-il, à la suite d'une condamnation, dans l'une des catégories de l'article 8, il pourra être contraint par l'administration à la restitution de son permis (3). Cette solution nous semble bien ressortir de l'esprit de la loi, dont le but est d'interdire l'exercice de la chasse à l'interdit, au garde forestier, etc.

La négative a pourtant quelques partisans. D'après ce système, le permis continuera à produire son effet jusqu'à l'expiration de la saison pendant laquelle il conférait l'exercice du droit de chasse, à moins qu'en cas d'interdiction, l'état mental du chasseur ne compromette la sécurité publique et ne provoque sa détention dans une maison d'aliénés.

Droit conféré par le permis. — Aux termes de l'ar-

(1) Arrêt du 7 mars 1853.
(2) Tome I. n° 313.
(3) Amiens, 21 mai 1874.

ticle 5, § 3, « les permis de chasse sont personnels. » Cette disposition formelle a été insérée dans la loi par la commission de la Chambre des Pairs, bien qu'elle fût comprise implicitement dans l'article 1er et dans l'article 9. Art. 1er: « Nul ne pourra chasser s'il ne *lui* a pas été délivré... » Art. 9 : « Dans le temps où la chasse est ouverte, le permis donne à *celui qui* l'a obtenu, le droit de chasser.... »

Cependant, la personnalité du permis n'empêche pas qu'une personne non pourvue de permis ne puisse concourir au fait de chasse, fait qui peut être d'ailleurs de telle nature que le concours de plusieurs personnes salariées soit indispensable pour son accomplissement (1). Ainsi, la Cour de Paris a jugé que la chasse aux traqueurs n'était qu'un procédé de chasse à tir, et que les traqueurs n'étaient pas assujettis à la nécessité de se munir d'un permis (2). La Cour d'Agen a aussi jugé que la personne qui fait mouvoir le miroir dans la chasse aux alouettes, n'était pas tenue d'avoir un permis (3). Un chasseur qui se fait accompagner et même assister dans sa chasse de son fils, de son fermier, d'un domestique, d'un porte-carnassière ou de toute autre personne chargée de porter les fusils, de les charger, de les tenir prêts, ou de l'aider dans la recherche du gibier, par exemple de battre les ronces au moyen d'une perche, couvre ses auxiliaires de son propre permis. Au contraire, le piqueur dont la mission consiste à appuyer les chiens, à relever les défauts, à servir la bête, doit être muni lui-même d'un permis, car il n'assiste pas seulement le chef d'équipage, mais se livre personnellement à des actes principaux

(1) Cour de cassation, arrêt du 8 mars 1845.

(2) Arrêt du 26 avril 1845. En ce sens : Rouen, 10 décembre 1846; Toulouse, 8 janvier 1846 ; Bordeaux, 20 décembre 1865.

(3) Arrêt du 3 février 1847.

de chasse (1). L'absence de permis chez le chasseur principal rend celui-ci passible d'une amende déterminée par l'article 11, § 1, et son auxiliaire pourrait se trouver atteint par la même disposition, en vertu de l'article 59 du Code pénal sur la complicité.

La personnalité du permis ne cède rien aux relations de famille ou de domesticité. Ni la femme, ni le fils, ni le serviteur ne sauraient se prévaloir du permis de son mari, de son père ou de son maître. Ces personnes sont comme toutes les autres soumises à l'article 154, § 2 du Code pénal, qui punit d'un emprisonnement de trois mois à un an tout individu de mauvaise foi faisant usage d'un passeport ou d'un permis de chasse délivré sous un autre nom que le sien (2). Mais un jeune homme qui se sert du permis de son père, non pas avec l'intention de s'en faire passer pour le titulaire, mais parce qu'il se croit autorisé à s'en servir, encourt une simple amende de seize à cent francs.

Les permis sont valables pour tout le territoire français, y compris l'Algérie et les colonies, et pour un an seulement. Dans la discussion du paragraphe 3 de l'article 5, une proposition fut faite, tendant à soumettre l'efficacité des permis dans les départements autres que celui de la délivrance, à l'apposition d'un visa spécial pour chaque département. Elle fut repoussée pour ce motif que la formalité du visa serait souvent une gêne, une entrave fâcheuse pour celui qui aurait obtenu un permis de chasse.

(1) Cour de cassation, arrêt du 18 juin 1846.

(2) Les articles 153 et 154, § 1, punissent : 1° d'un emprisonnement de six mois au moins et de trois ans au plus celui qui fabrique un faux permis de chasse ou qui falsifie un permis de chasse originairement véritable ou fait usage d'un permis de chasse fabriqué ou falsifié ; 2° d'un emprisonnement de trois mois à un an, celui qui prend dans un permis de chasse un nom supposé.

La durée du permis de chasse est d'une année; c'était aussi la durée du port d'armes. L'année a pour point de départ la signature du préfet ou sous-préfet (1), et elle finit la veille de la même date, l'année suivante. Ainsi. un permis signé le 1er septembre 1875 est valable jusqu'au 31 août 1876, au soir. Le jour anniversaire est en dehors de l'année et forme le premier jour de l'année suivante ; de telle sorte que le chasseur qui, ce jour-là, userait de son permis chasserait une année et un jour avec le même permis. Il faut écarter ici la maxime *dies a quo non computatur in termino*. Voici un arrêt de la Cour de Douai réformant en ce sens un jugement rendu par le tribunal de Saint-Omer :

« Attendu qu'aux termes de l'article 12 du décret du 11 juillet 1810, les permis de port d'armes de chasse ne sont valables que pour un an, à dater du jour de la délivrance; attendu que le permis représenté par Dumont de Lalleau, ayant été délivré le 3 septembre 1836, l'année pour la durée de laquelle il était valable, expirait le 2 septembre 1837; que dès lors cet individu n'avait pas de permis de port d'armes quand il a été surpris le 3 septembre dernier chassant sur un terrain encore couvert de récoltes. Attendu que si, en matière de procédure, des règles spéciales ont été posées pour la supputation de certains délais, elles sont sans application à la cause; que pour demeurer convaincu que le jour de la délivrance du permis de port d'armes de chasse doit être compté dans l'année dont parle l'article 12 du décret de 1810, il suffit de remarquer que celui qui obtient ce permis peut s'en servir pour chasser le même jour de sa dé-

(1) Cassation, 24 septembre 1847 et 7 juillet 1849.

livrance, ce qu'il ne pourrait faire sans délit, si ce jour n'était pas compris dans l'année; qu'au surplus, l'heure de la remise du permis de port d'armes à celui qui le demande est indifférente, puisque la loi fait courir le délai d'un an, non de l'heure, mais du jour de la délivrance (1). »

Justification du permis. — Le permis, bien qu'il soit imposé à l'exercice du droit de chasse, dans un but surtout fiscal, ne peut être remplacé ni par la quittance du percepteur constatant l'acquittement des droits, ni par un certificat du maire attestant que la demande a été transmise à l'administration avec avis favorable. La présentation du permis même aux agents qui le demandent, est le seul mode de justification admis par la loi.

Mais la justification doit-elle ètre faite au moment même où l'autorité la réclame? Le chasseur doit-il être toujours porteur de son permis? Cette question était assez débattue avant la loi de 1844. Le décret de 1812, alors en vigueur, décidait que quiconque serait trouvé chassant et ne justifiant pas d'un permis de port d'armes, serait traduit devant le tribunal de police correctionnelle, et bien des jurisconsultes s'en tenant rigoureusement à la lettre du décret, décidaient que la justification devait être immédiate.

La jurisprudence s'éloigna peu à peu de cette sévérité d'opinion, et finit par admettre que l'individu trouvé chassant, sans être porteur de son permis, pouvait être admis à prouver devant le tribunal qu'il l'avait obtenu le

(1) Arrêt du 14 décembre 1837. Grenoble, 1841. Contra : Orléans, 14 novembre 1844, 14 octobre 1851 ; Aix, 16 janvier 1856 ; Cour de cassation, 22 mars 1850 ; Pau, 15 décembre 1859 ; Toulouse, 21 janvier 1864.

jour du fait de chasse, et que cette preuve rapportée, il devait être renvoyé des poursuites, même sans frais (1).

Cette doctrine s'est trouvée consacrée par la loi nouvelle, qui remplaça les termes serrés du décret par la formule beaucoup plus large : *Nul ne pourra chasser, s'il ne lui a été délivré un permis par l'autorité compétente.* Aussi, le ministère public fera bien de prendre quelques renseignements aux bureaux de l'administration, avant de diriger des poursuites dont les frais ne sauraient être mis quand même à la charge du prévenu (2). Le chasseur se met à l'abri de tout reproche, en présentant son permis à l'audience (3).

OUVERTURE ET FERMETURE.

L'article 3 de notre loi prescrit aux préfets de déterminer par des « arrêtés publiés au moins dix jours à l'avance, l'époque de l'ouverture et celle de la clôture de la chasse dans chaque département. » C'est dire qu'on ne peut user du permis de chasse pendant tout le cours de l'année. Il importe, en effet, que la chasse soit interdite à l'époque de la reproduction du gibier et à celle où la terre est couverte de ses produits. Cette époque varie d'un lieu à l'autre, suivant les climats et les cultures, et d'une année à l'autre, elle varie dans le même climat suivant l'état atmosphérique. C'est pourquoi, la loi laisse aux administrations locales le soin de déterminer le temps d'ouverture ou de fermeture.

(1) Bordeaux, arrêt du 17 janvier 1839.

(2) C. Instr. crim., art. 162 et 368, arg. *a contrario*.

(3) Caen, 17 novembre 1869. A moins que le délit n'ait été commis avant la délivrance. Nancy, 17 novembre 1868.

Toutefois le ministre de l'intérieur, divisant le sol français en trois zones formées chacune des départements de même climat ou de même culture, s'est réservé le droit de fixer chaque année l'époque de l'ouverture pour chacune de ces divisions et l'époque de la fermeture pour le nord et le sud de la France (1).

L'ouverture et la fermeture de la chasse sont des mesures de police prises dans l'intérêt général et résistant à toute espèce de conventions privées. Ainsi, il a été jugé que l'adjudicataire d'une chasse communale commettait un délit, en chassant après la fermeture, quoique le cahier des charges visé par le préfet l'autorisât à chasser au-delà du terme de clôture marqué par l'arrêté (2). Ces mesures s'étendent indifféremment aux bois, vignes, terres labourables, pâturages, marais, landes, garennes, à tout terrain non attenant à une habitation ni entouré d'une clôture. Elles s'étendent aux terres couvertes de leurs récoltes comme aux terres dépouillées de leurs fruits. La distinction que faisait à cet égard la loi de 1790, non-seulement n'a pas été reproduite, mais encore elle a été abrogée implicitement par l'article 11 de notre loi. D'après cet article, la chasse dans les récoltes d'autrui n'est une cause d'aggravation de peine que si le propriétaire n'a pas donné son consentement; donc le propriétaire lui-même qui chasserait dans ses récoltes n'encourrait aucune peine.

Mais, si les arrêtés d'ouverture ne doivent pas contenir de réserve à l'égard des terres non récoltées, rien n'empêche que les préfets et les maires ne prennent des arrêtés de police donnant pleine garantie à la tranquillité et à la

(1) Circulaire ministérielle du 6 juillet 1863 et 6 janvier 1864.
(2) Cour de cassation, arrèt du 7 octobre 1842.

sécurité des campagnes (1). Il a été jugé par la Cour de cassation que le maire pouvait ordonner qu'il serait attaché un bâton au cou des chiens pendant la vendange, qu'il serait interdit de chasser à moins de cent mètres des vignes non vendangées (2), jusqu'à la clôture définitive des vendanges et du grappillage (3). Les contraventions aux arrêtés de ce genre sont de la compétence des tribunaux de simple police.

Le préfet peut ouvrir divisément la chasse dans certaines parties du département et même des arrondissements. « Il est bien certain, a dit M. le garde des sceaux, que, dans un grand nombre de départements, il y a des arrondissements qui sont beaucoup plus avancés que d'autres ; aussi, il arrive qu'il y a des époques différentes, pour différents arrondissements, et même pour différentes communes. » Mais c'est là une faculté « dont il convient de n'user qu'avec réserve et en vue d'une nécessité réelle ; car il a été remarqué que, lorsque la chasse n'est pas ouverte simultanément dans toute l'étendue d'un département, les chasseurs se portent quelquefois en grand nombre dans l'arrondissement où l'ouverture de la chasse est la plus précoce, et que par suite, le gibier y est promptement détruit (4). »

Le préfet est tenu de prendre deux arrêtés distincts, l'un d'ouverture, l'autre de clôture, et de le faire publier dix jours d'avance. Ces arrêtés ne sont pas soumis à l'avis

(1) Loi du 14 décembre 1789, art. 50. — Loi du 28 septembre 1791, tit. II, art. 9.

(2) Arrêt du 4 septembre 1847.

(3) Arrêt du 14 février 1874.

(4) Circ. min. du 20 mars 1844.

préalable des Conseils généraux, comme ceux relatifs aux oiseaux de passage, au gibier d'eau et aux animaux malfaisants et nuisibles, dont il est parlé à l'article 9. Ce délai de dix jours donne aux cultivateurs le temps d'enlever leurs récoltes, sinon de réclamer contre une ouverture prématurée ; il permet aussi aux chasseurs de connaître exactement le jour de l'ouverture et celui de la clôture. Le jour est habituellement indiqué en termes explicites ; le préfet pourrait cependant, sans le préciser, publier que la chasse s'*ouvrira à partir de tel jour*, formule qui placerait le jour tout entier dans la saison de chasse ; il pourrait faire connaître que la chasse se *fermera à partir de tel jour*, mais il retirerait de cette manière l'autorisation de chasser ce jour-là (1). Pourrait-il décider que la chasse s'ouvrira ou se fermera tel jour et *à telle heure?* Nous ne le pensons pas, et nous tiendrions pour illégal l'arrêté par lequel le préfet, en fixant, par exemple, le jour de l'ouverture de la chasse, indiquerait en même temps l'heure à laquelle la chasse commencerait. Le tribunal de Château-Thierry vient de se prononcer en ce sens à propos d'un arrêté du préfet de l'Aisne fixant l'ouverture au dimanche 29 août 1875, à 7 heures du matin. En conséquence, un sieur S..., surpris en chasse à 6 h. 1/2 du matin, dans l'arrondissement de Château-Thierry, a été renvoyé des fins de l'action du ministère public, sans dépens. Le tribunal s'est fondé sur ce que la loi du 3 mai 1844 ne permet aux préfets que de fixer l'époque de l'ouverture de la chasse ; qu'il n'est point question de l'heure ; qu'en outre la loi porte que, dans le temps où la chasse est ouverte, le permis donne à celui qui l'a obtenu

(1) Cour de cass., arrêt du 7 septembre 1833.

le droit de chasser de jour; que par suite, le préfet ne peut imposer aucune restriction à ce droit (1).

L'article 3 de la loi du 3 mai 1844, en donnant aux préfets le droit de déterminer, par des arrêtés, l'époque de l'ouverture et celle de la clôture de la chasse dans chaque département, autorise-t-il les préfets à fixer des époques d'ouverture et de fermeture différentes pour la chasse à tir et pour la chasse à courre, à cor et à cris? Cette question était résolue affirmativement par l'administration et cette solution qui depuis 1844 n'avait donné lieu à aucune contestation paraissait conforme à l'esprit, sinon au texte de la loi, lorsqu'en mars 1872 la Cour de cassation décida formellement que les termes de l'article 3 ne permettaient pas aux préfets de distinguer entre la chasse à tir et la chasse à courre; que, quand la chasse à courre était ouverte, la chasse à tir devait l'être également; qu'ainsi un individu qui chassait avec un fusil ne pouvait être l'objet d'un procès-verbal et devait être mis hors de cause, quoique l'arrêté du préfet qui avait ouvert la chasse à courre eût interdit la chasse à tir. Mais c'était assurément trop s'attacher à la phraséologie de la loi, c'était assimiler la chasse à courre à un mode

(1) On sait que les arrêtés des préfets ne sont obligatoires pour les tribunaux qu'autant qu'ils sont pris en exécution des lois; qu'ils ne peuvent ni les interpréter ni y ajouter (C. cass., 12 mai 1842). Il a été jugé que la disposition d'un arrêté d'ouverture défendant de chasser à tir à cause de l'occupation allemande, n'était obligatoire ni comme réglementation de l'exercice du droit de chasse, ni comme mesure de police ordinaire sanctionnée par l'art. 471, 15 du Code pénal, si rien n'indique dans l'arrêté que le préfet ait voulu user des pouvoirs qui lui appartiennent pour le maintien de la sûreté publique (C. cass., 16 mars 1872). Il a été jugé que la chasse au miroir n'étant qu'une variété de la chasse à tir, le préfet ne peut interdire la chasse de l'alouette au miroir, ni la limiter à une durée moindre que celle de la chasse ordinaire. Dijon, 17 mars 1875.

de chasse infiniment plus destructif. Cette jurisprudence étroite que la Cour suprême imposait à l'administration devait rencontrer beaucoup d'adversaires. De vives réclamations surgirent de toutes parts, et bientôt le gouvernement proposa à l'Assemblée nationale d'insérer dans la loi une disposition qui permettrait au préfet de distinguer entre les différentes ouvertures et fermetures de la chasse, suivant les conditions dans lesquelles se trouverait son département. De son côté, le législateur a pensé que la chasse à courre avait certains avantages et devait être encouragée. Voici les paroles de son rapporteur : « Il est certain que la chasse à courre, à cor et à cris peut être prolongée sans péril pour le gibier, alors que la chasse à tir est interdite ; que la chasse à courre est utile pour l'approvisionnement des chevaux de remonte de la cavalerie légère, aussi bien que pour la formation de cavaliers éprouvés. D'autre part, le prix du droit de chasser dans les forêts domaniales s'élève en raison directe de la possibilité de chasser à courre et à cris, alors que la chasse à tir est fermée ; et il n'est pas douteux qu'une réduction relativement importante se produirait dans les revenus de l'Etat, si la loi de 1844, restrictivement interprétée par la jurisprudence, n'était pas modifiée. » En conséquence, il fut décidé que les préfets pourraient déterminer par leurs arrêtés *les époques des ouvertures et celles des clôtures des chasses, soit à tir, soit à courre, à cor et à cris* (1) ; et de cette manière, le droit des préfets fut

(1) Loi du 22 janvier 1874. Le changement opéré dans l'art. 3 nécessitait une modification analogue dans l'art. 9, § 1, qui désormais se trouve ainsi rédigé : « Dans le temps où la chasse est ouverte, le permis donne à celui qui l'a obtenu le droit de chasser de jour, *soit à tir, soit à courre, à cor et à cris, suivant les distinctions établies par les arrêtés préfectoraux*, sur ses propres terres, etc. »

consacré par une rédaction qui ne laisse prise à une interprétation contraire.

Le pouvoir d'ouvrir et de clore la chasse que la loi défère aux préfets (1) n'est pas susceptible d'être délégué aux maires des villes ou des communes. Un député avait proposé d'ajouter à la rédaction de l'article 3 qu'en « aucun cas les préfets ne pourraient déléguer l'autorité à eux déférée par cet article », mais le garde des sceaux répondit que c'était inutile, « le préfet ne pouvant déléguer le droit que la loi lui attribue que quand la faculté de déléguer est accordée par la loi. » Les arrêtés doivent être affichés dans chaque commune conformément à l'avis du Conseil d'État du 25 prairial an XIII. Ce mode de publicité ne pourrait être remplacé par une simple insertion au Bulletin administratif (2).

Voici des spécimens de placards annonçant l'ouverture et la clôture de la chasse dans le département du Nord.

PRÉFECTURE DU NORD.

OUVERTURE DE LA CHASSE, 1874.

Nous, conseiller d'Etat, préfet du département du Nord, etc.

Vu la loi du 3 mai 1844;

Vu l'arrêté réglementaire du 15 février 1862;

Vu l'arrêté du 7 janvier 1863, en ce qui concerne les modifications apportées à l'arrêté réglementaire ci-dessus visé;

Vu les circulaires de M. le ministre de l'intérieur, relatives à l'ouverture de la chasse;

ARRÊTONS :

ART. 1er. — La chasse sera ouverte le dimanche 30 août courant, au matin, dans toute l'étendue du département.

(1) C'est le préfet de police qui est chargé de prendre les arrêtés d'ouverture et de fermeture pour la circonscription de sa préfecture, c'est-à-dire pour le département de la Seine et les communes de Saint-Cloud, de Sèvres et de Meudon comprises dans le département de Seine-et-Oise.

(2) C. cass., 5 juillet 1845.

ART. 2. — La chasse ne pourra avoir lieu, conformément aux deux premiers paragraphes de l'article 9 de la loi ci-dessus visée, qu'à tir ou à l'aide de furets et de bourses destinés à prendre le lapin.

ART. 3. — Conformément à l'arrêté préfectoral du 15 février 1862, la chasse est défendue en temps de neige.

L'emploi des chiens lévriers est également interdit pour toute espèce de chasse, même pour la destruction des animaux malfaisants ou nuisibles.

ART. 4. — La tenderie aux grives est autorisée jusqu'au 15 décembre au soir, avec l'emploi de lacets à deux crins seulement, n'ayant pas plus de 30 centimètres de longueur, et sous la condition expresse qu'ils seront placés au moins à 1 mètre au-dessus du sol, et que l'appât sera exclusivement la baie de genèvrier. Aux termes de la loi sus-visée du 3 mai 1844, nul ne pourra se livrer à ce genre de chasse, s'il n'est pourvu d'un permis de chasse régulier.

ART. 5. — Toute contravention à la loi ou aux dispositions qui précèdent, sera constatée par un procès-verbal et poursuivie devant le tribunal compétent.

ART. 6. — Le présent arrêté sera publié dans chaque commune, à la diligence des maires, chargés d'en surveiller l'exécution, par les gardes champêtres et autres agents préposés par la loi à la surveillance de la police de la chasse.

Des exemplaires du présent arrêté seront transmis au commandant de gendarmerie, au directeur des douanes et aux directeurs des contributions indirectes, pour qu'ils aient à prendre les mesures de droit en ce qui concerne le service qui leur est confié.

Lille, 10 *août* 1874. *Signature du préfet*,

Suivent des dispositions pénales et des instructions ministérielles.

FERMETURE DE LA CHASSE 1875.

Nous, etc.

Vu la loi du 3 mai 1844, sur la police de la chasse ;

Vu les arrêtés réglementaires du 15 février 1862, et 11 mars 1865, pour l'exécution de l'article 9 de ladite loi ;

Vu les instructions de M. le ministre de l'intérieur :

Vu la circulaire de M. le ministre de l'intérieur, en date du 28 décembre dernier, relative à la clôture de 1875 ;

Vu la délibération du Conseil général du 21 octobre 1874 ;

ARRÊTONS :

ART. 1er. — La chasse sera close dans toute l'étendue du département, à partir du dimanche 31 janvier courant, au soir.

ART. 2. — Toutefois sont autorisées :

1° Jusqu'au 1er avril, la chasse de la bécasse dans les bois et futaies, en faisant usage du chien d'arrêt ;

2° Jusqu'au 1er mai, la chasse au marais, à une distance de 20 mètres des francs bords des canaux et rivières, ainsi que dans les prairies et vallées de la Sambre et de la Lys, et de l'arrondissement de Dunkerque imposées par les administrations des Waeteringues et des Moëres, soumises aux inondations, sans qu'il soit nécessaire de se servir de batelets ou de huttes.

3° La chasse au marais et celle du gibier d'eau et de passage sur les bords de la mer, qui s'ouvrent chaque année, le 1er août, et se ferment également le 1er mai.

ART. 3. — Pendant toute la durée de l'interdiction de la chasse et à l'expiration des chasses exceptionnelles, il est fait défense de mettre en vente, de vendre, d'acheter, de transporter et de colporter du gibier dans le département du Nord.

ART. 4. — Sont exceptés : les grousses, la gélinote noire, la gélinote blanche et le grand coq de bruyère, gibier de provenance exotique, dont l'importation en France est autorisée d'une manière permanente.

Art. 5. — La vente et le colportage des lapins de garenne sont également permis en tout temps, la destruction de ces animaux demeurant soumise, en temps prohibé, aux conditions déterminées par l'arrêté réglementaire sus-visé du 15 février 1862.

ART. 6. — La clôture de la chasse à courre, à cor et à cris, sera fixée ultérieurement.

ART. 7. — Le présent arrêté sera publié dans chaque commune du département, à la diligence des maires chargés d'en surveiller l'exécution et d'en remettre une expédition aux gardes-champêtres et aux agents préposés à la police de la chasse.

ART. 8. — Des expéditions du présent arrêté seront également transmises à M. le procureur général, à M. le commandant de la gendarmerie, à M. le conservateur des forêts, ainsi qu'à MM. les directeurs des douanes et des contributions indirectes du département, afin qu'ils puissent concourir à son exécution par l'emploi de tous les moyens dont ils disposent.

Lille, le 15 *janvier* 1875. *Signature du préfet,*

ARRETÉ DE CLÔTURE DE LA CHASSE A COURRE, A COR ET A CRIS, 1875.

Nous, conseiller d'Etat, préfet du Nord, etc.

Vu les lois du 3 mai 1844 et du 24 janvier 1874 ;

Vu les instructions de M. le ministre de l'intérieur ;

Vu les délibérations du conseil général, en date du 21 octobre 1874 ;

ARRÊTONS :

ART. 1er. — La chasse à courre, à cor et à cris, sera close, dans le département du Nord, le mercredi 31 mars courant, à la chute du jour.

ART. 2. — Le présent arrêté sera publié dans chaque commune du département, à la diligence des maires, chargés d'en remettre une expédition aux gardes champêtres et aux agents préposés à la police de la chasse.

ART. 3. — Des exemplaires en seront transmis à M. le procureur général, à M. le commandant de la gendarmerie, ainsi qu'à M. le conservateur des forêts.

Lille, le 5 *mars* 1875. *Signature du préfet.*

Il est loisible au préfet de révoquer ou de modifier ses arrêtés d'ouverture ou de fermeture. Les nouveaux arrêtés qu'il prend à cet effet ne diffèrent guère des premiers; toutefois la condition d'une publication faite dix jours d'avance, imposée aux préfets pour les arrêtés d'ouverture ou de clôture, ne s'applique pas aux arrêtés reportant à une époque ultérieure l'ouverture annoncée par un premier arrêté. Il suffit que la publication du second arrêté, motivé par exemple par l'état des récoltes, intervienne avant que le premier ait reçu son exécution pour qu'il suspende cette exécution jusqu'au jour d'ouverture fixé nouvellement. On comprend que cette nouvelle mesure, provoquée par les réclamations si intéressantes des agriculteurs, n'atteindrait pas son but si elle laissait aux chasseurs la faculté de se prévaloir du premier arrêté (1).

Terrains clos. — La théorie de l'ouverture et de la fermeture est écartée par l'article 2 de la loi de 1844, en ce qui concerne la chasse dans les terrains clos. D'après cet article : « Le propriétaire ou possesseur peut chasser ou faire chasser en tout temps, sans permis de chasse, dans ses possessions attenantes à une habitation et entourées d'une clôture continue, faisant obstacle à toute communication avec les héritages voisins. »

(1) C. de cass., 4 janvier 1849 et 14 décembre 1860.

Pourquoi cette exception? Le rapporteur à la Chambre des députés et M. Pascalis en ont donné le motif en termes très-précis. « La loi, disait ce dernier, a voulu accorder au propriétaire une immunité nécessaire, inévitable ; la clôture attenante à l'habitation, c'est la continuation du domicile. Notre projet de loi a donc voulu seulement, en ne permettant pas de venir rédiger des procès-verbaux contre le propriétaire qui aurait chassé dans son jardin, dans son enclos, maintenir en sa faveur le respect du domicile..... Il doit être permis au propriétaire de faire en son domicile ce qui lui plaît. Ceux qui auront des parcs, des enclos attenants à leur habitation pourront chasser en tout temps. Il reste, sans doute, un sujet de regret, c'est que le principe d'égalité devant la loi reçoive quelque atteinte, mais tolérer une inégalité aussi légère n'est rien à côté du danger de violer le domicile sans de graves motifs. C'est donc par respect pour le domicile que nous avons permis aux propriétaires de chasser en tout temps dans leurs propriétés closes attenantes à une habitation. » Ainsi, respect du domicile, tel est le fondement de l'article 2. Le législateur ne veut accorder aucun privilége aux propriétaires ; sa concession est la conséquence forcée d'un principe qu'il respecte. Cela explique pourquoi l'article 2 restreint l'immunité aux possessions attenantes aux habitations, contrairement à l'article 13 de la loi du 30 avril 1790 qui reconnaissait aux propriétaires ou possesseurs d'un enclos quelconque le droit de chasser et de faire chasser en tout temps, pourvu qu'il fût réellement séparé des héritages voisins, soit par des murs, soit par des haies vives. On comprend aussi que la loi de 1790, plus soucieuse de la conservation des récoltes que de la reproduction du gibier, se montre moins rigoureuse que celle de 1844 en n'exigeant pas le concours des deux circonstances de l'habitation et de la clôture; concours d'ailleurs peu logique relativement au gibier à poil qui dans l'enclos cesse toujours d'être *res nullius*, et n'offre plus d'intérêt de reproduction pour les campagnes.

L'enclos doit donc être attenant à une habitation pour que le propriétaire ou possesseur puisse y chasser en toute saison et sans permis. La Chambre des Pairs, en substituant *attenant à une habitation* à l'expression plus large *dépendant d'une habitation* dont se servait le projet, a voulu ne laisser aucun doute à cet égard. Ainsi, le possesseur d'un parc ou clos séparé de sa maison par une route ou un chemin public ne pourrait, malgré sa proximité, y chasser qu'en se conformant aux prescriptions ordinaires.

Qu'est-ce que l'*habitation*? D'après l'article 390 du Code pénal, l'habitation, c'est tout bâtiment, logement, loge, cabane, même mobile, qui sans être actuellement habitée est destinée à l'habitation, et tout ce qui en dépend, comme cours, basses-cours, granges, écuries, édifices qui y sont enfermés, quel qu'en soit l'usage, et quand même ils auraient une clôture particulière dans la clôture ou enceinte générale. Mais ce n'est point là l'habitation que l'article 2 rappelle. Il s'agit ici d'un bâtiment habité ou destiné à l'être à des époques plus ou moins éloignées, et non pas seulement d'une construction quelconque, comme une cabane destinée à abriter les chasseurs ou les jardiniers, une hutte, un pavillon de chasse (1). Par habitation, disait M. Gillon à la Chambre

(1) Cour de cassation, 3 mai 1845 et 28 avril 1858. Trib. Carpentras, 27 décembre 1866.

des députés, on ne saurait « entendre une usine, par exemple une scierie pour travailler et préparer le bois qu'on exploite dans le parc, ou une étable pour abriter le bétail qu'on envoie pâturer ; de tels bâtiments étrangers à l'habitation de l'homme ne donnent pas la faculté réservée par l'article. L'immunité qu'il accorde n'a d'autre source que le respect pour le domicile du citoyen et le foyer de la famille ; elle ne saurait être étendue à des bâtiments non consacrés à l'habitation proprement dite. » Il importe peu que la construction fasse ou non l'objet de l'habitation personnelle du propriétaire, qu'elle soit habitée par un fermier ou par un domestique, pourvu qu'elle soit réellement habitée.

Précisons le sens de ces mots *clôture continue faisant obstacle à toute communication avec les héritages voisins.* Plusieurs lois antérieures à 1844 ont défini la clôture. La loi de 1790 l'appelle la séparation par des murs ou des haies vives d'un héritage d'avec les fonds voisins. Celle du 6 octobre 1791 répute clos l'héritage entouré d'un mur de quatre pieds de hauteur, avec barrière ou corde, ou exactement fermé et entouré de palissades ou treillages, ou d'une haie vive, ou d'une haie sèche faite avec pieux ou cordelée avec des branches, ou de toute autre manière de faire les haies en usage dans chaque localité, ou enfin d'un fossé de quatre pieds de large ou moins à l'ouverture et de deux pieds de profondeur (1). Enfin le Code pénal reconnaît un parc ou un enclos dans tout terrain environné de fossés, de pieux, de claies, de planches, de haies vives et sèches, ou de murs, de quelque espèce de matériaux que ce soit, quelles que soient la hauteur, la profondeur, la vétusté, la dégradation de ces

(1) Art. 6, section 4. tit. I.

diverses clôtures, quand il n'y aurait pas de porte fermant à clef ou autrement, ou quand la porte serait à claire-voie et ouverte habituellement (1). On pourrait donc se demander si le législateur de 1844 n'a pas pris pour règle l'une de ces dispositions. Or, la négative n'est pas douteuse. « C'est précisément, disait le rapporteur, parce que nous n'avons pas voulu nous en tenir aux définitions ni du Code rural de 1791, ni du Code pénal, que nous avons défini ce que nous entendons par clôture ; nous avons voulu quelque chose de plus que le Code pénal, une clôture réelle, et non une apparence de clôture, et c'est pour cela qu'au lieu d'employer l'expression générique terrain clos, nous avons dit : une clôture *continue faisant obstacle à toute communication avec les héritages voisins.* » Cette rédaction fait disparaître les controverses nombreuses qui s'élevaient sous l'empire de la loi de 1790. On se demandait alors si la clôture devait nécessairement consister en murs ou haies vives, ou s'il suffisait d'une séparation quelconque ; et telle Cour jugeait que les fossés devaient être mis sur la même ligne que les haies, telle autre que non-seulement les fossés et les haies vives, mais encore les cours d'eau et toute espèce de clôture fermaient un terrain (2). La Cour de Paris jugeait que la clôture n'était pas interrompue par des brèches faites à une haie; la Cour des Rennes se prononçait dans un sens opposé (3). Aujourd'hui, la nature de la clôture ne saurait embarrasser les juges : mur, palissade, treillage, haie vive, haie sèche, fossé annuellement entretenu ou non, il n'importe : la seule question

(1) C. pénal, art. 391.
(2) C. cass., 13 avril, 1833. Bordeaux, 19 novembre 1835.
(3) Paris, 6 nov. 1828. Rennes, 17 nov. 1833.

intéressante est celle de savoir si la clôture revêt le caractère de continuité et de réalité exigé par la loi.

Un mur d'une certaine élévation (1) ne forme clôture qu'autant qu'il entoure le terrain tout entier et qu'aucune brèche n'en rende l'accès possible. Un mur continu, mais assez bas pour que le passage de la propriété entourée à l'héritage voisin puisse se faire commodément, soit par les chasseurs, soit par le gibier (2), ne forme pas clôture. Il en est de même des haies dont on se sert habituellement dans les campagnes du Nord pour clore les héritages. Les barrières pratiquées dans un mur ou dans une haie assez épaisse pour ne pouvoir être traversée ne sont pas une cause d'interruption, pourvu que les barreaux, treillis ou planchettes qui les composent soient assez rapprochés pour empêcher le passage du gibier. Un cours d'eau d'une certaine importance est une clôture véritable, quoiqu'il puisse être passé à la nage par un lièvre pressé par des chiens. La Cour de Douai a jugé qu'un terrain attenant à une habitation et entouré d'un fossé dont la largeur varie de 1 m. 20. à 6 mètres, était clos dans le sens de l'article 2 de notre loi (3).

Les routes, les chemins, les rivières navigables ou flottables ne forment jamais clôture. Les rivières navigables ou flottables sont assimilées aux grandes routes par la loi du 28 floréal an X; elles comportent la servitude du marchepied ou du chemin de halage qui empêche naturellement la continuité des clôtures adjacentes à la rivière. Un chemin de fer ne saurait être assimilé ici à une grande route puisqu'il est clos (4) ; mais la clôture réglementaire

(1) C. cass., 29 avril 1858.

(2) Tribunal de Rouen, 19 février 1867.

(3) Douai, 9 novembre 1847.

(4) Loi du 15 juillet, 1845, art. 1, § 4.

des chemins de fer pourrait ne pas être jugée suffisante (1).

L'immunité que consacre l'article 2 est attachée à l'enclos même. Le propriétaire, s'il y habite, en bénéficie; si l'enclos est affermé, elle appartient au fermier. Cela a été dit positivement à la Chambre des députés. Toutefois le propriétaire pourrait se réserver le droit de chasse par une clause spéciale et actionner devant le tribunal civil le possesseur ou fermier qui y contreviendrait. L'immunité écarte toute poursuite correctionnelle lorsque le fait de chasse reçoit dans l'enclos son entier accomplissement. Le chasseur ne pourrait tirer de l'enceinte sur un gibier placé en dehors de la clôture, mais il lui serait permis d'aller ramasser sur un terrain ouvert l'animal qu'il aurait blessé mortellement dans l'enclos (2).

Quelle est l'étendue du bénefice attaché aux terrains clos? A n'envisager que les termes de l'article 2, ce bénéfice consiste dans la seule faculté de chasser sans permis et en temps prohibé; mais à considérer l'inviolabilité du domicile et la condition privée du gibier à poil vivant dans l'enclos, il n'est pas douteux que le propriétaire ou possesseur puisse encore chasser pendant la nuit, sur la neige, avec des chiens lévriers et en un mot par toute sorte de moyens (3), à la condition de se conformer aux lois de police et aux arrêtés municipaux relatifs à la sûreté publique, comme ceux qui statuent sur l'usage

(1) Cour d'Aix, mars 1875.

(2) C. cass., 14 août 1847. Amiens, 17 juillet 1842.

(3) Nous exceptons les engins dont la simple détention est prohibée. C. cass, 1 mai 1868. Au reste, aucun agent ne pourrait constater le délit en escaladant le mur de clôture ou en pénétrant dans l'enclos sans un mandat du juge d'instruction. Arrêts: Paris, 11 juillet 1844. Metz, 5 mars 1845. Aix, 4 novembre 1847. Limoges, 6 mars 1857. C. cass. 7 mars 1868.

des armes à feu dans les clos et jardins situés dans l'intérieur des villes. — On s'est demandé si l'emploi dans l'intérieur d'un enclos d'appelants, d'appeaux ou chanterelles était licite ? Contrairement à la Cour de cassation (1), nous croyons que celui qui attire par ce moyen les perdrix ou les cailles des champs voisins commence sa chasse à l'extérieur de la clôture et par cela même n'est point recevable à invoquer le bénéfice de l'article 2. Nous sauvegardons ainsi les intérêts des chasseurs contre un système de braconnage des plus dangereux. — On s'est aussi demandé si le fait d'établir dans la clôture d'un bois ou d'un parc des trappes mobiles qui donnent accès au gibier et l'empêchent de sortir, constituait un délit de chasse. Ici, la Cour de cassation a répondu avec raison que ce fait rentrait dans l'exercice légitime du droit de propriété, quand le maître de l'enclos n'avait employé ni ruse, ni appât pour attirer le gibier vers les trappes (2).

Aux termes de l'article 14 de la loi de 1790, tout propriétaire ou possesseur, autre qu'un simple usager, pouvait, même en temps prohibé, chasser ou faire chasser, sans chiens courants, dans ses bois et forêts. Cette disposition est implicitement abrogée par la loi de 1844, qui s'est gardée de la reproduire. « Nous avons supprimé, a dit le garde des sceaux, la faculté accordée par la loi de 1790 à tout propriétaire ou possesseur de chasser ou faire chasser en tout temps dans ses bois et forêts, pourvu que ce ne fût pas avec chiens courants. Il est évident que cette faculté peut compromettre essentiellement les deux intérêts que nous désirons protéger. Pour

(1) Arrêt du 16 juin 1866.
(2) Arrêt du 22 juillet 1861.

aller chasser dans ses bois en tout temps, même lorsque la terre est couverte de récoltes, il est difficile de ne pas causer du dommage dans les champs que l'on traverse ; il est difficile de ne pas saisir l'occasion de tirer une pièce de gibier partie fortuitement de la propriété d'autrui. Enfin, si l'on veut conserver le gibier, encore trop jeune et trop facile à détruire, on doit le protéger même dans les bois. »

Destruction des bêtes fauves. — Le principe de la légitime défense de soi-même et de ses biens autorise le propriétaire ou possesseur à repousser, à détruire les bêtes fauves qui causent du dommage à sa propriété (1). Muni ou non d'un permis de chasse, en temps d'ouverture, comme en temps de fermeture, ce propriétaire ou possesseur, a le droit de tuer un sanglier qui dévaste son champ ou même qui rôde dans le voisinage, un loup qui menace sa bergerie ou un renard qui pénètre dans son poulaillier (2). Il peut également confier ce soin à son garde-chasse, à son domestique, à un voisin habile (3).

L'animal tué à l'affût, empoisonné ou pris au piége, le propriétaire ou possesseur, peut le transporter à son domicile et en tire parti (4). En cas de surprise, il évite la poursuite judiciaire en justifiant de l'existence des bêtes fauves sur sa propriété et d'un dommage réel ou du moins imminent (5).

(1) Loi de 1844, art. 9, § 3.

(2) Mais non pas un renard qui chasserait un lièvre, *res nullius*, sur son héritage, à moins que le renard ne soit classé par le préfet parm les animaux malfaisants.

(3) Metz, 28 novembre 1867.

(4) Circ. minist. du 25 avril 1862, arg. d'analogie.

(5) Trib. de Montbrison, 11 novembre 1872.

Il faut entendre par *bête fauve* toute bête sauvage qui porte atteinte à la propriété, quels que soient d'ailleurs sa taille, sa structure et son instinct, qu'elle soit propre ou non à l'alimentation (1). Plus spécialement, *bête fauve* désigne les cerf, daim, chevreuil, leurs femelles et leurs faons; les bêtes rousses ou carnassières, comme le loup, le renard, le blaireau, la loutre, la fouine; enfin les bêtes noires, c'est-à dire les sanglier, laie et marcassin.

Dans l'ordre des volatiles, les corbeaux, les pies, les buses, les éperviers et tous les oiseaux de proie so ntdes bêtes fauves qu'il est toujours permis de détruire quand elles portent atteinte à la propriété. Le pigeon n'a ni la hardiesse, ni les habitudes des oiseaux de proie, mais ce volatile tantôt sauvage, tantôt domestique, voyage en bandes très-nombreuses dans certaines campagnes, s'attaque aux graines et fait au moment des semailles un tort considérable à l'agriculture. Les fermiers peuvent-ils détruire les pigeons qui viennent ainsi manger leurs graines? Cette question offre un grand intérêt pratique; nous y répondrons par une distinction. S'agit-il de pigeons sauvages, pigeons bisets et ramiers, le fermier a certainement le droit de les tuer (2) en tout temps et sans permis de chasse, soit qu'il les trouve répandus dans ses semailles, soit qu'il les surprenne juchant sur les arbres du voisinage. S'agit-il de pigeons domestiques (3), il faut se rappeler l'abolition du droit exclusif des fuies et co-

(1) Contrà: C. cass., 29 avril 1858.

(2) Bruxelles, 27 mars 1867 Trib. Clermont, 26 mars 1868.

(3) L'art. 524 du Code civil range les pigeons des colombiers parmi les immeubles par destination, et l'art. 564 en attribue la propriété au maître du colombier dans lequel ils vivent, pourvu qu'ils n'y aient point été attirés par fraude et artifice.

lombiers décrétée par la loi du 4 août 1789. Aux termes de l'article 2 de cette loi, « les pigeons seront enfermés aux époques fixées par les communautés (communes), et, durant ce temps, ils seront regardés comme gibier, et chacun aura le droit de les tuer sur son propre terrain. » Ainsi, s'il existe un arrêté municipal prescrivant la fermeture des colombiers d'une époque a une autre, nul doute que, pendant ce temps. le fermier ne puisse tirer les pigeons sur son terrain, comme les ramiers ou toute autre espèce de gibier. Un chasseur quelconque pourrait les rechercher et se les approprier. S'il n'existe pas d'arrêté municipal, nous croyons encore que le fermier a le droit de détruire les pigeons domestiques répandus dans ses semailles ou endommageant ses récoltes. L'article 12 de la loi du 20 septembre 1791, décide en effet que : « Si ce sont des volailles, de quelque espèce que ce soit, qui causent le dommage, le détenteur ou le fermier qui l'éprouvera pourra les tuer, mais seulement sur les lieux, au moment du dégât (1). » Hors ce cas, le fermier qui s'aviserait de tuer les pigeons d'autrui, de les prendre avec des filets ou de la glu, même sur son propre fonds, encourrait une amende de 11 à 15 francs, sans préjudice des dommages-intérêts (2). Il en serait de même d'un chasseur quelconque qui tuerait des pigeons domestiques, en l'absence d'un arrêté municipal (3). En outre, l'appropriation de ces oiseaux constituerait un vol qui en rendrait l'auteur passible des peines édictées par l'article 401 du Code pénal.

(1) La Cour de cassation a reconnu ce droit: Arrêts des 11 août 1808, 22 août 1816, 1er août 1822, 17 août 1829 : ainsi que la Cour de Rouen, 14 février 1845 et 7 août 1862.

(2) Code pénal, art. 479, § 1.

(3) C. cass., 9 janvier 1868.

DÉFENSE DE CHASSER DE NUIT.

La clarté du jour convient à l'exercice de la chasse, le clair de la lune au braconnage. C'est pourquoi, la chasse de nuit est interdite, sauf dans les enclos et contre les bêtes fauves. Cette défense établie en vue de la conservation du gibier et de la sûreté générale, est contenue dans l'article 9, § 1, de notre loi : « Dans le temps où la chasse est ouverte, dit l'article. le permis donne à celui qui l'a obtenu, le *droit de chasser de jour....* » La défense comprend toute sorte de chasses : chasse à tir, chasse à courre, chasse à la lanterne; mais c'est avant tout l'exercice nocturne de la chasse à tir que le législateur a voulu empêcher. « C'est elle, disait le garde des sceaux, qui devient la cause d'un grand nombre de meurtres ou de crimes contre les personnes; » c'est par elle, disait un membre de la Chambre des Pairs, que « les crimes arrivent, quand des individus sont surpris en chasse par les gardes. » Reste à savoir quand il y a chasse de nuit.

Le chasse à l'affût qui se pratique à l'aube du jour ou au crépuscule est-elle prohibée comme chasse de nuit? M. le marquis de Boissy a dit à ce sujet : « J'appellerai l'attention de la Chambre sur un mot qui se trouve dans ce paragraphe, et qui pourrait avoir des conséquences ; il faudrait, je ne dis pas retrancher ce mot, mais l'accompagner d'une explication pour éviter l'interprétation. Il est dit dans le paragraphe : *le droit de chasser de jour*. Tout le monde sait qu'on ne chasse pas seulement que le jour, mais qu'il y a encore une chasse qu'on appelle l'*affût*. Qu'on me pardonne cette expression technique. Cette chasse est très-permise, mais, d'après le projet de loi, elle deviendrait un délit. C'est là-dessus que je solliciterai de la commission une explication qui empêchât de rechercher ceux qui se livreraient à l'exercice très-licite jusqu'à présent de l'affût. » M. le rapporteur a répondu: « La commission a entendu prohiber d'une manière absolue la chasse pendant la nuit, mais elle a compris que très-souvent la chasse à l'affût avait lieu dans un temps très-rapproché de la nuit, soit le matin, soit le soir, mais qui n'est pas la nuit. Vouloir aller plus loin et définir ce qu'est la nuit a paru impossible à la commission. Elle a cru qu'il fallait, en posant le principe de l'interdiction de la chasse pendant la nuit, laisser les appréciations de fait aux tribunaux; c'est ce qui se pratique dans toutes les matières de fait, et notamment dans tous les cas où la circonstance de nuit est considérée comme aggravante; dans le Code pénal, la loi n'a pas défini ce que c'était que la nuit; elle a abandonné ce point à l'appréciation des juges du fait. » De cette explication il résulte que la chasse à l'affût, prohibée la nuit, est licite le matin quand le jour commence à paraître, et le soir, au moment où la nuit tombe. Il appartient aux tribunaux de déterminer, eu égard à l'espèce soumise à leur appréciation, la limite extrême qui sépare le jour de la nuit. Cette limite variera suivant les saisons, l'état atmosphérique, la moralité du chasseur. On comprend que les tribunaux soient moins sévères à l'égard d'un individu posté par occasion près d'un terrier de lapins ou sur le bord d'un étang fréquenté par des canards sauvages, qu'envers un braconnier de profession qui, assis sur la lisière d'un bois, attend le passage d'un lièvre ou tout autre animal dont la conservation intéresse autant les chasseurs.

Il est toutefois entendu que le pouvoir discrétionnaire des tribunaux ne comporte pas la faculté de déterminer d'une manière générale la durée de la nuit. La Cour de Dijon, en jugeant que la chasse de nuit est celle qui a lieu depuis le coucher jusqu'au lever du soleil, et la Cour de Lyon en décidant que le jour doit s'étendre à toute la durée du crépuscule astronomique qui ne prend fin qu'au moment où le soleil se trouve placé à 18 degrés au-dessous de l'horizon, ont évidemment méconnu les intentions du législateur (1). Ces Cours auraient dû se borner à une simple appréciation des faits et juger par exemple qu'un fait de chasse commis tel jour, à telle heure, avait ou non été accompli pendant la nuit (2). Au surplus, les articles 1037 du Code de procédure civile et 184 de l'Ordonnance du 29 octobre 1820 portant règlement sur le service de la gendarmerie, sont inapplicables. On sait que ces articles règlent le temps de nuit du 1er octobre au 31 mars, depuis six heures du soir jusqu'à six heures du matin, et du 1er avril au 30 septembre, depuis neuf heures du soir jusqu'à quatre heures du matin.

MODES DE CHASSE AUTORISÉS.

La loi de 1790, autorisait les chasseurs à se servir de toute sorte de moyens de chasse; la loi de 1844 n'en tolère que trois. Ce sont : 1° la chasse à tir; 2° la chasse à courre; 3° l'emploi des furets et des bourses destinés à prendre le lapin. Tous autres moyens, filets, panneaux, traînasses, tonnelles, pantières, rets, piéges, trébuchets, fers, trappes, raquettes, collets, lacets, chouette, sont

(1) Arrêts des 11 novembre 1846 et 24 janvier 1861.

(2) Douai. arrêt du 9 novembre 1847.

absolument prohibés (1). « L'emploi des panneaux, disait le garde des sceaux en présentant la loi à la Chambre des députés, l'emploi des panneaux et filets avec lesquels on détruit des volées entières de perdreaux, l'usage meurtrier des lacets, des collets et, en un mot, de tous ces instruments de destruction, aujourd'hui permis, dont les vrais chasseurs ne se servent pas et qui ne profitent qu'aux braconniers, se trouvent compris dans la prohibition générale. » Il importe peu, d'ailleurs, que le gibier ait été pris vivant pour la reproduction et le repeuplement d'une réserve : « Considérant, dit la Cour de Dijon, qu'il n'y a dans la loi ni lacune, ni distinction; qu'au contraire, ses prohibitions sont générales et absolues; que sans doute, le législateur a eu en vue la chasse de destruction, et que c'est pour cela qu'il interdit l'usage des filets à cause de leur efficacité destructive; mais que pour mieux atteindre son but et pour prévenir plus sûrement l'abus, il a prohibé sans distinction des faits qui ne supposaient pas nécessairement la destruction; qu'il n'a pu distinguer notamment à l'égard des filets au moyen desquels on prend le gibier vivant, le cas où on le prendrait pour le tuer et le cas où on le prendrait par le faire servir à la reproduction; qu'en effet, il était impossible d'admettre que les officiers de police judiciaire ou autre chargés des constatations des délits, auraient à apprécier l'intention du chasseur au moment du fait de chasse sur la destination réservée au gibier; que le juge n'a pas davantage à faire cette appréciation en présence des prohibitions absolues de la loi; que d'ailleurs cette appréciation serait incertaine et impossible, le fait de la conservation du gibier vivant après un procès-

(1) Art. 9.

verbal ne prouvant nullement qu'avant la constatation du fait de chasse, le chasseur eût l'intention de le conserver au même état (1).... »

L'emploi de la glu (2) contre les petits oiseaux, du pot-à-moineaux contre les couveuses, de drogues ou appâts de nature à enivrer le gibier ou à le détruire (3) est encore interdit. Il en est de même de l'emploi des appeaux, appelants ou chanterelles (4) qui, de tous les procédés de braconnage, est peut-être le plus destructif. L'appeau est un petit instrument servant à imiter le cri des perdrix ou des cailles pour les attirer. Les appelants ou chanterelles sont des oiseaux servant d'appeaux. Remarquons que la perdrix femelle trouvée à domicile n'est pas de droit réputée chanterelle (5); cette qualification ne lui convient qu'au moment où elle est employée comme instrument de chasse, où elle attire en caccabant les oiseaux de son espèce.

Les banderoles ne sont pas des instruments de chasse proprements dits; ce sont des cordes garnies de morceaux d'étoffe ou de papier, qu'un propriétaire tend le matin autour de son champ pour empêcher, en l'effrayant, le gibier qui s'y trouve de s'échapper; ce sont de simples épouvantails qui n'enlèvent pas au gibier sa liberté. La Cour de cassation a reconnu que celui dont le terrain nourrit le gibier pendant la nuit, use d'un droit légitime en cherchant à le retenir pendant le jour, soit pour le détruire, soit pour en profiter à l'heure où la chasse en est permise (6).

(1) Arrêt, 28 novembre 1845.
(2) C. cass., 23 avril 1847.
(3) Loi de 1844, art. 12, § 5.
(4) Loi de 1844, art. 12, § 6.
(5) Orléans, 11 mai 1869.
(6) Arrêt du 16 juin 1866.

Des trois modes de chasse autorisés par la loi, la *chasse à tir* est la plus usitée. Elle se fait avec ou sans chiens et traqueurs, au moyen d'une arme licite (1), destinée à tuer le gibier. La loi laisse au chasseur le choix de l'arme et des projectiles.

La chasse au chien couchant ou chien d'arrêt, la traque, l'affût, la chasse à la hutte sont autant de variétés de la chasse à tir. Ces modes de procéder sont connus partout. En Bourgogne et dans la Franche-Comté, il existe un mode tout particulier de chasse à tir, qui consiste à s'embusquer dans une hutte et à envoyer quêter sur le bord d'un étang, visité par des canards sauvages, un chien spécial à poil fauve et à oreilles droites. La présence du chien irrite les palmipèdes qui l'abordent bientôt en battant de l'aile et se livrent en même temps au feu du chasseur. On nomme ce genre d'affût la *chasse au badinage.*

La *chasse à courre* consiste dans la poursuite du gibier à poil faite au moyen de chiens par des hommes armés ou non, à pied ou à cheval. L'arme du chasseur peut être un fusil de chasse, et alors la chasse à courre participe à la fois de la *chasse à courre* et de la *chasse à tir* ; l'arme peut être une carabine ou un couteau de chasse destiné à servir la bête forcée par la meute. La poursuite est faite par des *chiens courants* (2). La loi de 1844 prohibe l'emploi des *lévriers* qu'autorisait le législateur de 1790, mais qui d'ailleurs étant muets ne conviennent pas à la chasse à courre (3). Cette prohibition vise-t-elle seulement les lévriers de *pure race*, ou vise-t-elle encore les lévriers *croisés*, les lévriers *dégénérés*? « Les lévriers de pure race, a dit un député, ne sont pas les seuls animaux dange-

(1) Voir la page 101.

(2) Pour plus de détails, voir page 84.

(3) Loi de 1844, art. 9, § 4. Arg. *a contrario.*

reux pour le gibier ; il y encore les crosés lévriers qui ne le sont pas moins, et qui même le sont davantage. Les lévriers, certainement, sont à redouter et à interdire ; cependant ils n'ont pas, ainsi qu'on l'a signalé, ils n'ont pas le flair, l'odorat très-fin ; ils font bien lever l'animal. mais ils ne peuvent le suivre dans les couverts. Il y a un immense inconvénient de la part des races croisées lévriers, qui joignent le flair à la vitesse, qui ont la finesse de l'odorat des chiens dont ils ont pris l'origine, et qui, par conséquent, présentent un double inconvénient et un double danger. Je demanderai donc qu'on ajoute (1) au mot *lévriers*, les mots *croisés lévriers* ou *dérivés lévriers*, enfin toutes les espèces qui en sont dérivées... Il importe qu'on ne puisse venir chicaner un arrêté du préfet, en prétendant que l'on peut chasser avec un lévrier, parce que ce chien ne serait pas de pure race. » Ces observations ont été approuvées par la Chambre, mais l'addition demandée a paru inutile. « L'expression générique suffit, » a dit M. le garde des sceaux, et M. Gillon : « Notre loi parle un langage qui a cours dans toutes les classes de la société, quand elle se sert des mots *chiens lévriers*. Ce langage a donc le sens ordinaire, celui attaché à ce mot dans l'acception vulgaire et commune. » La portée de la loi est ainsi bien précisée ; lévriers pur sang, lévriers croisés, bâtards, dégénérés, tous sont compris dans la même prohibition, et la Cour de Douai, en réformant en ce sens un jugement rendu par le tribunal de Saint-Omer, s'est pénétrée de l'esprit du législateur. Voici l'arrêt de la Cour :

(1) Il s'agit de l'art. 9, § 4 ainsi conçu : « Les préfets pourront prendre des arrêtés..... pour autoriser l'emploi des chiens lévriers pour la destruction des animaux malfaisants ou nuisibles. »

« Attendu qu'il résulte du procès-verbal régulier dressé par la gendarmerie, que le sieur Félix Matringhem a été trouvé chassant sur le territoire de la commune de Rodelenghem, le 6 octobre 1845, avec un chien désigné comme un chien lévrier, par ce procès-verbal, et qui, par suite de l'information, a été reconnu être un chien lévrier croisé ; — Attendu que l'article 9 de la loi de 1844, sur la chasse, défend l'emploi du lévrier à la chasse et ne distingue point entre le chien lévrier de pure race et le chien lévrier croisé ; — Attendu, en conséquence, qu'en chassant ainsi, Félix Matringhem a contrevenu à la loi ; vu les articles 9 et 12, déclare Matringhem coupable d'avoir chassé avec un chien lévrier croisé, et pour réparation de ce délit, condamne ledit Matringhem à la peine de cinquante francs d'amende et aux frais du jugement de première instance et d'appel (1). »

La *chasse au furet* se pratique au moyen d'un petit animal qu'on fait entrer dans un terrier dont on a bouché les trous avec de petits filets nommés *bourses*, dans lesquels les lapins viennent se jeter en voulant échapper à la poursuite du furet. Il est entendu qu'on peut aussi chasser le lapin au furet mais sans bourses, et le tirer à la sortie du terrier.

L'article 9 passe sous silence la *chasse à l'oiseau*. On sait que cette chasse se fait au moyen de gerfauts ou faucons dressés à la poursuite du gibier. Le chasseur dirige ces oiseaux de proie sur le gibier, ce qu'on appelle en termes de vènerie : *voler de poing en fort*. Au moment de la discussion de notre article, un député, M. Delespaul, proposa d'ajouter au texte : *la chasse à l'oiseau*.

1) Arrêt du 19 anvier 1846.

Suivant lui, l'art de la fauconnerie, oublié en France depuis longtemps, venait de renaître. « Cette résurrection, disait-il, s'est accomplie dans l'année 1838, dans une terre située près de Compiègne, appartenant à M. le baron d'Offemont... Après avoir infructueusement essayé, en 1837, de dresser deux autours d'après les instructions des anciens auteurs de fauconnerie, M. d'Offemont eut le plaisir de trouver, en Brabant, un ancien fauconnier avec lequel il dressa des pèlerins de passage. En 1838, il put chasser dans sa terre d'Offemont, près de Compiègne, avec un vol pour champs de sept faucons et un de deux faucons pour corbeau. La même année, M. d'Offemont alla voir en Hollande la seule héronnerie existant en Europe. Ayant reçu du roi de Hollande la permission d'y voler le héron, il alla s'y établir en mai et juin 1839, avec un vol pour héron de quatorze pèlerins formes... (1) En présence de tant d'efforts pour relever un art si honoré jadis en France, en présence des résultats mêmes auxquels il paraît être arrivé déjà, je demande s'il est ou non dans la pensée des auteurs du projet de loi que l'on continue de jouir dorénavant de la faculté de chasser, soit au faucon, soit à l'autour, soit à l'épervier, soit enfin à l'un des oiseaux de proie dont on se servait dans les temps anciens pour la chasse au vol. » Le rapporteur a lu, pour toute réponse, le premier paragraphe de l'article 9, qui ne permet que de chasser de jour à tir ou à courre. L'amendement n'a pas été appuyé (2).

(1) *Forme*, terme de fauconnerie qui veut dire femelle.

(2) Actuellement, on peut au Jardin d'acclimatation se donner le plaisir d'assister à des exercices de fauconnerie, fort intéressants. Un fauconnier se présente, l'oiseau sur le poing · mis en liberté, celui-c part comme un trait et va planer au-dessus du bois de Boulogne. Déjà loin, on le croit perdu ; mais à peine le fauconnier-charmeur a-t-i

Ainsi, la chasse à l'oiseau est interdite. Mais quel est le motif de cette prohibition? Est-ce le caractère destructif de la chasse au vol? Tout le monde conviendra qu'il n'y avait pas à craindre que l'art si difficile de la fauconnerie devînt pour le gibier une cause de destruction. Est-ce l'origine aristocratique de la fauconnerie? Nous n'oserions penser qu'un motif aussi peu sérieux ait pu déterminer le législatenr. Le motif est introuvable; M. Delespaul a fait au rapporteur cette réplique : « C'est un refus non motivé, *sic volo*, *sic jubeo.* »

POUVOIRS DES PRÉFETS.

La loi, tout en limitant le temps et les modes de chasse, reconnaît la nécessité de mesures exceptionnelles ayant pour objet l'intérêt des chasseurs, de l'agriculture et de la conservation du gibier. Les oiseaux de passage arrivent à des époques où quelquefois toutes les autres chasses sont closes et en nombre tel qu'ils forment un moyen précieux d'alimentation; certaines espèces d'animaux font parfois dans les récoltes des dégâts considérables; la neige facilite le braconnage.... Il faut donc qu'une autorité locale tantôt étende, tantôt restreigne le temps de chasse et les modes de destruction. Or, la loi charge les préfets des départements de prendre des arrêtés pour déterminer l'époque de la chasse des oiseaux de passage, les modes et procédés de cette chasse, le

agité son leurre que le rapace qui l'a aperçu, revient à tire d'aile. Et, chose étonnante! il revient souvent accompagné d'un ou de plusieurs de ses pareils. On a vu jusqu'à trois faucons sauvages poursuivre ainsi le faucon privé, comme pour lui reprocher son servage. Il paraît que dans les chasses, ceux-ci sont parfois très-incommodes.

temps pendant lequel il sera permis de chasser le gibier d'eau, les espèces d'animaux malfaisants ou nuisibles que l'on pourra détruire en tous temps et les conditions de l'exercice de ce droit; elle les autorise à prendre des arrêtés pour prévenir la destruction des oiseaux, pour autoriser l'emploi de chiens lévriers contre les animaux malfaisants ou nuisibles, pour interdire la chasse pendant le temps de neige.

Art. 9 : « ..... Néanmoins, les préfets des départements, sur l'avis des Conseils généraux, prendront des arrêtés pour déterminer :

1° L'époque de la chasse des oiseaux de passage autres que la caille, *la nomenclature des oiseaux* et les modes et procédés de *chaque chasse pour les diverses espèces*;

2° Le temps pendant lequel il sera permis de chasser le gibier d'eau dans les marais, sur les étangs, fleuves et rivières ;

3° Les espèces d'animaux malfaisants ou nuisibles que le propriétaire, possesseur ou fermier pourra en tout temps détruire sur ses terres, et les conditions de l'exercice de ce droit...

Ils pourront également prendre des arrêtés :

1° Pour prévenir la destruction des oiseaux *ou pour favoriser leur repeuplement*;

2° Pour autoriser l'emploi des chiens lévriers pour la destruction des animaux malfaisants ou nuisibles:

3° Pour interdire la chasse pendant les temps de neige (1). »

Ainsi, le préfet a tantôt le devoir et tantôt la faculté de prendre des arrêtés. S'agit-il d'un arrêté obligatoire,

(1) Loi de 1844, modifiée par la loi du 22 janvier 1874. Les italiques indiquent les modifications.

il est tenu de prendre préalablement l'avis du Conseil général ; s'agit-il d'un arrêté facultatif, l'article 9 n'exige point de lui l'accomplissement de cette formalité, mais le préfet fera bien de recourir même ici aux lumières des membres du Conseil, dont les connaissances locales ne peuvent que lui être utiles. Il n'est obligé d'ailleurs ni de renouveler ces arrêtés tous les ans, ni de les faire publier dix jours à l'avance, à peine de nullité, comme des arrêtés d'ouverture et de fermeture. Il lui serait impossible de prendre en temps utile des arrêtés spéciaux pour défendre l'exercice de la chasse, par exemple, chaque fois qu'il serait tombé de la neige. Nous allons examiner séparément les six paragraphes de notre article.

Oiseaux de passage. — On considère généralement comme oiseaux de passage la bécasse, la grive (1), l'ortolan, l'outarde, le bec-figue, l'alouette et les oiseaux qualifiés gibier, qui sont en même temps voyageurs. Le préfet détermine l'époque de la chasse de ces oiseaux, le terrain (2), les moyens et procédés de chasse. La désignation de moyens prohibés, comme les filets, panneaux et raquettes, en rend l'emploi et *a fortiori* la détention licite. Nul doute qu'il n'y aurait aucun délit si les engins autorisés procuraient la capture d'oiseaux de pays.

La caille est un oiseau de passage, mais par exception

(1) La tourde (ou grive de vigne de Buffon) est également un oiseau de passage. C. cass., 12 juin 1868. Il n'en est pas de même des oiseaux qui vont d'un département à l'autre, et restent sous le ciel de la France, comme les linottes, les pinsons, les verdiers et les bergeronnettes. Nîmes, 5 janvier 1860.

(2) Limoges, 29 avril 1870.

elle ne peut faire l'objet que de la chasse à tir. « La caille, a dit M. Delespaul à la chambre des députés, arrive dans les départements du centre du 15 avril au 15 mai. Elle y couve et y reste jusque vers la fin de septembre. La température, plus ou moins douce à l'équinoxe, retarde ou avance son départ. Mais les moyens employés depuis quelques années pour prendre au filet les cailles qui, à leur arrivée d'Afrique, commencent par s'abattre sur le littoral de nos départements méridionaux, rendent ce gibier de plus en plus rare. Il y a longtemps que nous sommes privés de cailles dans le nord, même dans le centre on n'en voit guère plus. On les détruit toutes dans le midi, c'est cette position que je veux faire cesser. Elle ne cessera que sous une condition, c'est qu'il sera spécifié, dans notre loi, que la caille, qui offre pour la chasse de si grandes ressources, ne sera pas traitée comme oiseau de passage. A quoi servirait, d'ailleurs, d'avoir sévèrement prohibé, comme vous l'avez fait hier, la destruction des œufs et couvées de cailles, s'il était permis de leur tendre des pièges dès leur arrivée sur le littoral ? »

Les préfets, sur l'avis du Conseil général, non seulement fixent l'époque de la chasse des oiseaux de passage et les modes et procédes de chasse, ils déterminent encore d'une manière limitative les espèces d'oiseaux dont la chasse est permise et les procédés applicables à chaque espèce. C'est là une mesure que commande l'intérêt de l'agriculture et dont les conseils généraux et les préfets sont les mieux placés pour apprécier l'opportunité et la convenance (1). Récemment, le législateur a dû formuler à cet égard les droits des préfets en termes formels : « Jusqu'en 1868, dit le rapport précité, les

(1) Rapport de M. de Royer. Ass. nat., séance du 18 décembre 1873.

conseils généraux et les préfets ont cru qu'en vertu du paragraphe suivant de la loi de 1844 : « *l'époque de la chasse des oiseaux de passage, autres que la caille, et les modes et procédés de cette chasse,* » ils pouvaient éliminer de la liste des oiseaux de passage ceux dont la conservation était utile à l'agriculture. Mais la jurisprudence leur a dénié ce droit (1). Dans le projet du gouvernement soumis à l'Assemblée, la lacune est comblée par l'intercalation de ces mots : *la nomenclature des oiseaux et les modes. et procédés de chaque chasse pour les diverses espèces.* » Là, toutefois, s'arrête le pouvoir des préfets qui ne pourraient pas déroger par leurs arrêtés aux règles générales interdisant de chasser sans permis, de nuit, sur le terrain d'autrui et autorisant la chasse à tir.

Gibier d'eau. — Le gibier d'eau comprend les oies sauvages, les cygnes, les canards, les plongeons, les foulques, les sarcelles, les poules d'eau, les hérons, grues, cigognes, pluviers, vanneaux, courlis, râles, bécassines, etc. (2). La loutre est aussi gibier d'eau. On chasse ce gibier dans les marais, sur les étangs, fleuves, canaux et rivières, et en suivant le bord de l'eau. Le chasseur n'est point tenu de monter en batelet, il suffit qu'il ne s'écarte pas des berges (3). Les préfets règlent le temps mais non le mode de la chasse du gibier d'eau. La chasse à tir

(1) C. de cass. Arrêt du 22 février 1868.

(2) Ajoutons les oiseaux de mer qui nichent et se reproduisent sur les côtes de France, par exemple le pluvier rebaudet, le pluvier à collier interrompu, plusieurs espèces de groëland. la tadorne, le guillemot troïte, le macareux moine, la macreuse, les alouettes de mer. Cour de cass., 20 janvier 1860. La capture des canards ou des macreuses à l'aide de filets calés dans la mer ou les étangs salés qui en dépendent est un fait de pêche. Aix, 12 mars 1856.

(3) Dijon, 18 avril 1873.

est donc le seul mode possible, à moins qu'il ne s'agisse d'un gibier d'eau qui comme le canard sauvage ou la bécassine, soit en même temps oiseau de passage. On comprend que le législateur s'intéresse davantage à la conservation du gibier qui reste en France, niche et se reproduit dans nos étangs et marais. Le préfet pourra même autoriser la chasse dans certains étangs ou marais seulement de son département, si l'intérêt de la conservation du gibier d'eau lui prescrit cette restriction : « L'administration locale, a dit le rapporteur à la Chambre des Pairs, doit décider quelle est l'espèce de chasse qui doit se faire dans tel marais ou sur tel étang, et, par suite, en déterminer l'époque. »

Animaux malfaisants ou nuisibles. — Le propriétaire ou fermier a, nous le savons, un droit absolu, existant par lui-même, droit de légitime défense qui s'exerce par toutes sortes de moyens et qui consiste à repousser ou à détruire les bêtes fauves au moment où elles portent atteinte à sa propriété. Il a en outre, une faculté qui lui est concédée par l'autorité administrative et dont l'exercice est réglé par elle (1), c'est celle d'attaquer et de détruire sur ses terres certaines espèces d'animaux malfaisants ou nuisibles, même en temps prohibé et sans permis.

Le préfet est chargé de désigner les animaux qu'il considère comme malfaisants ou nuisibles et que le propriétaire, possesseur ou fermier, pourra détruire. Ce sera le plus souvent des animaux dangereux par leur nature et impropres à la nourriture de l'homme, comme le

(1) Angers. 10 mars 1874.

loup (1), le renard, le blaireau, la martre, le chat sauvage, l'épervier, le buzard, tous les oiseaux de proie ; ou des animaux qui peuvent causer du dommage par leur multiplicité, quoique propres à l'alimentation, comme les sangliers, les lapins et les pigeons. La liste du préfet est toujours limitative. La permission de détruire les corbeaux s'étend aux freux, grolles et corneilles, oiseaux de même espèce, mais non pas aux pies et pies-grièches.

Il appartient encore au préfet de déterminer les conditions de l'exercice du doit de destruction. Il pourra autoriser l'emploi de chiens lévriers, de pièges, instruments et engins prohibés, et ordonner sur la demande des lieutenants de louveterie, des conservateurs des eaux et forêts. des maires, des particuliers ou même d'office, des battues (2) dans les forêts de l'État, dans les bois des communes et des particuliers.

La loi reconnaît au *propriétaire*, *possesseur ou fermier* (3) la faculté de détruire les animaux malfaisants ou nuisibles. Par *propriétaire*, il faut entendre celui qui a la propriété du fonds, son délégué (4) ou son représentant,

(1) Le préfet pourrait sans inconvénient se dispenser de nommer le loup, le droit de destruction étant absolu contre cet animal. L'art. 11 de l'Ordonnance du 20 août 1814 est ainsi conçu : « Tous les habitants sont invités à tuer les loups sur leurs propriétés · ils en enverront les certificats aux lieutenants de louveterie de la conservation forestière, lesquels les feront passer au grand veneur, qui fera un rapport au ministère de l'intérieur à l'effet de faire accorder des récompenses. » L'instruction du 9 juillet 1818, fixe les gratifications ou primes à 18 francs par louve pleine, 15 francs par louve non pleine, 12 fr. par loup et 6 fr. par louveteau.

(2) L'inexécution de certaines formalités commandées par le préfet ne pourrait pas fonder des poursuites contre les chasseurs convoqués par le maire. Besançon, 27 août 1868.

(3) Orléans, 26 octobre 1858. Lyon, 15 juin 1868.

(4) C. cass., 14 avril 1848. Caen, 23 mars 1865. Paris, 14 février 1866.

par exemple son fils, un ami, un voisin habile, un serviteur, le garde de la propriété, le locataire de la chasse (1). Par *possesseur*, on doit entendre à la fois le détenteur *animo domini* et le simple détenteur. « Les termes que nous avons employés, a dit le rapporteur, comprennent les usufruitiers, les emphytéotes, tous ceux, en un mot, qui représentent le propriétaire à un titre quelconque, soit par délégation, soit par la force de la loi, tous ceux qui auront le droit de jouir du même avantage dont il aurait joui lui-même. » Tel est l'usager, quand il détient le fonds dont il a l'usage. Or, « en cas de silence du titre constitutif, l'usager de fonds ruraux est, en principe, fondé à exiger la délivrance de ces fonds pour les exploiter lui-même. (Ce droit découle de la nature même de l'usage qui est un droit réel de jouissance. C'est aussi ce que suppose l'article 626 qui soumet l'usager à l'obligation de faire des états et inventaires.) Ce principe dont l'application ne saurait faire difficulté dans le cas où l'usager absorbe la totalité ou la majeure partie des fruits, est cependant sujet à modification dans l'hypothèse contraire. Il appartiendrait alors aux tribunaux de règler la position des parties, soit en établissant entre elles un partage de jouissance, soit en laissant l'exploitation des fonds au propriétaire, à charge de remettre annuellement à l'usager, la portion des fruits

(1) Celui-ci est responsable des dégâts causés par les animaux sauvages, (voir aussi l'art. 23 du cahier des charges de l'admin. forestière); il est recevable à poursuivre les faits de chasse accomplis en violation de son droit, même dans le cas où le bail n'aurait pas acquis date certaine par l'enregistrement avant le délit. Angers, 27 janvier 1873; il est recevable à poursuivre le fait d'enlever les larves de fourmis, quand le contrat lui garantit l'entière possession des fourmilières et des larves de fourmis pour servir à l'élevage et à la conservation des faisans. Paris, 30 novembre 1872.

qui lui revient et sous telles autres conditions à déterminer, suivant les circonstances (1). » Celui qui a un simple droit d'habitation sur une maison ne détient d'aucune manière le fonds attenant, et n'a point la faculté d'y détruire les animaux malfaisants ou nuisibles. Enfin, par *fermiers*, la loi désigne celui qui a loué la fertilité du sol, quelle que soit d'ailleurs la nature de la redevance. La présence d'un locataire de chasse n'est pas pour le fermier un obstacle à l'exercice de son droit de destruction. Ce droit est d'ordre public, le fermier peut toujours l'exercer, même au mépris de conventions contraires.

Il est loisible au propriétaire, possesseur ou fermier de transporter à son domicile les animaux malfaisants ou nuisibles qu'il a détruits en temps prohibé (2). Il serait peu raisonnable assurément d'exiger de lui qu'il les enfouisse ou les consomme sur place. Le ministre de l'intérieur, dans sa circulaire du 25 avril 1862, recommande expressément aux agents chargés de veiller à la police de la chasse, de ne pas inquiéter les personnes qui transporteraient à leur domicile le gibier tué dans les traques ou battues (3). D'après le projet de Code rural soumis au Corps législatif en 1868, l'administration pourrait autoriser en tout temps la vente et le colportage des animaux malfaisants et nuisibles.

Nous devons signaler ici un amendement qui fut proposé à la commission chargée, en 1873, d'examiner le projet de loi modifiant l'article 9 de la loi du 3 mai 1844, et qui tendait à reconnaître au préfet la faculté de prendre

(1) Aubry et Rau., t. II, p. 534, 4e édition.

(2) Lapins et sangliers : Lille, jug. 28 mars 1848. Saint-Omer, jug. 9 mars 1852. Contrà : Douai, 8 mai 1848 et 6 juillet 1852.

(3) Contrà : Angers, 25 juillet 1853 et Amiens, 27 juin 1857.

des arrêtés « pour autoriser, même après la clôture de la chasse, les propriétaires de bois, les fermiers, et co-fermier du droit de chasse dans les bois des communes, des établissements publics et de l'État, à chasser les animaux malfaisants et nuisibles, déterminer les conditions de surveillance indispensables à l'exercice de ce droit et fixer l'époque qui serait la limite de ce dernier. » A l'appui de cet amendement, MM. Courcelle, Claude et Méplain, ses auteurs, soutenaient que les préfets accordent bien des autorisations individuelles et temporaires, mais que, les exigences administratives entraînant des délais, les animaux nuisibles se déplacent et l'autorisation arrive trop tard. D'après eux, cet inconvénient serait écarté, si les préfets pouvaient prendre des arrêtés permanents. Mais la commission persuadée que la loi de 1844 qui consacre déjà le droit des propriétaires de détruire, en tous temps, sur leurs terres, les animaux malfaisants ou nuisibles, en se conformant aux arrêtés des préfets, répond suffisamment au vœu des auteurs de la proposition, et craignant, en insérant dans la loi une clause qui étendrait le droit aux adjudicataires des chasses, d'établir la permanence de la chasse et des animaux nuisibles et de toute espèce de gibier, la commission considéra l'amendement comme superflu (1). Devant l'Assemblée, M. Courcelle s'exprima ainsi : « Ce n'est pas le temps de discuter la loi de 1844 sur la police de la chasse et de démontrer que cette loi faite pour tous les climats, pour toutes les habitudes, pour toutes les

(1) La même commission a rejeté trois autres propositions tendant, l'une à prolonger la chasse à tir en forêt quand elle est fermée en plaine, l'autre à clore la chasse de la plume avant celle du poil, la troisième à prendre des mesures de répression plus sévères contre les braconniers.

parties de la France, qu'il s'agisse du midi où l'on chasse la grive, de l'est où l'on chasse le sanglier et le loup, ou bien de l'ouest où l'on courre le cerf, ce n'est pas le moment de vous dire combien cette loi laisse à désirer. Déjà vous venez de proclamer qu'elle était défectueuse cette loi, puisqu'elle n'avait pas suffisamment fait comprendre dans son texte qu'elle entendait faire à la chasse à courre une condition exceptionnelle, condition qui n'a été contredite par la jurisprudence qu'après vingt-huit années d'existence non contestée. Nous avions demandé, quelques-uns des membres de la commission et moi, d'admettre une autre rectification ; c'était celle qui consisterait à comprendre dans la nomenclature des arrêtés préfectoraux facultatifs, celui qui aurait eu pour but d'autoriser les propriétaires de bois ou les amodiataires du droit de chasse dans les forêts, à chasser jusqu'à une époque déterminée, les animaux malfaisants et nuisibles, lorsque l'urgence de cette mesure serait démontrée ; et ce, sous la surveillance des gardes locaux et avec l'approbation des autorités locales. Nous ne croyons pas que la loi actuelle soit suffisante, au moins dans nos départements, pour obtenir de bons résultats au point de vue de la destruction des animaux nuisibles, dont le nombre va toujours croissant. Les lenteurs qu'entraîne l'exécution de cette loi, sont exclusives de résultats utiles. Nous ajoutons que les craintes de voir venir l'abus à la suite de chasses exceptionnelles entourées des garanties que nous réclamons les premiers, sont exagérées et même qu'elles ne sont pas fondées. Mais comme le temps nous manque... nous consentons à voter purement et simplement aujourd'hui la modification au projet de loi sur la chasse qui vous a été demandée par le Gouvernement dans l'intérêt du Trésor, et pour éviter des contestations des baux anciens qu'il avait consentis. En conséquence, nous retirons notre amendement ; nous aurons l'honneur de vous le présenter à nouveau sous forme d'une proposition de loi émanant de notre initiative. »

Petits oiseaux. — Etait-il nécessaire après la défense de chasser la plume autrement qu'à tir, d'autoriser le préfet à prendre des arrêtés contre la destruction des oiseaux? Oui, jusqu'à un certain point. En 1844, lors de la rédaction de la loi, un grand nombre de conseils généraux réclamaient des garanties sérieuses contre la destruction des oiseaux insectivores. Dans certaines contrées ces oiseaux avaient disparu presque entièrement. Les oiseleurs, en les détruisant, avaient facilité la multiplication des insectes et causé à l'agriculture un immense préjudice. Pour combattre le mal, quelques préfets avaient défendu, par des arrêtés, de détruire les oiseaux insectivores, mais la législation d'alors ne les autorisant pas à prendre ces arrêtés, ceux-ci n'avaient pas été sanctionnés par les tribunaux et étaient restés sans effet. Dans ces circonstances, le législateur de 1844, pour donner plus de garantie à l'agriculture, autorisa les préfets, indépendamment des dispositions générales prohibant les filets (1) et tout procédé de chasse autre que le fusil et les chiens, à prendre des arrêtés pour prévenir la destruction des oiseaux, de quelque manière qu'elle ait lieu. Ainsi le préfet pourra défendre de tuer au fusil les pe-

(1) En vertu de ces dispositions, la chasse des *dames* ou des *taises* autrefois usitée en Provence, s'est trouvée prohibée. Les taises sont des allées de broussailles au milieu desquelles on place des filets. Les dames vont faire du bruit dans les broussailles, et font jeter dans les filets les petits oiseaux qui s'y trouvent.

tits oiseaux, de détruire les œufs et couvées, de dénicher les nids.

La loi du 22 janvier 1874 permet aux préfets de prendre des arrêtés pour prévenir la destruction des oiseaux *ou pour favoriser leur repeuplement*. Mais cette addition n'ajoute rien aux pouvoirs déjà complets du préfet ; elle a été faite dans le but de faire disparaître toute espèce de doute sur leur étendue. « M. Monteil, dit le rapport de la commission, a demandé que dans l'article 9, fût introduite une clause interdisant d'une façon générale et pendant deux ans la chasse des petits oiseaux. Cette proposition a été combattue par la raison, notamment, que, s'il est des pays où les petits oiseaux sont en quantité insuffisante, il en est d'autres où ils pullulent ; que, dès lors, les préfets peuvent apprécier les nécessités de l'agriculture et même de l'agrément, sans que la loi interdise, d'une manière absolue, la chasse des petits oiseaux ; que, pouvant prendre des arrêtés pour favoriser leur repeuplement, et, dès lors, interdire la chasse ; qu'il suffira, pour bien constater les droits des préfets d'ajouter au texte de l'article 9 : *ou pour favoriser leur repeuplement.* »

Chiens lévriers.— L'emploi des chiens lévriers est en principe proscrit par la loi (1). Par exception, elle permet au préfet de l'autoriser pour la destruction des animaux malfaisants ou nuisibles : « Règle générale, a dit M. Gillon, point de chasse faite au lévrier, en quelque saison que ce soit. Toute personne qui s'aidera d'un animal de cette espèce pour chercher ou poursuivre le gibier, même sur son propre terrain, et fût-elle munie d'un

(1) Voir aux pages 152 et 153 ce qu'il faut entendre par lévriers.

permis de chasse, est coupable aux yeux de la loi. Ainsi, le cultivateur qui avait en réserve, près de sa charrue, un chien lévrier qu'il lance sur le gibier doit être puni ; il doit l'être encore, si, de son propre mouvement, le chien est parti pour attaquer le gibier qu'il a saisi et que son maître est venu relever et emporter ; il doit l'être enfin si, traversant les champs, il a laissé son chien se mettre en quête du gibier et le poursuivre. Voilà ce que nous avons vu au grand détriment de la conservation du gibier, et voilà ce que nous entendons que la loi interdise et réprime, car, encore une fois, elle ne souffre l'intervention des lévriers que par exception, et dans les cas si rares où le préfet aura cru leur secours utile contre les animaux nuisibles. »

Neige — Le préfet est autorisé à interdire la chasse pendant les temps de neige parce que la chasse dégénère alors en braconnage (1). L'arrêté oblige, quand la couche de neige facilite réellement la destruction du gibier, quand elle est assez épaisse pour porter ses traces. Evidemment, un chasseur surpris par la neige ne serait pas tenu de désarmer son fusil et de le porter en bandoulière dès qu'il verrait tomber quelques flocons. Mais, à l'inverse, l'arrêté préfectoral n'exige pas dans son application, une abondance de neige qui assure la capture du gibier; l'arrêté ne doit jamais porter qu'une simple défense de chasser en temps de neige, et il appartient

(1) M. Peltereau de Villeneuve, a fait observer qu'on interdit la chasse pendant les temps de neige, parce que c'est un moyen de détruire le gibier à la reproduction duquel tout le monde s'intéresse. « Mais, a-t-il dit, il ne faut pas oublier non plus que c'est un moyen infaillible de détruire les animaux nuisibles, parce qu'on les trouve et on les détourne facilement. Je propose donc d'ajouter aux mots : « pour interdire la chasse pendant les temps de neige » ceux-ci : « à l'exception de celle des animaux nuisibles. » On a répondu : cela va de soi ; c'est inutile.

aux tribunaux de fixer le point de départ raisonnable de cette prohibition. Celle-ci, néanmoins, pourra, suivant les circonstances locales, viser soit toute espèce de mode de chasse, de gibier ou de terrain, soit seulement telle ou telle espèce, par exemple la chasse à tir, le lièvre, la plaine, certaines parties du département (1).

Il est loisible au préfet qui veut interdire la chasse en temps de neige de prendre un arrêté spécial ou d'intercaler sa défense dans un arrêté réglementaire. « Attendu, dit la Cour de Lyon, que les règlements portés par les arrêtés réglementaires sont permanents ; que fondés sur des motifs qui ne varient pas, ils ne doivent pas varier non plus, et ne se trouvent pas, par conséquent dans la catégorie de ceux qui doivent être renouvelés chaque année ; attendu qu'ils peuvent à la vérité être rapportés, mais qu'ils ne peuvent l'être que par une abrogation expresse ; attendu que les arrêtés pris chaque année pour fixer l'ouverure et la clôture de la chasse, ne modifient en aucune façon ni de plein droit, les arrêtés spéciaux pris en vertu de l'article 9... » Cette doctrine émise en 1846 (10 octobre) a été depuis souvent reproduite par les cours et tribunaux (2). Quelques auteurs lui reprochent d'être moins conforme à l'esprit qu'à la lettre de la loi qui, en effet, n'exigt pas le renouvellement de l'arrêté. D'après eux, déclarer les arrêtés permanents, c'est les transformer en édits perpétuels et retomber dans l'inconvénient que le législateur a voulu éviter en ne prohibant pas lui-même la chasse en temps

(1) Rouen, 6 février et 3 avril 1845. Colmar, 8 février 1868. En cas de contestation, c'est au chasseur à prouver qu'il s'est conformé à l'arrêté. Caen, 22 mai 1845.

(2) Cour de cassation, 26 juin, 24 juillet, 10 octobre 1846, 29 novembre (ch. réun.) 1847. Riom, 10 février 1847. Colmar, 10 avril 1855.

de neige, et qui consistait à sacrifier les intérêts du chasseur pour sauvegarder malgré tout le principe de la conservation du gibier (1).

Voici l'arrêté réglementaire en vigueur dans le département du Nord pour l'exécution de l'article 9, modifié toutefois en ses articles 2, 4 et 6 par celui du 7 janvier 1863 et du 11 mars 1865.

Nous, préfet du département du Nord, etc.
Vu l'avis du Conseil général en date du 2 septembre 1861 ;
Vu, etc.

Arrêtons :

Chasse du gibier d'eau et des oiseaux de passage.

1.

ARTICLE 1er. — La chasse à tir du gibier d'eau et de passage s'ouvrira dans le département du Nord, en même temps que la chasse en plaine et sera fermée au 15 avril.

ART. 2. — (A partir du jour où la chasse ordinaire sera fermée, la chasse du gibier d'eau ne pourra avoir lieu sur les étangs, canaux et rivières, qu'en batelet ou nacelle. Toutefois, lorsque la gelée ne permettra pas l'usage du batelet, la chasse sera autorisée sur les berges à une distance de 20 mètres des francs bords.) Ainsi remplacé : la chasse au marais, à distance de 20 mètres des francs bords des canaux et rivières pourra s'exercer jusqu'au 15 avril, sans qu'il soit nécessaire de se servir de batelets et de huttes (2).

Il en sera de même dans les prairies de la vallée de la Sambre soumises aux inondations

La chasse du gibier d'eau et de passage sur les bords de la mer, interdite également le 15 avril, sera ouverte à partir du 1er août.

ART. 3. — La chasse des oiseaux de passage : *palmipèdes* tels que *gribes, cygnes, oies, canards, harles* et autres du genre, pourra s'effectuer à la hutte fixe, à la hutte roulante, et encore à l'aide d'appeaux ou d'appelants, depuis l'ouverture de la chasse en plaine jusqu'au 15 avril.

ART. 4. — (La chasse du gibier d'eau et de passage est autorisée dans les conditions ci-dessus indiquées sur les prairies de la vallée de la Sambre, soumises aux inondations.) Modifié, voir l'art, 2.

(1) V. Notamment Petit, n° 223.

(2) Ce changement est conforme à l'esprit de la loi, quoique l'art. 9, § 2, dise : *dans* les marais, *sur* les étangs. Voir page 160 et arrêt cité en note.

ART. 5. — *L'alouette* pourra être chassée au miroir et au fusil pendant l'ouverture de la chasse à tir.

ART. 6. — (Il est permis de tirer la *bécasse* dans les bois et forêts, après la clôture de la chasse et jusqu'à l'époque précitée du 15 avril, mais sans faire usage de chiens d'aucune espèce.) Ainsi remplacé : l'usage du chien d'arrêt pour la chasse a la *bécasse* dans les bois et futaies.

Destruction des animaux malfaisants et nuisibles.

II.

ART. 7. — Les propriétaires possesseurs ou fermiers, parmi lesquels ne sont pas rangés les adjudicataires de la chasse dans les bois soumis au régime forestier, pourront, en tout temps et sans permis de chasse, mais sous les conditions ci-après indiquées, détruire sur leurs propres terres ou récoltes les animaux malfaisants ou nuisibles dont la nomenclature suit :

1° En tout temps, au fusil ou à l'aide de piéges en usage autre que les lacets, *le sanglier*, *le loup*, *le renard*, *le blaireau*, *le chat sauvage*, *les chiens errants*.

Le faucon, *l'autour*, *le balbuzard*, *le pigargue*, *l'épervier*, *le milan*, *le buzard*, *le grand-duc*, *la pie*, *la pie-grièche*, *le corbeau*, *la corneille*, *la buse*, *le pigeon ramier*. Le *renard* peut être enfumé dans son terrier.

2° En tout temps, à l'aide du fusil, des chiens d'arrêt, des chiens courants, des furets et des bourses, dans les bois, forêts, garennes et dunes, *le lapin*, qui peut aussi être enfumé dans son terrier.

Hors des bois, forêts et dunes, *le lapin* peut encore être chassé en tout temps, mais seulement à l'aide de furets et de bourses sans chiens ni fusil.

3° En tout temps, seulement à l'aide de pièges en usage, autres que les lacets : *la fouine*, *le putois*, *la belette*, *l'hermine*, *la martre*, *le loir*, *les rats*, *taupes*, *souris et musaraignes*.

4° Seulement du 1er mars au 20 avril, du 20 juillet au 30 août, du 1er octobre au 15 novembre, au fusil ou à l'aide de pièges en usage, autres que les lacets : *le pigeon domestique* de quelqu'espèce qu'il soit (1).

ART. 8. — Excepté toutefois pour le cas d'agression des bêtes fauves, tout propriétaire, possesseur ou fermier qui voudrait soit par lui-même, soit par ses gardes ou agents dûment autorisés, faire usage sur des terrains non clos et non attenants à aucune habitation, du droit de destruction fixé par l'article précédent, devra, s'il n'a pas de permis de chasse, ou si la chasse est fermée ou suspendue, déclarer préalablement son intention à la mairie du lieu où sont situés lesdits terrains.

(1) Cet article a été rapporté par l'arrêté du 11 mars 1865 en ce qui concerne les autorisations permanentes ou temporaires de faire emploi du fusil ou des chiens, en dehors du temps où la chasse est ouverte, pour la destruction du lapin, renard ou autres animaux réputés nuisibles,

ART. 9. — Cette déclaration indiquera les espèces d'animaux malfaisants ou nuisibles que le déclarant veut détruire, les moyens dont il entend se servir, les propriétés sur lesquelles il se propose de les employer. et enfin les gardes ou agents qu'il commettra à cet effet. Ces derniers ne pourront agir, dans tous les cas, qu'en vertu d'une autorisation spéciale du propriétaire, possesseur ou fermier.

Le maire délivrera, avec son récipissé, une expédition certifiée par lui de cette déclaration pour être représentée à toute réquisition des agents de l'autorité.

Il transmettra immédiatement à la préfecture un double de la déclaration et de son récipissé.

Vente et colportage du gibier.

III.

ART. 10. — Le colportage et la vente du gibier d'eau et de passage, dont la chasse est autorisée par les articles 1 à 6 du titre I du présent arrêté, sont permis pendant le temps déterminé pour chacune des exceptions et seulement pour les espèces auxquelles ils s'appliquent.

ART. 11. — Il est permis de vendre, acheter, transporter et colporter en tout temps les lapins ainsi que les animaux malfaisants ou nuisibles détruits conformément aux articles 7 et 8 du présent arrêté et qui n'on pas le caractère de gibier propre à la consommation.

Interdiction de l'emploi des chiens lévriers.

IV.

ART. 12. — L'emploi des chiens lévriers pur sang ou croisés est interdite d'une manière absolue, pour toute espèce de chasse, même pour la destruction des animaux malfaisants ou nuisibles.

Conformément aux prescriptions de l'arrêté préfectoral du 31 ma 1854, les chiens de cette espèce ne pourront sortir dans la campagne que tenus en laisse ou muselés.

Interdiction de la chasse en temps de neige.

V.

ART. 13. — Il est défendu de chasser en temps de neige, quelle que soit la quantité qui en couvre la terre.

Cette défense n'est pas applicable à la chasse du gibier d'eau et de passage, ni à la destruction des animaux malfaisants ou nuisibles désignés aux articles 7 et 8.

Conservation des petits oiseaux.

VI.

ART. 14. — La chasse des oiseaux de toutes espèces est interdite en tout temps avec filets, lacets, chanterelles, gluaux et tous autres moyens extraordinaires, sauf les exceptions prévues aux articles 3, 5 et 7 du présent arrêté.

ART. 15. — Il est également défendu de détruire les nids ou couvées d'oiseaux, à l'exception de ceux réputés nuisibles et désignés au § 1 de l'art. 7.

Dispositions générales.

VII.

ART. 16. — L'arrêté réglementaire du 30 septembre 1856 est et demeure rapporté.

Il en est de même de notre arrêté du 31 décembre, en ce qui concerne celle de ses dispositions contraires au présent.

ART. 17. — Les contraventions seront constatées et poursuivies conformément aux lois.

ART. 18. — MM. les sous-préfets, maires, adjoints, commissaires de police, la gendarmerie, les agents forestiers, les gardes-champêtres, les gardes particuliers et tous autres agents de l'autorité publique, sont chargés d'assurer l'exécution du présent arrêté, qui sera inséré au recueil des actes administratifs de la préfecture, publié et affiché dans toutes les communes du département.

Des expéditions en seront transmises à M. le procureur général, ainsi qu'à MM. les directeurs des douanes et des contributions indirectes, afin qu'ils puissent concourir à son exécution par l'emploi de tous les moyens dont ils disposent.

Fait à Lille, le 15 février 1862. VALLON.

INTERPRÉTATION DE L'ARRÊTÉ.

A MM. LES SOUS-PRÉFETS ET MAIRES DU DÉPARTEMENT.

Messieurs, l'arrêté qui précède, pris pour l'exécution de l'art. 9 de la loi du 3 mai 1844, modifie plusieurs des dispositions de l'arrêté publié par mon prédécesseur sur le même objet à la date du 30 septembre 1856.

Je crois devoir appeler particulièrement votre attention sur l'art. 8 aux termes duquel tout propriétaire, possesseur ou fermier peut, soit par lui-même, soit par ses gardes et agents, dûment autorisés, faire usage sur des terrains non clos et non attenant à aucune habitation, du droit de destruction des animaux malfaisants, fixé par l'art. 7, sous la condition, s'il n'a pas de permis de chasse ou si la chasse est fermée ou suspendue, de déclarer préalablement son intention à la mairie du lieu où sont situés lesdits terrains.

Cette réglementation a été prise uniquement en vue de procurer des facilités plus grandes pour se débarrasser d'animaux nuisibles et nullement pour concéder à certaines personnes la faculté de se livrer aux plaisirs de la chasse, après l'époque de la clôture. MM. les maires devront donc considérer comme nulles et non avenues les déclarations faites en vertu de l'art. 9 qui ne spécifieraient non-seulement les animaux que l'on entend détruire, mais encore toutes les autres indications présentes, et notamment le jour déterminé où l'on a l'intention d'user du droit exceptionnel conféré par l'arrêté. Les déclarations ne peuvent, en effet, avoir un caractère permanent. elles doivent, au contraire, être limitées et restreintes à un seul jour, sauf à être renouvelées chaque fois que le postulant le jugera nécessaire pour protéger ses propriétés.

Indépendamment du double des déclarations que MM. les maires doivent nous adresser par l'intermédiaire de MM. les sous-préfets pour les arrondissements autres que celui de Lille, ils voudront bien donner avis très-exactement à la gendarmerie des déclarations qui leur seront faites, afin que les brigandages puissent s'assurer que sous prétexte de destruction d'animaux malfaisants, les personnes qui ont effectué ces déclarations n'abusent pas des concessions accordées pour se livrer à des faits de chasse. En outre, MM. les maires devront envoyer sur les lieux le garde-champêtre, afin que cet agent exerce une surveillance utile et fasse au besoin les mêmes constatations.

Toutes les précautions, enfin, devront être prises pour prévenir les abus et rendre impossible le braconnage. Je crois, Messieurs, devoir encore appeler votre attention sur l'article 14, relatif aux petits oiseaux.

Les dispositions prescrites dans l'intérêt de leur conservation ne sont pas nouvelles, elles reproduisent celles que contenait l'arrêté préfectoral du 30 septembre 1856 rappelées à diverses reprises et notamment par la circulaire du 25 avril 1857. Les observations les plus concluantes démontrent, en effet, tous les secours que les oiseaux prêtent aux récoltes en terre, contre les attaques et les ravages des insectes nuisibles, et on ne saurait trop éclairer les populations rurales sur cette question qui a motivé un vœu du Sénat et qui a fixé l'attention du gouvernement.

Je vous recommande, Messieurs, de tenir fermement la main, en ce qui vous concerne, à la stricte observation de ces dispositions qui ont pour but de protéger les intérêts de l'agriculture et de la propriété, tout en assurant la conservation du gibier.

Agréez, MM., etc. *Signature du Préfet.*

MESURES PRISES CONTRE LE BRACONNAGE

Nous divisons ce chapitre en quatre parties, savoir : 1° de la défense de vendre et de transporter du gibier en temps prohibé ; 2° de prendre ou de détruire sur le terrain d'autrui, des œufs et des couvées de faisans, de perdrix et de cailles; 3° de détenir et de porter hors du domicile, des filets, engins ou autres instruments de chasse prohibés; 4° des gratifications accordées aux gardes et gendarmes rédacteurs des procès-verbaux ayant pour objet de constater les délits.

I. **Vente et transport du gibier.** — La défense de chasser en temps prohibé serait restée inefficace, les braconniers n'auraient pas manqué de l'enfreindre, s'ils avaient pu vendre impunément le produit d'une chasse illicite. Le législateur a écarté ce danger en rédigeant l'article 4 qui interdit de mettre en vente, de vendre, d'acheter, de transporter et de colporter le gibier dans chaque département pendant le temps où la chasse n'y est pas permise (1). Cette disposition presque nouvelle dans le droit était en partie connue dans la pratique. Plusieurs maires de villes avaient interdit la mise en vente du gibier sur les marchés publics, hors la saison de chasse; mais cette mesure n'était pas suffisante. Les braconniers, au lieu de présenter leur gibier sur les marchés, allaient le porter dans des maisons où ils étaient sûrs de trouver des acheteurs, et l'autorité municipale ne pouvait les en empêcher, car le simple transport du gibier échappait à sa compétence. Le législateur de 1844 interdit et la vente et le transport du gibier, et il veut que sa prohibition commence et finisse *dans chaque dé-*

(1) Le législateur pouvait aller plus loin et tarifer le gibier, à l'exemple de l'ordonnance du 5 janvier 1549, pour ôter aux braconniers l'appât qu'ils trouvent, en temps permis, dans un prix trop élevé. L'ordonnance avait fixé le prix d'un lièvre, d'une perdrix, d'un héron à douze deniers tournois, celui d'un levraut, d'un perdreau, d'un héronneau à six deniers tournois au maximum.

partement en même temps que la défense de chasser. De cette manière l'ouverture de la chasse dans un seul département, ne peut donner lieu au colportage du gibier par toute la France. La prohibition suit immédiatement la clôture de la chasse, et comme elle, l'arrêté de fermeture publié au moins dix jours d'avance la fait connaître à temps des chasseurs et des marchands de comestibles (1).

La défense de mettre en vente, de vendre, acheter, transporter et colporter du gibier en temps prohibé, s'applique à tout animal sauvage vivant ou mort, cuit, salé ou conservé (2) et pouvant servir à la nourriture de l'homme (3), comme le faisan des bois, les oiseaux des champs, les lapins de garenne. Toutefois, il est permis de transporter à son domicile les bêtes fauves et les animaux malfaisants ou nuisibles, et l'Administration tolère le transport du gibier vivant destiné au repeuplement des campagnes (4). On peut, en toute saison, vendre et colporter des faisans de faisanderie, des oiseaux de volière, des lapins de clapier, sauf, en cas de contestation, à établir l'origine domestique de la marchandise. L'origine étrangère, si difficile d'ailleurs à démontrer, d'un animal sauvage, ne modifie pas la prohibition de la loi, si l'on excepte les grouses d'Écosse, la gélinotte noire.

(1) La loi badoise autorise la vente et le transport du gibier pendant vingt-quatre heures, la loi italienne pendant huit jours après la clôture de la chasse ; mais c'est là un système dont les braconniers savent tirer parti.

(2) Contrà : Rouen, 25 octobre 1844. Cour de cassation, 21 décembre 1844.

(3) C. cass. Arrêt du 23 juillet 1858.

(4) Circ. minist. du 22 janvier 1851.

la gélinotte blanche, le tétras des saules, le coq de bruyère et autres gibiers de provenance exotique (1).

Qu'est-ce que mettre en vente, vendre, acheter, transporter et colporter le gibier? *Mettre en vente*, c'est exposer le gibier en vente sur un marché, dans une boutique, dans une maison, ou l'y tenir à la disposition des acheteurs. *Vendre*, c'est céder moyennant un prix une pièce de gibier. *Acheter*, c'est non pas la marchander mais l'acquérir réellement. L'hôtelier qui sert du gibier aux voyageurs commet un délit de vente, le consommateur ne commet le délit d'achat qu'autant qu'il compose lui-même le menu de son repas. Ni l'hôte, ni les convives ne sont en contravention quand un gibier est servi en temps prohibé dans un dîner particulier. L'échange et la donation sont assimilables à la vente ; le braconnier qui fournit du gibier moyennant des vivres, le fermier qui présente un lièvre, avant l'ouverture, à son bailleur, doivent être condamnés. *Transporter*, c'est déplacer, c'est porter le gibier d'un endroit à un autre ; *colporter*, c'est porter avec soi du gibier dans l'intention de l'offrir en vente. Le mot *transporter* ne se trouvait pas dans le projet primitif de l'article 4; le législateur l'a introduit dans la crainte que le transport ne servît à déguiser le colportage et à favoriser la vente secrète du gibier, et pour rendre cette disposition efficace, il a étendu la prohibition de transport aux animaux tués dans un enclos. Le rapporteur à la Chambre des Pairs a dit à ce sujet : « On peut chasser dans les conditions de l'article 2 du projet de loi, parce que en réalité on est alors dans son domicile. et qu'en toutes matières qui n'intéressent point directement l'ordre public, le domicile est inviolable ;

(1) Circ. minist. des 25 avril 1862 et 22 février 1868.

mais lorsqu'on quitte le terrain clos, lorsqu'on sort de l'habitation, c'est-à-dire lorsqu'on sort de l'exception, on est placé sous l'empire de la règle générale, sous le coup de l'interdiction absolue. » Et le ministre de la Justice : « Celui qui usera du droit exceptionnel de chasser en temps prohibé sur son terrain attenant à une habitation et entourée d'une clôture continue, n'aura pas, plus que tout autre, la faculté de vendre et de transporter son gibier. On a pensé que lui accorder cette faculté, c'eût été donner à d'autres le moyen d'éluder la loi, c'eût été rendre illusoire toutes les prohibitions contenues dans l'article 4. » Ainsi, le propriétaire porteur d'un gibier tué dans son clos en temps prohibé, ne pourra pas présenter comme excuse la provenance légitime de ce gibier; pour rester dans les limites de son droit, il doit manger son gibier sur son domaine, il doit le consommer sur place.

Les prohibitions de l'article 4, § 1 ne s'appliquent pas aux oiseaux de passage et au gibier d'eau dont la chasse se trouve autorisée par un arrêté préfectoral. Cette chasse exceptionnelle devenant licite, le transport et la vente du gibier d'eau et de passage le deviennent également. D'autre part, la fermeture de la chasse pendant la neige n'est jamais un obstacle à la vente et au transport du gibier. L'arrivée toute fortuite des neiges ne saurait priver le chasseur ou le marchand de comestibles de la faculté d'écouler sa marchandise (1).

L'infraction à la défense qui nous occupe amène la saisie immédiate du gibier. Le gibier vivant est mis en

(1) C. cass, 22 mars et 18 avril 1845. Rennes, 6 mars 1850. Bourges, 13 février 1868.

liberté, le gibier mort est livré (1) à l'établissement de bienfaisance (hospice, bureau de charité, etc.) le plus voisin et à son défaut aux pauvres de la commune, en vertu soit d'une ordonnance du juge de paix, si la saisie a eu lieu au chef-lieu de canton, soit d'une autorisation du maire si le juge de paix est absent, ou si la saisie a été faite dans une commune autre que celle du chef-lieu. L'ordonnance ou l'autorisation doit toujours être délivrée sur la requête des agents ou gardes qui ont opéré la saisie et sur la présentation du procès-verbal régulièrement dressé, car c'est au tribunal correctionnel seul qu'il appartient de statuer sur la validité de la saisie. Au reste, quel que soit son jugement, la confiscation produit son effet au profit de l'établissement de bienfaisance, et la partie injustement lésée n'a jamais qu'un recours en dommages-intérêts contre les auteurs trop zélés de la saisie, ou contre le magistrat qui a procédé malgré les irrégularités du procès-verbal.

La saisie est susceptible de s'opérer sur la voie publique, chez les aubergistes et marchands de comestibles. On comprend que, dans des lieux publics comme une salle d'auberge, la boutique ou la voiture d'un marchand, les agents préposés à la police de la chasse, les employés des contributions indirectes et de l'octroi puissent rechercher, chacun dans sa sphère d'action, l'objet d'une industrie coupable ; mais autoriser la recherche du gibier au domicile des particuliers, dans les parties secrètes de l'habitation de l'aubergiste ou du marchand, ce serait pro-

(1) A l'exception du gibier saisi à l'introduction en France, conformément aux lois de la douane. Ce gibier est considéré comme marchandise prohibée et vendu à charge de réexportation. (Circ. de l'admin. des douanes du 30 juin 1844.) S'il y a lieu à dépérissement la loi du 18 septembre 1811 est applicable.

voquer des visites domicilaires et des mesures vexatoires. Le simple particulier qui aura acheté du gibier sera puni, si ce fait est prouvé ; mais pour l'établir, aucun agent, hormis le juge d'instruction et son délégué, ne pourra faire des recherches dans son habitation. Toutefois dans le cas où une personne prise en flagrant délit de transport de gibier se réfugierait chez elle, l'agent qui la poursuivait procéderait légalement à la perquisition domiciliaire, avec l'assistance du juge de paix, ou du commissaire de police, du maire ou de l'adjoint (1).

II. **Œufs et couvées.** — L'article 4, § 2 défend de prendre ou de détruire sur le terrain d'autrui des œufs ou des couvées de faisans, de perdrix et de cailles. Cette défense semble inutile, puisqu'on ne peut rien prendre, ni œufs ni autre chose, sur le terrain d'autrui ; le législateur l'a insérée dans la loi pour attacher à l'infraction une peine particulière.

Le projet de loi portait : « Il est interdit de *mettre en vente, de vendre, de colporter*, de prendre ou de détruire, etc. » Un député, M. de Morny, a fait supprimer les mots mettre en vente, vendre et colporter : « Lorsque, a-t-il dit, on est venu interdire, par l'article précédent, la vente et l'achat du gibier, on faisait bien, et surtout on pouvait le faire d'une manière absolue ; mais remarquez qu'il n'est pas possible d'interdire, d'une manière absolue, la vente des œufs, parce qu'il y a beaucoup de fermiers qui enlèvent des œufs pour les vendre aux propriétaires. C'est un commerce, à tout prendre, très-licite. Et vous détruisez complètement ce commerce-là qui concourt au but que votre loi se propose, c'est-à-

(1) C. d'instr. crim., art. 87, 88, 48, 49, 50.

dire à l'entretien, à la reproduction du gibier. Or, je vous demande comment vous pourrez distinguer ceux qui vendront les œufs qui proviendront des poules qu'ils élèveront, de ceux qui vendront des œufs pris chez autrui. La seule chose que vous pouvez faire, c'est d'empêcher la destruction et la prise des œufs sur le terrain d'autrui ; car c'est alors la propriété du possesseur du champ. » M. Vatout a ajouté qu'il arrive de l'étranger un grand nombre d'œufs dont on empêcherait l'introduction en France, en s'opposant à leur transport, vente et colportage. Et M. Genou : « Lorsque ceux qui fauchent les prairies artificielles trouvent des œufs de perdrix ou de cailles, habituellement ils les vendent ; si vous empêchez de les vendre, ils les détruiront. »

M. Delespaul a proposé, mais sans succès, d'ajouter aux derniers mots de l'article : *d'oiseaux autres que les oiseaux de proie et les petits de toute espèce de gibier*. « Pourquoi, a-t-il dit, la protection du paragraphe final, qui est maintenant en discussion, n'est-elle accordée qu'à trois espèces de volatiles : les faisans, les cailles et les perdrix ? Quelle raison y aurait-il de ne pas l'étendre à tout ce qui est gibier ? J'avoue, Messieurs, que je n'en aperçois aucune. Que se passe-t-il ? On conduit dans les champs, dans les bois, des chiens dont l'unique occupation, pendant que le maître travaille, est de chercher et d'étrangler le gibier qui n'est pas d'âge à se défendre par la fuite, de fureter dans les sillons pour y découvrir et dévorer les jeunes lièvres. Pourquoi ne pas comprendre dans l'interdiction tout ce qui est gibier, non-seulement les petits lièvres, mais les couvées d'oiseaux, de quelque espèce que ce soit ? » On a répondu que c'était inutile. En effet, l'article 9 atteint le but de M. Delespaul relativement aux petits oiseaux, en autorisant les préfets à prendre des arrêtés pour en prévenir la destruction. Quant aux levrauts, jeunes faons, etc., ils sont gibiers, quel que soit leur âge, et la capture en temps prohibé en est interdite en vertu de l'article 1 de notre loi.

III. **Engins destructeurs.** — La défense de porter hors de son domicile et même d'y détenir des engins de chasse, tels que filets, traîneaux, tirasses, pantières, tonnelles et autres, résulte de l'article 12, § 3 de notre loi qui prononce une peine contre « ceux qui seront détenteurs ou ceux qui seront trouvés munis ou porteurs, hors de leur domicile, de filets, engins, et autres instruments de chasse prohibés. »

Les mots : *ceux qui seront détenteurs* ont été ajoutés à la rédaction déjà votée par les députés, par la Chambre des pairs qui, frappée des difficultés excessives que présentent la recherche et la constatation du délit de port d'engins prohibés, a voulu atteindre le braconnier, alors même qu'il ne serait pas surpris en flagrant délit de braconnage. Mais, afin que cette disposition ne puisse autoriser des perquisitions indiscrètes de la part des agents qui n'auraient pas trouvé le chasseur en flagrant délit, le législateur ne permet pas aux agents de se présenter au domicile du détenteur sans un mandat délivré par un magistrat inamovible, le juge d'instruction, bien que le détenteur commette *actuellement* un délit, et semble ainsi constitué en flagrante contravention (1). C'est d'ailleurs le braconnier que le législateur veut atteindre, et non pas le chasseur inoffensif ou le fabricant d'engins autorisés par les préfets. « Le juge d'instruction, a dit le rappor-

(1) C. d'instr. crim., art. 41.

teur, n'ordonnera la perquisition que lorsqu'il sera à peu près sûr de l'existence du délit. Ce ne sera pas sur la dénonciation d'un inconnu; mais lorsque des renseignements positifs lui seront transmis, lorsque le maire d'une commune, lorsque le juge de paix, lorsque des propriétaires méritant considération lui écriront qu'un braconnier de profession a des filets chez lui, il ordonnera des perquisitions. Vous n'avez nullement à craindre que des perquisitions aient lieu chez la veuve ou chez les enfants d'un braconnier; il est clair que les magistrats locaux ne dénonceront pas les enfants. C'est le braconnier, c'est-à-dire celui qui se livre à cette chasse illégale tous les jours, qui sera dénoncé, signalé au procureur du roi, et chez lequel on fera des perquisitions. » Les gardes et agents de police qui rencontrent un braconnier portant ostensiblement des engins prohibés, doivent les saisir et dresser procès-verbal de la saisie. S'ils soupçonnaient seulement un individu de cacher des engins dans ses poches ou sous ses vêtements, ils n'auraient pas le droit de le fouiller pour arriver à la saisie et au procès-verbal (1).

IV. **Gratifications dues aux gardes et aux gendarmes.** — L'article 10 est encore une mesure favorable à la répression du braconnage. Le législateur stimule le zèle des agents chargés habituellement de la police de la chasse, en attachant une récompense à la rédaction des procès-verbaux (2).

Des ordonnances royales, dit l'art. 10, déterminent la gratification qui sera accordée aux gardes et gendarmes

(1) Bourges, 18 mars 1869.

(2) On reconnaîtra l'utilité de cette disposition, si l'on songe aux dangers que courent bien souvent les agents chargés de verbaliser contre les braconniers.

rédacteurs des procès-verbaux, ayant pour objet de constater les délits.

La gratification était fixée à cinq francs lors de la promulgation de la loi de 1844 (1); l'Ordonnance du 19 mai 1845 a élevé le taux de cette récompense :

Art. 1er. La gratification accordée aux gendarmes, gardes forestiers, gardes champêtres et gardes assermentés des particuliers qui constateront des infractions à la loi du 3 mai 1844 sur la police de la chasse, est fixée ainsi qu'il suit : huit francs pour les délits prévus par l'article 11, quinze francs pour les délits prévus par les articles 12 et 13, § 1 ; vingt-cinq francs pour les délits prévus par l'article 13, § 2.

Art. 2. La gratification est due pour chaque amende; elle sera acquittée par les receveurs de l'enregistrement, suivant le mode actuel et les règles de la comptabilité ordinaire.

Art. 3 (modifié par le décret des 4 et 18 août 1852). Les receveurs de l'enregistrement tiendront un compte spécial par commune, du recouvrement des amendes prononcées pour infraction à la loi du 3 mai 1844, sur la police de la chasse. Ce compte sera réglé chaque année, après le prélèvement des gratifications, et de cinq pour cent pour frais de régie. Le produit restant des amendes recouvrées sera compté à la commune sur le territoire de laquelle l'infraction aura été commise.

En cas d'excédant de dépense, à l'époque du règlement, il ne sera exercé aucun recours contre la commune, mais cet excédant sera reporté au compte ouvert pour l'année suivante, dans lequel il formera le premier article de la dépense.

(1) Ordonnance royale du 17 juillet 1816.

Les frais de poursuite tombés en non-valeurs seront remboursés conformément à l'article 6 de l'ordonnance du 30 décembre 1823.

Art. 4. Il ne pourra être alloué qu'une seule gratification, lors même que plusieurs agents auraient concouru à la rédaction du procès-verbal constatant le délit.

Art. 5. La présente ordonnance est applicable aux amendes qui auront été déjà prononcées, en vertu de la loi du 3 mai 1844.

Art. 6. Nos ministres, etc.....

La gratification concerne seulement les gendarmes, brigadiers, gardes à cheval (1), gardes forestiers, gardes champêtres et gardes assermentés des particuliers. Elle n'est point due aux agents de police d'un grade plus élevé, ni aux employés des contributions indirectes et des octrois qui sont autorisés par l'article 23 de notre loi à constater les délits prévus par l'article 4, § 1 (2). La gratification est due pour chaque amende prononcée par un jugement définitif comme répression d'une contravention prévue et punie par la loi du 3 mai 1844. Point de condamnation, point de prime. Toutefois, dans le cas où une transaction interviendrait aux cours d'une poursuite dirigée par l'administration forestière, la prime serait due, et le paiement s'en effectuerait au moyen d'une somme réservée à cet effet dans la transaction (3).

Quand plusieurs agents concourent à la condamnation d'un seul individu ou de plusieurs individus solidairement condamnés à une seule amende, il n'est alloué

(1) Décision du ministre des finances du 20 juin 1845.
(2) Travaux préparatoires sur l'art. 10.
(3) Circ. dir. gén. des forêts, 11 janvier 1862. V. en outre p. 222, n.2.

qu'une prime, que les rédacteurs du procès-verbal se partagent. A l'inverse, quand un seul agent constate une contravention à la charge de plusieurs personnes, il lui est alloué autant de gratifications qu'il intervient de condamnations à l'amende.

La nullité du procès-verbal n'empêcherait pas le garde-rédacteur d'obtenir une gratification, si par suite de témoignages qui compléteraient la preuve, le prévenu était condamné, car la gratification se fonde autant sur la condamnation que sur la rédaction du procès verbal.

Le receveur de l'enregistrement est chargé d'acquitter le montant de la gratification sur le vu d'un mandat délivré au garde par le préfet, après qu'il a été justifié de la condamnation, soit par une expédition du jugement, soit par un certificat du procureur ou du greffier. Le procureur se charge habituellement d'adresser les certificats au préfet qui lui expédie ensuite le mandat à remettre à la personne intéressée. Celle-ci doit dans l'année à dater de la condamnation définitive demander la prime, à peine de déchéance. On assimile les gratifications aux frais de justice criminelle qui se prescrivent en un an, aux termes de l'article 149 du décret du 18 juillet 1811. Cet article est ainsi conçu : « Les exécutoires qui n'auront pas été présentés au visa du préfet dans le délai d'une année, à compter de l'époque à laquelle les frais auront été faits, ou dont le paiement n'aura pas été réclamé dans les six mois de la date du visa, ne pourront être acquittés qu'autant qu'il sera justifié que les retards ne sont pas imputables à la partie dénommée dans l'exécutoire. Cette justification ne pourra être admise que par notre grand juge ministre de la justice, après avoir pris l'avis de nos procureurs généraux ou des préfets, s'il y a lieu. » La gratification se prélève sur le produit des amendes, et le surplus en est attribué aux communes sur le territoire desquelles les infractions sont commises (1).

DES PÉNALITÉS.

La punition des délits de chasse consiste dans l'amende simple, l'amende avec prison facultative, et accessoirement dans la privation du droit d'obtenir un permis de chasse pendant cinq ans au plus (2), et dans la confiscation des instruments du délit. Les amendes peuvent varier entre un minimum et un maximum assez distants l'un de l'autre ; l'emprisonnement est toujours facultatif. Tant de latitude laissée aux tribunaux a permis d'écarter ici l'application de l'article 463 du Code pénal, relatif aux circonstances atténuantes (3).

La privation du droit d'obtenir un permis de chasse donne aux juges le moyen, quand le délinquant est insolvable et n'inspire aucune confiance, d'abaisser l'amende jusqu'au minimum et de le punir néanmoins sévèrement, en le privant pour un temps fort long du droit d'obtenir un permis.

La confiscation des armes et engins ayant servi à commettre le délit est écrite à l'article 16 ainsi conçu de notre loi :

« Tout jugement de condamnation prononcera la confiscation des filets, engins et autres instruments de chasse.

(1) Loi du 3 mai 1844, art. 19.
(2) Art. 18 de la loi de 1844.
(3) Loi de 1844, art. 20.

Il ordonnera, en outre, la destruction des instruments de chasse prohibés.

Il prononcera également la confiscation des armes, excepté dans le cas où le délit aura été commis par un individu muni d'un permis de chasse, dans le temps où la chasse est autorisée.

Si les armes, filets, engins, ou autres instruments de chasse, n'ont pas été saisis, le délinquant sera condamné à les représenter ou à en payer la valeur, suivant la fixation qui en sera faite par le jugement, sans qu'elle puisse être au-dessous de 50 fr.

Les armes, engins ou autres instruments de chasse, abandonnés par les délinquants restés inconnus, seront saisis et déposés au greffe du tribunal compétent. La confiscation, et s'il y a lieu, la destruction, en seront ordonnées sur le vu du procès-verbal (présenté par le procureur du gouvernement).

Dans tous les cas, la quotité des dommages-intérêts est laissée à l'appréciation des tribunaux. »

La confiscation *des armes* qui ont servi à commettre le délit n'est pas une innovation du législateur de 1844; déjà l'article 5 de la loi de 1790, et l'article 3 du décret du 4 mai 1812 prononçaient la confiscation des armes avec lesquelles le délit avait été commis. Une exception est admise en faveur de la personne qui, munie d'un permis de chasse, aurait commis un délit en temps d'ouverture; qui, par exemple, aurait chassé sur le terrain d'autrui sans le consentement du propriétaire, ou aurait tiré des oiseaux, au mépris d'un arrêté préfectoral. Mais le fait de chasser pendant la nuit, et en temps de neige, quand le préfet s'est prononcé sur ce point, amène la confiscation de l'arme.

La confiscation aurait lieu, alors même que l'arme n'appartiendrait pas au délinquant (1); elle s'étendrait à deux ou plusieurs armes, si le chasseur, porteur de deux fusils, en avait fait usage dans l'accomplissement du délit. Quand le chasseur, avant toute poursuite, a commis successivement plusieurs délits, le principe du non-cumul des peines consacré par l'article 17 § 1 de notre loi, n'empêche pas le tribunal de prononcer la confiscation d'autant d'armes qu'il y a de faits incriminés. En effet, la confiscation est moins une peine qu'une mesure préventive. Cependant, si le prévenu prouvait qu'il a commis les délits avec une seule arme, la confiscation ne s'étendrait pas aux autres (2).

Il est défendu aux agents chargés de constater les délits de chasse de désarmer les chasseurs et de saisir leur gibier. Cette mesure que prend l'article 25 de notre loi, afin de prévenir des collisions peut-être sanglantes, semble être en opposition avec l'article 16 qui ordonne la confiscation des armes. On concilie ces deux dispositions, en supposant, dans l'article 16, que le délinquant remet volontairement son arme à l'agent de police ou prend la fuite en l'abandonnant. L'arme ainsi saisie sera déposée au greffe du tribunal, puis détruite ou vendue au profit de l'État, si la confiscation est prononcée, et rendue au prévenu, en cas d'acquittement. L'arme non saisie ne sera pas déposée nécessairement ; les tribunaux condamneront le délinquant à la représenter au greffe ou à en payer la valeur, selon la fixation qui en sera faite par

(1) Douai, 13 décembre 1834. C. cass. 16 avril 1858. Dans les espèces visées par ces arrêts, l'arme appartenant à l'Etat, le délinquant doit être condamné à en payer la valeur.

(2) Douai, 14 décembre 1837. Nancy, 15 janvier 1840.

le jugement, sans qu'elle puisse être au-dessous de 50 fr. Sur la représentation de l'arme, le greffier délivrera un récépissé que le déposant produira au receveur de l'enregistrement, pour échapper au paiement de la somme portée pour la valeur de l'arme. Il importe que le garde ou l'agent rédacteur du procès-verbal fasse une description précise de l'arme, afin que le tribunal puisse en fixer exactement la valeur, et que le délinquant n'aille pas déposer au greffe une arme hors de service et achetée à bas prix pour remplacer le fusil dont il s'est servi.

La confiscation des filets, engins et autres instruments de chasse prohibés doit toujours être prononcée par le jugement de condamnation, que le délinquant fût ou non muni d'un permis de chasse, que le délit ait été commis ou non en temps probibé. Toutefois, par engins et instruments de chasse, il ne faut entendre que les objets inanimés destinés à procurer par eux-mêmes (1) la capture du gibier, les armes à feu et les armes blanches exceptées. Les lévriers, les furets, les faucons dressés à la chasse ne sont pas des engins, mais des auxiliaires du chasseur, comme les traqueurs qu'on ne pourrait ni saisir ni confisquer (2). Les engins prohibés, contrairement aux armes meurtrières, peuvent être saisis malgré le délinquant. L'auteur de la saisie doit les déposer au greffe, le tribunal en prononcer la confiscation et en ordonner la destruction.

Outre la confiscation des armes et des engins, le projet de loi ordonnait la saisie et la confiscation du gibier. La

(1) Le miroir ne sert qu'à attirer les alouettes. Besançon, 12 janvier 1866.

(2) Paris, 22 janvier 1846. Poitiers, 10 mars 1865.

Commission de la Chambre des Pairs en a proposé la suppression et la Chambre a reconnu que, le jugement n'intervenant habituellement que trois semaines ou un mois après le fait de chasse, la confiscation du gibier prononcée par le tribunal serait dérisoire ; qu'en tous cas, pour arriver à la saisie du gibier, il faudrait fouiller dans le carnier du délinquant, ce qui ne pourrait être fait sans danger pour les gardes et agents préposés à la police de la chasse. La confiscation du gibier ne saurait donc être prononcée, ni la saisie opérée. Nous exceptons bien entendu les cas d'infraction aux dispositions de l'article 4.

La loi réprime onze contraventions, savoir :

1° Fait de chasse sur le terrain d'autrui, sans autorisation ;

2° Fait de chasse en temps prohibé ;

3° Fait de chasse sans permis ;

4° Fait de chasse d'une manière prohibée ;

5° Fait de détention d'instruments prohibés ;

6° Fait d'emploi de drogues et appâts ;

7° Fait de chasse avec appeaux, appelants ou chanterelles ;

8° Fait de destruction des œufs ou couvées de faisans, de perdrix ou de cailles ;

9° Faits de vente, d'achat, de transport et de colportage ;

10° Contraventions aux arrêtés du préfet ;

11° Contraventions aux cahiers des charges par les fermiers de la chasse.

Voyons quelles sont les peines applicables à ces délits :

1° **Fait de chasse sur le terrain d'autrui, sans autorisation.** — Aux termes de l'article 11, § 2 de la loi de 1844, ceux qui auront chassé sur le terrain d'autrui, sans le consentement du propriétaire. seront punis d'une *amende de seize à cent francs*. Cette disposition remplace l'article 1er de la loi du 30 avril 1790, qui punissait le fait de chasse sur le terrain d'autrui sans autorisation. d'une amende de vingt livres et d'une indemnité de dix livres, sans préjudice de plus grands dommages-intérêts.

L'amende pourra être portée au double, c'est-à-dire à *deux cents francs* au maximum, si le délit a été commis sur des terres non dépouillées de leurs fruits, comme des champs de seigles, de blés, de scourgeons, d'avoines, de betteraves, des prairies non fauchées. Il appartient, du reste, aux tribunaux de décider ce qu'il faut entendre ici par fruits; mais remarquons que le terrain simplement ensemencé ne diffère point d'une terre en jachère, jusqu'à ce que l'ensemencement ait produit des plantes de quelque dimension (1). Sous l'empire de la loi de 1790, l'ouverture ne s'appliquant qu'aux terres récoltées, chasser sur un terrain non récolté était toujours un délit; aujourd'hui le propriétaire peut chasser dans ses propres récoltes et le fait de chasser dans celles d'autrui n'est plus qu'une circonstance aggravante du fait de chasse sur le terrain d'autrui.

L'amende peut encore être *doublée* quand le délit a été commis sur un terrain entouré d'une clôture continue faisant obstacle à toute communication avec les héritages

(1) C. cass., 16 novembre 1837, 9 juin 1838 et 31 janvier 1840. Bourges, 25 novembre 1841. Grenoble, 11 novembre 1841. Colmar, 16 novembre 1842.

voisins, mais non attenant à une habitation. L'amende sera de *cinquante francs* au moins et de *trois cents francs* au plus avec emprisonnement facultatif de *six jours à trois mois*, si le terrain est attenant à une maison habitée ou servant à l'habitation, et entouré d'une clôture faisant obstacle à toute communication avec les héritages voisins (1). Si le délit a été commis pendant la nuit, le délinquant sera puni d'une amende de *cent francs à mille francs*, et pourra l'être d'un emprisonnement de *trois mois à deux ans*, sans préjudice, s'il y a lieu, de plus fortes peines édictées par le Code pénal (2).

Lorsque le fait de chasse sur le terrain d'autrui a été commis pendant la nuit à l'aide d'engins et instruments prohibés, la peine peut être portée de cent francs à quatre cents francs, avec emprisonnement facultatif variant entre douze jours et quatre mois, si le chasseur était muni d'une arme apparente ou cachée (3). « Il est certain, a dit le rapporteur à la Chambre des Pairs, que pour cette espèce de chasse, qui est de toutes la plus redoutable, et qui ne s'exerce que par des braconniers de profession, les armes non-seulement sont inutiles, mais deviennent un embarras et une gêne; on ne les y porte que pour s'en servir contre les agents de la force publique ou contre les gardes. L'intention qui les a fait prendre peut appeler sur la tête du braconnier une responsabilité plus grande; les tribunaux l'apprécieront. »

Le propriétaire dont le droit a été méconnu peut toujours demander des dommages-intérets dont la quotité est laissée à l'appréciation du tribunal. La loi de 1790

(1) Art. 13, § 1.
(2) Art. 13, § 2.
(3) Art. 12, *in fine*.

accordait au propriétaire une indemnité de dix livres, sans préjudice des plus amples dommages-intérêts, s'il y avait lieu. Le projet de loi portait : « Les dommages-intérêts ne pourront être inférieurs à l'amende prononcée par le jugement ou à la moitié de cette amende si elle a été portée au double. » La commission de la Chambre des députés proposa successivement de fixer le minimum à vingt-cinq et à quinze francs, de crainte que les dommages-intérêts ne fussent immodérément réduits. Mais cette double proposition n'eut pas de succès, et la quotité fut laissée à l'entière discrétion des tribunaux. « Il est évident, a dit un député, qu'en matière de délit de chasse, il ne peut y avoir lieu à indemnité, si le propriétaire sur le terrain duquel la chasse a eu lieu n'a éprouvé aucun préjudice. Il faut donc laisser aux tribunaux le soin d'apprécier les dommages-intérêts, c'est le droit commun; le Code civil fournit tous les moyens de faire évaluer la quotité des dommages-intérêts en raison du préjudice causé. Je ne vois pas pourquoi on fixerait le minimum des dommages. »

L'article 194 du Code d'instruction criminelle dispose : « Tout jugement de condamnation rendu contre le prévenu et contre les personnes civilement responsables du délit, ou contre la partie civile, les condamnera aux frais, même envers la partie publique. Les frais seront liquidés par le même jugement. » Si le délit n'est pas prouvé et si, par suite, le prévenu est renvoyé de la plainte, les frais sont mis à la charge du propriétaire du fonds qui a intenté l'action ou qui l'a provoquée par une plainte, en se portant partie civile. Les frais restent à la charge du Trésor quand le ministère public a agi d'office ou sur une simple plainte du propriétaire.

L'article 11, § 2, qui nous occupe, suppose-t-il que c'est *sciemment* qu'on a chassé sur le terrain d'autrui? M. Ardant a proposé à la Chambre des députés d'ajouter à l'article le mot *sciemment :* « Je sais bien, a-t-il dit, que la loi ne s'occupe que des actions commises sciemment ; mais je désire qu'il soit bien reconnu que c'est avec intention qu'on a chassé sur le terrain d'autrui. Quand on chasse sur un terrain dont on n'est pas propriétaire, on ignore souvent la limite de la propriété. » Mais cet amendement n'a pas été admis, probablement à cause de son inutilité. En conséquence, les tribunaux ne devraient pas trouver coupable du délit de chasse, celui qui chassant sur la propriété d'un ami, aurait par pure erreur dépassé la limite de cette propriété et continué sa chasse sur le terrain d'autrui.

Il y a fait de chasse sur le fonds d'autrui, non-seulement quand le chasseur entre dans ce fonds, mais encore lorsque, sans sortir de son propre terrain, il tire sur un gibier de la propriété voisine, ou y lance ses chiens à la poursuite d'un gibier (1). Il y aurait délit de la part de celui qui n'étant autorisé par le propriétaire qu'à chasser au chien d'arrêt et en plaine, s'aviserait de chasser aux chiens courants et dans les bois.

2° **Fait de chasse en temps prohibé.** — Le fait de chasse accompli entre le jour de la fermeture et celui de

(1) Mais le délit de chasse ne saurait résulter du fait accidentel et non intentionnel des traqueurs d'inquiéter par leurs cris le gibier des terres contigues à leur terrain de chasse (C. cass. 23 janvier 1873). Les traqueurs qui passent sur le terrain d'autrui sont responsables, quoiqu'ils soient de simples auxiliaires, et ils sont tenus solidairement des condamnations pécuniaires. Cour de cassation des 16 janvier et 5 avril 1872.

l'ouverture est puni d'une amende de *cinquante à deux cents francs* avec emprisonnement facultatif de *six jours à deux mois*. La loi de 1790 n'admettait ici qu'une amende de vingt francs.

La même peine frappe ceux qui chassent pendant la nuit. Quant au fait de chasse commis en temps de neige, il est laissé par la loi dans la généralité des termes de l'article 12, 3°, concernant les infractions aux arrêtés préfectoraux, et reste par conséquent puni d'une simple amende de seize à cent francs (1).

3° **Fait de chasse sans permis.** — Le fait de chasse sans permis est puni d'une amende de *seize à cent francs*.

Cette répression n'atteint point le chasseur qui ne représente pas, à la réquisition d'un agent, le permis dont il est cependant muni. En cas de poursuite, la justification du permis, faite à l'audience, procurera le renvoi pur et simple (2). Toutefois, le chasseur serait condamné aux frais, s'il avait par malice refusé d'obéir à l'injonction de l'agent.

4° **Fait de chasse d'une manière prohibée.** — Ceux qui chassent à l'aide d'instruments prohibés ou par d'autres moyens que le tir, les chiens courants, les furets et les bourses contre le lapin, encourent une amende de *cinquante à deux cents francs*, avec emprisonnement facultatif de *six jours à deux mois*. L'emploi autorisé de certains filets contre les oiseaux de passage, de lévriers contre les animaux malfaisants donne lieu à une amende de seize à cent francs, quand le chasseur ne se conforme pas

(1) C. cass. 22 mars et 18 avril 1845. Douai, 9 avril 1850.

(2) Voir, page 127, note 3.

exactement aux conditions énoncées dans l'arrêté du préfet.

5° **Fait de détention d'instruments prohibés.** — Ceux qui seront détenteurs ou ceux qui seront trouvés munis ou porteurs, hors de leur domicile, de filets, engins ou autres instruments de chasse prohibés seront punis d'une amende de *cinquante à deux cents francs*, et pourront, en outre, l'être d'un emprisonnement de *six jours à deux mois* (1).

6° **Fait d'emploi de drogues et appâts.** — Ceux qui emploient des drogues ou appâts qui sont de nature à enivrer le gibier ou à le détruire, seront punis d'une amende de *cinquante à deux cents francs* et pourront, en outre, être condamnés à un emprisonnement de *six jours à deux mois* (2).

Il importe peu que celui qui fait usage de drogues ait l'intention de s'emparer du gibier ou de le laisser sur place ; l'article ne fait à cet égard aucune distinction.

7° **Fait de chasse avec appeaux, appelants, chanterelles.**—Le fait de chasse avec appeaux, appelants ou chanterelles est puni d'une amende de *cinquante à deux cents francs* avec emprisonnement facultatif de *six jours à deux mois* (3).

8° **Fait de destruction des œufs ou couvées de faisans, de perdrix ou de cailles.**— Ceux qui auront

(1) Art. 12, 2.

(2) Art. 12, 5°, reproduisant l'article 25 de la loi sur la pêche fluviale.

(3) Art. 12, 6°

pris ou détruit des œufs ou couvées de faisans, de perdrix ou de cailles, seront punis d'une amende de *seize à cent francs* (1). Ce délit, prévu par l'article 11 avait été rangé par la commission dans les catégories de l'article 12 et se trouvait ainsi l'objet d'une répression beaucoup plus forte. M. Luneau le fit changer de place, précisément pour le soumettre à une pénalité moins sévère. « Quant aux nids, aux couvées, a t-il dit, quelque regrettable que soit leur destruction, ce n'est pas ordinairement le fait des braconniers ; la chasse ne leur serait pas assez profitable ; il faut voir ce qui arrive le plus souvent. Ce sont les enfants. à la campagne, qui vont chercher les nids pour élever les petits ou pour vendre les œufs. Le fait est condamnable, je le sais bien ; mais faites attention que ce sont des paysans, de malheureux fermiers qui en seront responsables. Ne prononcez donc pas contre eux des peines excessives. Comment, pour un pareil délit, une amende de 16 à 100 fr. n'est pas suffisante ! Messieurs, arrêtez-vous devant cette pénalité, et n'allez pas au-delà. »

9° **Fait de vente, achat, transport et colportage.** — Ceux qui, en temps où la chasse est prohibée, auront mis en vente, vendu, acheté, transporté ou colporté du gibier, seront punis d'une amende de *cinquante francs* au moins et de *deux cents francs* au plus. Ils pourront l'être, en outre, d'un emprisonnement de *six jours à deux mois* (2). La personne qui expédie le gibier doit être punie soit comme vendeur, soit comme complice de celui à qui elle en a confié le transport (3).

(1) Art. 11, 4°.
(2) Art. 12, 5°.
(3) Voir page 234, note 5.

10° **Contraventions aux arrêtés du préfet.** — Aux termes de l'article 11, 3°, ceux qui auront contrevenu aux arrêtés des préfets concernant les oiseaux de passage, le gibier d'eau, la chasse en temps de neige, l'emploi des chiens lévriers, et aux arrêtés concernant la destruction des oiseaux et celle des animaux nuisibles ou malfaisants, seront punis d'une amende de *seize à cent francs.* Le législateur élève au rang des délits les infractions à ces arrêtés, de crainte que les peines de simple police ne soient insuffisantes pour en assurer l'exécution. L'infraction peut exister, d'ailleurs, tant à l'égard de l'arrêté qu'à l'égard de la loi générale ; tel est le fait de chasser aux oiseaux de passage sans permis ou en temps prohibé avec un procédé défendu par l'arrêté préfectoral.

11° **Contraventions des fermiers de la chasse aux cahiers de charges.** — Suivant l'article 11, 5°, les fermiers de la chasse, soit dans les bois soumis au régime forestier (1), soit sur les propriétés dont la chasse est louée au profit des communes ou établissements publics, qui auront contrevenu aux clauses et conditions de leurs cahiers de charges relatives à la chasse, seront punis d'une amende de *seize à cent francs.*

Cette disposition toute nouvelle dans le droit, en frap-

(1) Le projet de loi s'arrêtait là, et c'est M. Gillon qui en a fait étendre la portée dans l'intérêt des établissements publics et des communes. « Une telle sanction, a-t-il dit, encouragera les propriétaires à leur consentir l'abandon momentané de leur droit de chasse ; en même temps que la commune retirera quelques ressources pécuniaires, ces propriétaires auront une assurance sérieuse que leurs héritages seront sauvegardés à la fois par le procès-verbal d'adjudication et par une répression pénale. »

pant correctionnellement des contraventions qui de leur nature ne donnent lieu qu'à des réparations civiles, permet à l'administration forestière d'éviter les lenteurs que subissent les actions soumises à la juridiction civile. Elle ne s'applique pas aux contraventions commises par les fermiers de la chasse dans les bois et autres propriétés des particuliers, ou sur les propriétés de l'État autres que les bois.

Par contravention aux clauses et conditions des cahiers de charges relatives à la chasse, il faut entendre la contravention qui ne se trouve pas déjà visée par une disposition pénale de la loi de 1844. Si, par exemple, l'on avait stipulé que le fermier ne pourrait chasser en temps prohibé, la peine encourue ne serait pas celle de l'article 11, mais celle de l'article 12; l'article 11 serait applicable, si un fermier de la chasse à qui le cahier de charges permet de conduire deux chasseurs sur le terrain affermé, y conduisait trois ou quatre amateurs. Dans ce cas, sera-t-il dressé contre le fermier autant de procès-verbaux, qu'il y aura de chasseurs introduits au delà du nombre convenu, ou bien sera-ce contre les chasseurs eux-mêmes que les procès-verbaux seront dressés? Nous pensons que le fermier seul pourra être poursuivi, que les invités ne devront jamais être inquiétés, quand même ils connaîtraient le nombre fixé par le cahier de charges. En effet, il serait peu raisonnable de les poursuivre tous ensemble et il serait inique de poursuivre les uns plutôt que les autres (1). On ne saurait dire qu'ils chassent sans autorisation, car quelques-uns au moins des invités sont à l'abri de tout blâme, et nommer ceux qui excèdent le nombre convenu, c'est chose impossible. Il

(1) C. cass. 29 novembre 1845.

est entendu que l'invité qui commettrait tout autre délit, qui, par exemple, chasserait sans permis ou à l'aide d'instruments prohibés, serait à bon droit poursuivi.

L'individu chassant dans une forêt communale ou ou dans les forêts de l'État, en vertu d'une permission à lui accordée par le fermier de la chasse, contrairement au cahier des charges qui ne permet point à cet adjudicataire d'accorder de semblables permissions, mais l'autorise seulement à se faire accompagner, ne se rend pas coupable d'un délit de chasse. Le cahier des charges est à son égard *res inter alios acta*, et l'article 11, 5° en ne parlant que des fermiers de la chasse le laisse hors d'atteinte (1).

Il a été jugé que la prohibition *de faire des battues* sans autorisation, dans les forêts confiées à la surveillance de l'administration forestière, emportait interdiction, pour l'amodiataire de la chasse, non-seulement de faire des battues pour détruire les animaux malfaisants ou nuisibles, mais encore de se livrer à la chasse avec traque et battue (2). On reconnaîtra l'importance de cette décision toute favorable aux produits forestiers que les battues de tout genre endommagent, si l'on songe à l'uniformité existant entre tous les cahiers de charges dressés par l'administration forestière.

Voici les dispositions de ces cahiers :

CAHIER DES CHARGES

TITRE PREMIER

Dispositions générales.

ARTICLE PREMIER. — A moins de stipulations contraires dans l'acte d'adjudication, les baux seront consentis pour neuf années, qui commenceront le 1er juillet 1872 et finiront le 30 juin 1881.

(1) Contrà : C. cass. 18 août 1849 et 18 juillet 1867.

(2) C. cass. 29 novembre 1845 et 20 février 1847.

Tout bail consenti pendant le temps où la chasse est close courra partir du 1er juillet de l'année dans laquelle l'adjudication aura lieu.

Tout bail consenti pendant le temps où la chasse est ouverte courra à partir du 1er juillet ou du 1er janvier, selon que l'adjudication aura été effectuée dans le courant de l'un ou de l'autre semestre.

Les baux, quelle que soit leur date, expireront le 30 juin 1881.

ART. 2. — Il ne sera accordé aucune réduction sur le prix des baux pour défaut de mesure dans l'étendue des forêts ou parties de forêts adjugées.

En cas d'aliénation de la forêt amodiée, le bail sera résilié de plein droit et sans indemnité à partir du jour de l'adjudication.

Il sera accordé, sur le terme payé d'avance, une réduction proportionnelle à la durée de la jouissance dont le fermier aura été privé.

Si la forêt n'est aliénée qu'en partie, pour l'établissement de chemins publics, de voies ferrées, de canaux ou pour toute autre cause, l'Etat ne devra aucune autre indemnité au fermier, le bail sera maintenu et le prix en sera réduit proportionnellement à l'étendue de forêt qui aura été distraite.

TITRE II.

Adjudications.

ART. 3. — Les adjudications seront faites soit aux enchères et à l'extinction des feux, soit sur soumissions cachetées.

Lorsque, faute d'offres suffisantes, les adjudications n'auront pu avoir lieu, elles seront, si l'agent forestier présent le juge à propos, remises, séance tenante et sans nouvelles affiches, au jour qui sera fixé par le président.

ART. 4. - Les adjudications aux enchères seront faites après l'extinction de trois bougies allumées successivement. Si, pendant la durée de ces trois bougies, il survient des enchères, l'adjudication ne pourra être prononcée qu'après l'extinction d'un dernier feu sans enchère survenue pendant sa durée.

Les enchères ne pourront être moindres de 10 francs pour les mises à prix au-dessous de 200 francs, de 20 francs pour celles de 200 à 1.000 francs, et de 50 francs pour celles au dessus de 1,000 francs.

ART. 5. — Les adjudications par voie de soumissions auront lieu de la manière suivante

Les soumissions (1) devront toujours être faites sur papier timbré

---

(1) MODELE DE SOUMISSION

Je soussigné (nom prénoms et demeure), après avoir pris connaissance du cahier des charges et de l'affiche concernant l'adjudication du droit de chasse dans les forêts domaniales, declare me rendre adjudicataire de

aux clauses et conditions exprimées par ledit cahier des charges. moyennant le prix (en toutes lettres) par hectare. ou le prix de (en toutes lettres) pour la totalité du lot ou des lots réunis. non compris les frais.

et remises cachetées au président avant l'expiration du délai fixé par lui. Il sera ensuite procédé à leur ouverture. L'adjudication sera prononcée par le président, si le conservateur ou son délégué juge l'offre suffisante.

Lorsque plusieurs soumissionnaires auront offert le même prix, et que ce prix sera jugé suffisant, le lot sera tiré au sort entre eux, d'après le mode qui sera fixé par le président, sur la proposition de l'agent forestier, à moins que l'un d'eux ne réclame les enchères.

ART. 6. — Les adjudications prononcées seront définitives.

Cependant, si la demande en est faite séance tenante et à moins d'indications contraires dans les affiches, les divers lots adjugés ou non adjugés d'une même forêt pourront être remis en adjudication en bloc aux enchères.

Si l'adjudication en bloc ne doit porter que sur des lots déjà adjugés, la mise à prix sera basée sur le montant total des adjudications partielles augmenté de 25 p. 0/0.

Si l'adjudication en bloc doit comprendre un ou plusieurs lots non adjugés, la mise à prix sera basée sur le montant total des adjudications partielles et des mises à prix des lots non adjugés, augmenté dans une proportion qui sera déterminée par les clauses spéciales.

ART. 7. — Les personnes insolvables ne pourront prendre part aux adjudications.

Le fonctionnaire chargé de présider l'adjudication sera juge de la solvabilité des enchérisseurs.

ART. 8. — Les minutes des procès-verbaux d'adjudication seront rédigées sur papier visé pour timbre et signées sur-le-champ par tous les fonctionnaires présents et par les adjudicataires ou leurs fondés de pouvoirs; s'ils sont absents, s'ils ne veulent ou ne peuvent signer, il en sera fait mention aux procès-verbaux.

ART. 9. — Chaque adjudicataire sera tenu de donner, dans les cinq jours qui suivront celui de l'adjudication, une caution et un certificateur de caution reconnus solvables, lesquels s'obligeront solidairement avec lui à toutes les charges et conditions du bail.

Les cautions et certificateurs de caution ne pourront être reçus que du consentement du receveur des Domaines, et l'acte en sera passé au secrétariat de la préfecture ou de la sous-préfecture du lieu de l'adjudication.

Faute par l'adjudicataire de fournir les cautions dans le délai prescrit, il sera déchu de l'adjudication, et une réadjudication aura lieu à sa folle enchère dans les formes ci-dessus déterminées et suivant les conditions spécifiées dans l'art. 24 du Code forestier.

L'adjudicataire déchu payera les frais de la première adjudication à raison d'un et demi pour cent sur le prix principal pour une année.

TITRE III.

Prix des baux et frais d'adjudication.

Art. 10. — Le prix d'une annuité du bail sera payé d'avance, dans la caisse du receveur des Domaines du lieu de l'adjudication.

Les autres payements seront effectués par semestre, les 1er janvier et 1er juillet, de manière qu'à chacune de ces époques il y ait toujours une annuité payée d'avance.

Art. 11. — Les demandes en résiliation de baux et en réduction de fermages ne suspendront pas l'effet des poursuites pour le recouvrement des termes arriérés.

En aucun cas, l'adjudicataire qui aura été privé du droit d'obtenir un permis de chasse, par application des articles 6, 7, 8 et 18 de la loi du 3 mai 1844, ne sera fondé à demander la résiliation de son bail ou une diminution de prix.

Art. 12. — Indépendamment du prix principal, des droits fixes de timbre et des droits proportionnels d'enregistrement, les adjudicataires payeront comptant à la caisse du receveur des Domaines, à titre de remboursement des frais d'adjudication, *un et demi pour cent* du prix principal de leurs baux pour une année.

TITRE IV.

Cessions de baux ; adjonctions et substitutions de cofermiers.

Art. 13. — Le fermier pourra s'adjoindre dans la jouissance de son bail des cofermiers dont le nombre sera déterminé par les affiches et dans le procès-verval d'adjudication.

Les cofermiers devront être agréés par le conservateur.

Ils ne seront agréés qu'après avoir souscrit l'engagement de se conformer, comme le fermier lui-même, aux clauses et conditions du présent cahier des charges, relatives à l'exploitation et à la police de la chasse (1).

Art. 14. — Les adjudicataires ne pourront céder leur bail qu'en vertu d'une autorisation du directeur général des forêts.

Les cessions seront passées au secrétariat de la préfecture ou de la sous-préfecture du lieu de l'adjudication.

MODÈLE D'ENGAGEMENT.

Je soussigné demeurant à m'engage, si je suis agréé en qualité de cofermier de M. fermier du droit de chasse dans l forêt domaniale de à me conformer aux clauses et conditions contenues aux titres IV. V et VI du cahier des charges, dont je déclare avoir une parfaite connaissance.

Fait à le 187

Nota. — Cet engagement, qui devra être souscrit sur papier timbré, sera annexé au procès-verbal d'adjudication.

Les cessionnaires ne pourront obtenir le permis spécial dont il est fait mention à l'art. 17 qu'en représentant l'acte de cession à l'agent forestier chef de service.

Les adjudicataires seront, jusqu'à décharge définitive, solidairement obligés avec le cessionnaire.

ART. 15. — Le conservateur pourra, après avoir consulté les agents locaux, autoriser les substitutions de cofermiers. Les cofermiers ne seront définitivement agréés qu'après avoir souscrit l'engagement dont il est fait mention dans l'art. 13.

TITRE V.

Exploitation et police de la chasse.

ART. 16. — La chasse de toute espèce de gibier et de tous les oiseaux existant dans les forêts affermées sera exercée dans les conditions déterminées par les arrêtés des préfets pris en exécution des articles 3 et 9 de la loi du 3 mai 1844, et avec les moyens et procédés autorisés tant par ce dernier article que par lesdits arrêtés.

ART. 17. — Les fermiers et cofermiers ne pourront se livrer à la chasse qu'après avoir obtenu, indépendamment du permis de chasse de l'autorité compétente, un permis spécial du conservateur ou de l'agent forestier délégué par lui.

ART. 18. — Les fermiers et cofermiers pourront se faire accompagner chacun par trois personnes, ou les autoriser à chasser isolément en leur donnant des permissions spéciales valables pour un jour seulement.

Le fermier qui ne désignera point de cofermiers ou qui, dans cette désignation, n'atteindra pas le maximum déterminé par l'acte d'adjudication, pourra s'adjoindre, dans les conditions ci-dessus indiquées, autant de fois quatre personnes qu'il restera de cofermiers non désignés. Le fermier pourra aussi, avec l'agrément du conservateur, transférer cette faculté à l'un des cofermiers.

ART. 19. — La chasse à tir, la chasse à courre et les chasses en traques ou en battues sont permises. Ces dernières, toutefois, ne pourront avoir lieu pendant la dernière année de bail qu'avec l'autorisation du conservateur.

ART. 20. — Il est défendu d'enlever ou de détruire les faons et levrauts ainsi que les nids et couvées d'oiseaux autres que les oiseaux de proie.

ART. 21. — Dans le cas où le conservateur reconnaîtra que la multiplication du gibier est de nature à porter préjudice aux peuplements forestiers, il devra, après y avoir été autorisé par une décision spéciale du directeur général, mettre le fermier en demeure de détruire, dans un délai déterminé, les animaux surabondants dont le nombre et l'espèce seront indiqués dans ladite décision.

Faute par le premier de satifaire à la sommation extrajudiciaire qui

qui sera signifiée, il sera procédé d'office à cette destruction par les soins des agents forestiers, et le gibier abattu appartiendra à la personne qui l'aura tué, conformément à la jurisprudence établie en pareil cas pour les battues ordonnées contre les animaux nuisibles (1).

Des clauses spéciales détermineront les mesures à prendre pour la destruction des lapins dans les forêts où, en raison de circonstances exceptionnelles, cette destruction sera jugée nécessaire. Dans tous les cas, l'introduction de cette espèce de gibier est formellement interdite.

Les adjudicataires demeureront d'ailleurs directement responsables. vis-à-vis des propriétaires des héritages riverains ou non, des dommages causés à ces héritages par les lapins, les autres animaux nuisibles et toute espèce de gibier.

Ils devront conséquemment intervenir pour prendre fait et cause pour l'Etat, dans les cas où celui-ci serait l'objet d'une action en dommages-intérêts.

ART. 22. — En temps prohibé, la chasse des animaux nuisibles pourra être exercée par tous les moyens dont l'emploi sera autorisé par le préfet, ou par des chasses et battues pratiquées conformément à l'arrêté du 19 pluviôse an V.

ART 23. — Les fermiers souffriront les battues qui pourront être ordonnées pour la destruction des loups et autres animaux nuisibles. Ils concourront à ces battues (*Ordonnance du* 20 *juin* 1845.)

ART. 24. — Ils ne pourront s'opposer à l'exercice du droit accordé aux lieutenants de louveterie de chasser le sanglier à courre deux fois par mois, pendant le temps où la chasse est permise. (*Règlement du* 20 *aout* 1814 ; *ordonnance royale du* 20 *juin* 1845.)

TITRE VI.

Surveillance et conservation de la chasse.

ART. 25. — La surveillance et la conservation de la chasse restent spécialemennt confiées aux agents et gardes forestiers dans les conditions déterminées par les lois et règlements, aux termes desquels les fermiers ne peuvent réclamer d'eux un service spécial et extraordinaire à cet effet.

Néanmoins les fermiers pourront avec l'autorisation du directeur général des forêts, instituer des gardes particuliers de la chasse dans les forêts affermées. Cette autorisation, qui devra être expresse et spéciale, sera révocable par le directeur général, sur la proportion du conservateur.

Les gardes particuliers sont autorisés à porter des armes à feu. Ils pourront, avec l'autorisation du fermier, prendre part à la chasse, même isolément et hors la présence de celui-ci.

(1) C. c. arrêt du 22 juin 1843.

Il leur est interdit de porter un uniforme qui puisse être confondu avec celui des préposés forestiers.

Art. 26. — Les infractions aux lois et règlements de la part des fermiers et cofermiers, ou des personnes dont ils seront accompagnés, et les délits de chasse commis par les personnes sans titre dans les forêts affermées, seront poursuivis correctionnellement, sauf à la partie lésée, d'après la connaissance que l'agent forestier ou le ministère public lui aura donnée du procès-verbal, à intervenir pour requérir les dommages-intérêts auxquels elle aurait droit.

Art. 27. — Des clauses spéciales et des affiches en cahier détermineront aussi exactement que possible, pour chaque forêt, les limites de chaque lot avec les conditions particulières de jouissance, et donneront une description détaillée des accessoires de la chasse mis à la disposition des fermiers, tels que les bâtiments pour pied-à-terre, faisanderies, etc.

Les bâtiments de toute nature ainsi que le matériel de chasse seront livrés dans l'état où ils se trouvent, sans que l'administration des forêts puisse être tenue d'y faire aucune amélioration, réparation ou changement.

Les fermiers devront les maintenir et les livrer, à l'expiration de leur bail, en bon état d'entretien, sans pouvoir réclamer aucune indemnité pour les améliorations qu'ils y auraient apportées.

Ils répondront de l'incendie dans les conditions prévues par l'article 1733 du Code civil.

Délibéré en conseil d'administration, le 23 mai 1872.

Nous connaissons les peines relatives à chaque délit pris en particulier ; en cas de conviction de plusieurs délits prévus par la loi de 1844, par le Code pénal ordinaire ou par des lois spéciales, l'article 17 décide, conformément au droit commun (1), que la peine la plus forte sera seule prononcée. Toutefois les peines encourues pour des faits postérieurs à la déclaration du procès-verbal de contravention pourront être cumulées, s'il y a lieu, sans préjudice des peines de la récidive. Suivant donc qu'un acte de poursuite résultant de la dénonciation judiciaire ou simplement verbale du procès-verbal faite au délinquant, aura été ou non accompli avant la

(1) C. instr. crim., art. 365.

perpétration d'un nouveau délit, le tribunal additionnera les peines et en appliquera la somme, ou, faisant l'application de la règle du non-cumul, prononcera la peine la plus forte. En outre, il pourra tenir compte de l'aggravation résultant de la récidive.

On sait que la *récidive* est l'état d'un individu qui, après une première condamnation irrévocablement prononcée contre lui pour infraction à la loi pénale, commet une nouvelle infraction. La rechute témoigne de l'insuffisance de la sanction ordinaire et appelle l'application d'une plus forte pénalité. Suivant l'article 14 de notre loi, le tribunal a un pouvoir discrétionnaire pour porter au double les peines déterminées par les articles 11, 12 et 13, quand le délinquant est en état de récidive ; et, suivant l'article 15, il y a récidive lorsque, *dans les douze mois* qui ont précédé l'infraction, le délinquant a été condamné *en vertu de la présente loi*. Les douze mois courent du jour du jugement, s'il n'y a pas d'appel ; de celui de l'arrêt, si l'affaire est portée devant la Cour ; du jour du pourvoi, s'il y a recours en cassation.

L'article 15 déroge au droit commun en deux points importants. Le Code pénal, en effet, ne prend pas en considération l'époque du premier crime ou du premier délit ; quel que soit le jour où la première infraction a été commise, une seconde infraction entraîne la récidive (1). Ensuite, pour qu'il y ait récidive, il n'est pas nécessaire que le délinquant ait été condamné une première fois en vertu de telle ou telle disposition pénale, il y a aggravation de la peine alors même que le délit précédemment commis diffère par sa nature du délit incriminé. Ainsi, l'individu qui après avoir été condamné

(1) Code pénal, art. 57 et 58.

pour vol, commet un délit de chasse dans les douze mois qui suivent sa condamnation, n'encourra pas les peines de la récidive ; mais, au contraire, l'individu condamné à un emprisonnement de plus d'une année pour délit de chasse sera traité comme récidiviste, s'il vient à commettre postérieurement un délit ordinaire. Notons qu'il n'est pas nécessaire que le nouveau délit de chasse ait été commis *dans le ressort du même tribunal* que le premier. La récidive, en matière de chasse, diffère en cela de la récidive en matière de contravention de police (1).

En raison de l'aggravation facultative résultant de la récidive, les peines seront modifiées de la manière suivantes : Les amendes de l'article 11 varieront entre seize et deux cents francs et le récidiviste qui n'aurait pas satisfait à la condamnation précédente, fût-ce par suite d'insolvabilité justifiée, pourra être condamné à un emprisonnement de six jours à trois mois (2). Les peines portées à

(1) Code pénal, art. 483.

(2) Art. 14, § 2. — Ce paragraphe a été ajouté sur la proposition de MM. Dessaigne et Luneau. Les dispositions pénales, a dit le premier, sont presque toutes des condamnations pécuniaires. Eh bien ! comment procède-t-on toutes les fois qu'un chasseur d'un certain ordre, notamment les braconniers, sont pris en délit ? Ils demandent au maire de la commune un certificat d'indigence, ils se font relaxer des condamnations pécuniaires qui avaient été prononcées contre eux. Un second fait se produit : si le délinquant est une deuxième fois amené devant les tribunaux, il peut encore n'être puni que par une condamnation pécuniaire, et alors un nouveau certificat d'indigence l'affranchit des suites du second délit, et ainsi de suite à l'infini ; de telle sorte que pour un grand nombre de braconniers, pour les indigents qui se livrent au braconnage, il y a certitude d'impunité. Je dis indigents, parce que je distingue dans le pauvre deux espèces d'hommes qui ne doivent pas être traitées de la même manière. Il est possible qu'un indigent honnête se soit livré une fois au braconnage, et avec son certificat d'indigence, il s'affranchit de la condamnation. Cet indigent ne s'exposera pas une seconde fois à la même contravention, tandis que le braconnier de profession, celui que la loi veut surtout atteindre, n'hé-

l'article 12 varieront entre cinquante francs d'amende au minimum, et au maximum quatre cents francs d'amende et quatre mois d'emprisonnement. Les peines de l'article 13 varieront entre un minimum de cinquante francs d'a-

sitera pas en présence de l'impunité dont je viens de parler. et qui lui est assurée; il n'hésitera pas à se livrer une seconde et une troisième fois au délit que la loi veut punir. Il me semble qu'il y a dans le fait de la récidive du braconnier quelque chose qui appelle une répression plus sévère; car il y a de sa part une seconde faute ajoutée à la première. Le délit de chasse est un délit contre la société, quand il est commis par des hommes de loisir: mais quand il est commis par un individu insolvable, ce n'est plus seulement une faute commise envers la société, mais aussi une faute envers sa famille et envers lui-même, car il prend des habitudes de paresse, de vagabondage et d'oisiveté, qui peuvent l'entraîner et qui l'entraînent fatalement à des désordres plus grands. Il faut donc qu'on adopte une mesure plus efficace, une répression plus sévère.

L'honorable M. Parès prétend que l'on trouvera dans la loi sur la contrainte par corps, qui a été rendue en 1832, art. 35, le moyen de parer aux inconvénients que je signale. Je crois qu'il n'en est rien. L'application que M. Parès veut faire de l'art. 35 de la loi de 1832 au cas dont nous nous occupons, produit cet effet d'atteindre par la contrainte par corps la première condamnation; car si on applique l'art. 35 au cas que nous discutons, il en résulte que, dès la première condamnation, le délinquant doit être détenu, par voie de contrainte, jusqu'à ce qu'il ait acquitté le montant de la peine pécuniaire. Remarquez que la disposition dont il s'agit est une disposition toute fiscale et dans l'intérêt de la restitution des amendes et frais; mais elle n'atteint pas le but que nous nous proposons; car elle n'est pas prononcée par les tribunaux; elle n'est pas appliquée comme une pénalité du fait spécial, c'est une épreuve de la solvabilité du délinquant.

L'art. 35 de la loi de 1832 veut que le délinquant qui n'a pas satisfait à la condamnation pécuniaire soit détenu, par voie de contrainte, pendant quinze jours, si la condamnation en amende et en frais ne passe pas 15 francs; et successivement cette loi étend la contrainte jusqu'à quatre mois si la condamnation est de 100 fr.

Vous voyez combien peu la disposition dont on peut argumenter contre mon amendement est applicable à l'espèce. Dans un grand nombre de cas, l'amende de cinquante francs, et je prends le minimum, à laquelle on devra joindre les frais, atteindra le chiffre de cent francs, et, pour ce cas, il faudrait la voie de contrainte, lorsque les tribunaux n'auraient pas cru devoir appliquer la peine de la prison! C'est un ré-

mende et un maximum de six cents francs d'amende et six mois d'emprisonnement, ou même si le délit a été commis pendant la nuit, entre un minimum de cent francs d'amende et un maximum de deux mille francs et quatre années d'emprisonnement. Cette dernière peine est la plus forte qu'un tribunal puisse prononcer par application de la loi de 1844.

La *qualité* du délinquant produit une autre cause d'aggravation. Les peines, à l'exception de celles fixées par l'article 13, seront toujours portées au maximum, lorsque les délits auront été commis par les gardes champêtres ou forestiers des communes, ainsi que par les gardes forestiers de l'État et des établissements publics (1). Le maximum de la peine sera subordonné au territoire pour lequel le garde est assermenté, car la loi, en lui défendant de chasser, fonde son interdiction sur la na-

sultat exorbitant, car pour la peine principale, la chambre ne veut pas excéder trois mois.

Il est une chose certaine, c'est que ce n'est pas le ministère public qui poursuit l'exécution de la contrainte, c'est à la réquisition des agents du fisc qu'elle a lieu. Car il est évident que, dans tels ou tels départements, cette mesure, écrite dans la loi de 1832, n'est point exécutée, lorsque l'individu n'a point été atteint par la prison. Je comprends que, quand il y a condamnation à la prison, on agisse par voie de recommandation ; je ne le comprends plus lorsqu'il faut faire emprisonner tel ou tel individu pour obtenir de lui le paiement de l'amende et des frais. Cela arrive ainsi d'autant plus souvent, que le certificat d'indigence intervient avant la mise à exécution de la contrainte par corps ; la réalisation de l'amende ne peut plus être espérée du moment où il y a un certificat d'indigence qui prouve l'insolvabilité du délinquant.

Cette observation me paraît justifier complètement l'amendement que je propose. »

(1) Art. 12 *in fine*. Il faut ajouter les garde-pêche. Arguments de l'art. 37 de la loi du 15 avril 1829 sur la pêche fluviale, qui assimile les garde-pêche aux gardes forestiers, de l'article 7 de la loi de 1844 qui, en défendant de délivrer des permis de chasse aux garde-pêche, leur interdit de chasser, comme aux gardes champêtres et forestiers. Contrà : Aix, 16 mars 1874.

ture même de ses fonctions de garde (1). L'article 12 ne parle pas des gardes particuliers (2). Ceux-ci ne sont point passibles de l'aggravation de peine portée par l'article 198 du Code pénal (3).

Mais le juge, pour atteindre le maximum prescrit par la loi, doit-il, dans l'article 12, cumuler l'amende et la prison, ou peut-il se borner à prendre le maximum de l'une de ces peines? D'après nous, le juge doit porter au maximum et l'amende et la prison. Le législateur veut punir le garde aussi sévèrement que le délinquant ordinaire le plus coupable : or, s'il permettait aux juges de ne lui infliger que l'amende, ce délinquant pourrait être condamné plus rigoureusement que lui. Dira-t-on que la peine véritable, la peine obligatoire étant l'amende, c'est le maximum de l'amende qui doit être nécessairement prononcé? Mais, si la prison est facultative comme peine spéciale, elle est obligatoire comme peine faisant partie d'une pénalité plus étendue dont on recherche le maximum. Au surplus, remarquons que l'article 12 porte : « *Les peines déterminées*, *etc.* (4). »

On trouve une dernière cause d'aggravation dans l'article 14, § 1 de notre loi. Cette disposition permet de porter au double les peines déterminées par les trois articles qui la précèdent, quand le délinquant est *masqué* ou *déguisé*, quand il prend un faux nom ou use de violence envers les personnes chargées de constater les délits, envers celles qui accompagnent ces agents soit pour en requérir la constatation, soit pour aider à cette consta-

(1) C. cass. 4 octobre 1844.

(2) Paris, 12 septembre 1844. Nancy, 25 novembre 1844.

(3) Nancy, 18 novembre 1869. Contrà: Alger, 17 avril 1872.

(4) Contrà : Paris, 5 juillet 1844. Metz, 15 décembre 1852.

tation, comme les simples gendarmes qui accompagnent le maréchal-des-logis, le garde qui accompagne un maire ou un propriétaire. Le délinquant peut également encourir le double de la peine, quand il fait des menaces avec armes ou simplement par paroles et par gestes, sans préjudice de plus fortes peines en cas de meurtre, de coups et blessures.

Le déguisement, le masque, l'indication d'un faux nom sont des moyens employés par le déliquant pour cacher son identité. Cette manœuvre doit être bien caractérisée pour donner lieu à une aggravation de peine ; ainsi on ne saurait prétendre qu'un chasseur appartenant à la classe aisée de la société, est déguisé par cela seul qu'il chasse vêtu d'une blouse bleue, comme un ouvrier ; qu'un chasseur indique un faux nom parce que, par indifférence, il prend un prénom étranger. Le refus de dire son nom n'est pas punissable, mais il place le délinquant dans une situation peu favorable à l'indulgence des juges.

DE LA POURSUITE DES DÉLITS.

Au début de ce chapitre, nous devons nous fixer sur la question de savoir si l'intention de l'agent doit être regardée comme un élément essentiel du délit de chasse, ou s'il suffit que le fait matériel existe. — Des opinions contradictoires ont été émises sur ce point : M. Pascalis, membre de la commission de la Chambre des députés, a dit (1) : « Quand il s'agit de délit de chasse, les tribunaux qui sont appelés à prononcer ont à examiner deux cho-

(1) Sur l'article 11 relatif au passage des chiens sur le fonds d'autrui. M. Ardant s'est exprimé dans le même sens, à propos de l'art. 11, § 2. Voir page 196.

ses, le fait et l'intention ; il faut que le chasseur ait contrevenu à la loi non-seulement par le fait, mais encore par l'intention. Si donc il est bien démontré au tribunal que c'est sans la volonté du chasseur, malgré lui, que ses chiens, entraînés par la poursuite, sont allés sur le terrain d'autrui, il n'y a pas délit. » Le rapporteur, M. Lenoble, a dit au contraire : « On a compris que dans la répression des délits communs, le juge avait à déterminer, non-seulement le fait matériel, mais encore l'intention ; tandis que lorsqu'il s'agit de délit de chasse, le fait seul constitue la contravention. » M. Lenoble a dit encore : « L'opinion du rapporteur, et celle de la commission, est qu'en matière de contravention et de délit de chasse, l'intention ne peut être présentée comme une excuse ; mais il n'en résulte pas qu'il n'y ait pas nécessité d'examiner le fait en lui-même, d'en apprécier les circonstances, afin de reconnaître si ces éléments constituent un délit. Dans cet examen, le juge recherchera si le fait a été le résultat de la volonté de celui auquel il sera imputé ; mais il ne recherchera pas s'il y a eu intention de commettre ou de ne pas commettre un délit : c'est en ce sens que le fait seul constitue la contravention. — Ainsi, si je voulais citer un exemple, je dirais que, dans le cas ou des chiens s'échappant d'un chenil, parcourront la campagne, lanceront une pièce de gibier et la suivront, il n'y a pas de délit de chasse imputable au propriétaire des chiens, s'il ne les suit pas ou ne les fait pas suivre pour tuer ou prendre le gibier. Pourquoi? parce que, dans ce cas, il n'y a pas acte résultant de sa volonté, et qu'il n'y a pas fait de chasse. — Mais si, dans une circonstance semblable à toute autre, ce propriétaire parcourt en chassant la propriété d'autrui, croyant parcourir la sienne, son erreur, qui pourtant implique sa bonne foi, par conséquent son défaut d'intention ne sera pas admis comme une excuse, parce que son fait, résultat d'une volonté libre, est un acte de chasse caractérisé. » Par ces paroles, le rapporteur semble vouloir concilier son opinion avec la précédente, mais, au fond, la contradiction reste entière, car M. Pascalis ne reconnaît pas seulement que, pour qu'il y ait délit, il faut que le fait soit volontaire, il veut de plus que le fait soit accompagné d'une intention criminelle. Nous n'hésitons pas à nous ranger à ce dernier avis ; le texte de la loi, le droit commun, l'équité, la gravité des peines, la juridiction appelée à les appliquer, tout nous y porte. Les contraventions de police, il est vrai, ont été déclarées punissables, même en l'absence de toute intention criminelle, mais c'est là une dérogation aux principes généraux qu'on justifie difficilement, et jamais cette doctrine n'a été étendue aux délits. On a dit (1) devant la Chambre des Pairs à propos de l'article 20 de notre loi : « Qu'est-ce que les circonstances atténuantes dans les matières où l'intention n'est rien? Dans les délits de droit commum, la question intentionnelle est tout. Ici, c'est le fait même de la chasse qu'on punit, et on ne se préoccupe pas de la question intentionnelle. Voilà pourquoi, dans les matières du grand comme du petit criminel, on a laissé au juge une pleine et entière appréciation de l'intention. C'est par suite de l'appréciation de cette question que le juge admet les circonstances atténuantes ; mais dans toutes les matières où il n'y a pas de question d'intention à examiner, je ne comprends pas les circonstances atténuantes. Jamais une telle question n'est

(1) M. Franck-Carré, rapporteur de la commission.

soulevée, n'est examinée en matière de contravention. Or, les faits de chasse, bien que qualifiés délits, et punis de peines correctionnelles, ne sont véritablement pas des délits, mais des contraventions, des infractions aux prescriptions de la loi. Encore une fois donc, les questions intentionnelles sont en dehors d'une telle législation. Il en est ainsi dans toutes les matières spéciales; ainsi, par exemple, on lit dans l'article 203 du Code forestier : « Les tribunaux ne pourront appliquer aux matières réglées par le présent Code les dispositions de l'article 463 du Code pénal. » Dans les infractions en matière de contributions indirectes, en matière de douanes, il n'y a pas de circonstances atténuantes, parce qu'il n'y a pas de question d'intention. » Ce langage est la répétition plus nette, moins embarrassée des paroles de M. Lenoble, mais rien ne prouve que la doctrine relâchée et dangereuse qu'il exprime, ait reçu l'adhésion des Chambres. Loin de là, celles-ci n'eussent pu l'admettre, sans consacrer une erreur assez grave, car on a soutenu bien à tort que les circonstances atténuantes ne peuvent être invoquées que dans le cas où l'intention de l'agent est regardée comme un des éléments constitutifs de la criminalité. L'article 20 qui écarte l'admission de circonstances atténuantes, a été voté sur cette autre déclaration : « Nous avons atténué les peines et adouci le projet dans plusieurs de ses dispositions ; nous avons rendu l'emprisonnement facultatif dans tous les cas. »

La jurisprudence croit pouvoir admettre, qu'en matière de délits de chasse, la question d'intention ne doit entrer pour rien dans l'appréciation à en faire, que ces délits constituent des contraventions de police dont la bonne foi ne peut relever. De cette manière, elle reconnaît coupable et condamne le chasseur qui franchit, sans le savoir, les limites d'un département où la chasse n'est pas ouverte ; celui qui chasse sur le fonds d'autrui, en croyant chasser sur sa propriété propre ou sur la propriété d'un parent, d'un ami ; qui chasse sur un domaine loué à son insu par celui qui lui avait donné antérieurement une autorisation verbale ; elle condamne un chef de train d'une compagnie de chemin de fer, qui, sans le savoir, se trouve porteur d'un colis frauduleux (1) ! Un pareil système a pour conséquence le rejet des articles 66, 69 et 304 du Code pénal portant : 1° que l'accusé de moins de seize doit être acquitté s'il a agi *sans discernement* ; 2° que dans tous les cas où le mineur de seize ans n'a commis qu'un simple délit, la peine à prononcer ne peut excéder *la moitié* de celle à laquelle il aurait pu être condamné s'il avait eu seize ans ; 3° que le meurtre emporte la peine de mort, lorsqu'il a pour objet. soit de préparer, faciliter ou exécuter un délit, et les travaux forcés à perpétuité, dans les autres cas. Toutefois la Cour suprême a souvent reculé devant cette conséquence, et elle a jugé que les articles précités renfermaient des principes généraux et absolus, applicables à tous les faits qualifiés crimes ou délits par la législation pénale (2).

Poursuite. — Aux termes de l'article 26 de la loi de

(1) C. cass. 12 avril 1845, 17 juillet 1857. 21 juillet 1865, 15 décembre 1870. Bourges, 27 février 1845. Douai, 16 décembre 1851. Trib. de la Seine. 12 juin 1857. Dijon, 15 janvier 1873. Rouen, 4 décembre 1873. Paris, 6 décembre 1873. La jurisprudence a parfois permis d'invoquer l'excuse tirée de la bonne foi, dans l'hypothèse de battues commandées, imposées tant aux tireurs qu'aux traqueurs, et dirigées par un officier de louveterie. C. cass. 16 novembre 1866.

(2) C. cass. 3 janvier 1844, 16 juin 1846, 3 février 1849, 12 janvier 1860, 21 mars 1868.

1844 : « Tous les délits prévus par la présente loi seront poursuivis d'office par le ministère public, sans préjudice du droit conféré aux parties lésées (1) par l'art. 182 du code d'instruction criminelle. Néanmoins, dans le cas de chasse sur le terrain d'autrui sans le consentement du propriétaire, la poursuite d'office ne pourra être exercée par le ministère public, sans une plainte de la partie intéressée, qu'autant que le délit aura été commis dans un terrain clos, suivant les termes de l'art. 2, et attenant à une habitation, ou sur des terres non encore dépouillées de leurs fruits. »

D'une part, le ministère public a seul qualité pour poursuivre les délits de chasse en temps prohibé (2), sans permis, pendant la nuit, avec appeaux, appelants et chanterelles, de vente, achat, transport et colportage du gibier en temps prohibé, les contraventions à la règle qui n'autorise que la chasse à tir, à courre, aux bourses et furet, à la défense de détenir ou de porter des engins prohibés, aux arrêtés pris par les préfets en vertu de l'article 9.

D'autre part, la partie intéressée a seule qualité pour poursuivre les faits de chasse accomplis sur ses terres ouvertes, sans son autorisation (3). Nous entendons par partie intéressée la personne à qui le droit de chasse appartient, comme le propriétaire, le locataire de la chasse,

(1) Tel est le propriétaire sur le terrain duquel on a employé des drogues de nature à enivrer le gibier ou à le détruire, ou pris des œufs de faisans, de perdrix et de cailles.

(2) C. cass, 23 février 1839. Nancy, 15 janvier 1840.

(3) Le rapporteur à la Chambre des pairs s'est exprimé ainsi : « Il existe souvent entre propriétaires d'une même commune des rapports de bon voisinage qui entraînent des tolérances réciproques et tacites, mais qui n'iraient pas jusqu'à se formuler en permissions de chasse... Ces permissions doivent se présumer jusqu'à preuve du contraire. »

l'usufruitier. Un fermier qui n'aurait pas le droit de chasse ne pourrait agir que civilement, en raison du dommage causé à ses récoltes (1). La partie intéressée, en citant le délinquant devant le tribunal correctionnel, le saisit elle-même de la connaissance du délit (2), et en portant plainte au parquet, en y faisant une simple dénonciation, une simple remise du procès-verbal, elle donne au ministère public tout pouvoir pour poursuivre, même dans le cas où elle changerait d'avis (3).

Cependant en présence d'un délit de chasse commis dans un terrain clos et attenant à l'habitation d'autrui, délit qui en fait présumer un autre : la violation du domicile ; en présence d'un fait de chasse accompli sur les terres d'autrui non dépouillées de leurs récoltes (4), le ministère public peut poursuivre, d'office et sans plainte, pour fait de chasse sur le terrain d'autrui. Il agira d'office, s'il est persuadé que le propriétaire n'a point consenti à ce que l'on chassât sur son terrain ; la justification de ce consentement pendant l'instance ferait tomber la poursuite.

Devant quel tribunal la poursuite sera-t-elle exercée? Elle le sera, suivant le droit commun, devant le tribunal

(1) Contrà. Paris, 28 janvier 1869. Une société de chasse ne peut poursuivre que les délits postérieurs à l'enregistrement de l'acte de société. C. cass., 16 juillet 1869. Cette société est toute civile. C. cass., 18 novembre 1865.

(2) C. inst. crim., art. 182.

(3) C. cass., 13 décembre 1855. Dijon, 15 janvier 1873.

(4) Cette seconde exception proposée à la Chambre des pairs par M. de Flavigny, tend à prévenir l'impunité des chasseurs qui, à l'ouverture de la chasse, poursuivent le gibier dans les avoines, dans les fèves et autres récoltes qui lui servent de refuge. En effet, le plus souvent, les propriétaires aiment mieux subir ces dévastations que d'aller au loin porter plainte au parquet. — La simple permission de chasser suppose l'enlèvement des récoltes. C. cass., 5 décembre 1869.

correctionnel (1) du lieu du délit, ou devant celui de la résidence du prévenu, ou celui du lieu où le prévenu aura été arrêté. D'après l'article 23 du Code d'instruction criminelle, la recherche et la poursuite de tous délits dont la connaissance appartient aux tribunaux correctionnels sont attribuées « au procureur du roi du lieu du crime ou délit, celui de la résidence du prévenu et celui ou le prévenu pourra être trouvé (2). »

La partie lésée par un délit de chasse est libre de poursuivre devant l'un de ces tribunaux correctionnels ou de demander réparation devant le tribunal civil du domicile du défendeur. Elle peut aussi se porter partie civile devant le tribunal correctionnel, en le déclarant formellement, soit par la plainte, soit par acte subséquent, soit en prenant par l'un ou par l'autre des conclusions en dommages-intérêts. Cette faculté lui appartient en tout état de cause jusqu'à la clôture des débats (3). Il a été jugé par la Cour de cassation que le tribunal de police correctionnelle n'est pas compétent pour statuer sur les dommages-intérêts, lorsqu'un individu poursuivi correctionnellement pour avoir chassé sur le terrain d'autrui en temps permis, prouve qu'il a été autorisé à chasser par le propriétaire (4). Les parties, à raison du dommage dont le propriétaire se plaint, doivent être renvoyées à fins civiles, puisqu'il n'y a pas de délit.

L'administration forestière a le droit de poursuivre les

(1) C. cass., 24 avril 1852.

(2) *Trouvé*, c'est-à-dire préventivement arrêté. La poursuite ne sera donc exercée que par le procureur du lieu du délit et celui de la résidence du prévenu, dans les cas où le délit de chasse ne pourra être puni que d'une simple amende.

(3) C. inst. crim., art. 66 et 67.

(4) Arrêt du 13 juillet 1810.

délits de chasse qui sont commis dans les bois et forêts soumis au régime forestier (1). Les actions et poursuites sont exercées par les agents forestiers, au nom de l'administration, sans préjudice du droit qui appartient au ministère public de poursuivre d'office et en l'absence de toute plainte (2). La circonstance que la chasse d'un bois domanial ou communal a été affermée et que le fermier ne se plaint pas du délit, ne paralyse en rien l'action de l'administration forestière. C'est l'avis de la Cour de cassation (3). Quelques auteurs s'en écartent : Petit prétend que la poursuite appartient au fermier seul qui se trouve mis à la place de l'administration et la représente entièrement dans l'exercice des actions ; Duvergier soutient que la solution de cette question dépend des clauses insérées au cahier des charges et de l'étendue des droits concédés au fermier ; que la poursuite appartient au fermier seul, quand le droit de chasse a été transféré d'une manière absolue, sans restriction de lieu, de temps, de personne, mais que dans le cas contraire, l'administration forestière a le droit de veiller à la conservation des droits qu'elle s'est réservés et par conséquent de poursuivre les délits de chasse (4).

Compétence. — La qualité du délinquant peut occa-

(1) C. cass., 20 septembre 1828, 6 mars 1840, 9 janvier 1846.

(2) Code forestier, art. 159. C. cass., 4 décembre 1845. L'administration transige aussi avant jugement sur les délits de chasse comme sur les délits forestiers proprement dits. C. cass., 2 août 1867. C. d'Etat, 7 décembre 1866.

(3) Arrêts des 23 mai 1835 et 8 mai 1841. Le fermier peut poursuivre correctionnellement la réparation civile des délits de chasse commis à son préjudice. Angers, 19 juillet 1869.

(4) Petit, traité du droit de chasse, t. II, p. 51 et suiv. Duvergier, Code de chasse, p. 85.

sionner un changement de juridiction. Au lieu des tribunaux de police correctionnelle, la Cour d'appel est compétente quand le prévenu est un magistrat, comme le juge de paix, son suppléant, le juge d'un tribunal de première instance, ou le suppléant, le préfet (1), l'officier chargé du ministère public, procureur, substitut, etc. Le procureur général cite devant la Cour qui prononce sans appel (2).

Le tribunal de Tours a jugé que le greffier en chef fait partie de la Cour ou du Tribunal auquel il est attaché et que par conséquent il n'est pas soumis à la juridiction ordinaire. Ce jugement a été cassé (3).

Les membres du Tribunal de commerce, les officiers de police judiciaire, comme les gardes champêtres, les gardes forestiers, les commissaires de police, les maires et adjoints (4), les officiers de gendarmerie, les commissaires généraux de police ne sont soumis à la juridiction ordinaire que pour les délits commis en dehors de l'exercice de leurs fonctions. Pour les autres, ils sont jugés conformément aux articles 483 et 479 du code d'instruction criminelle. Le délit de chasse commis par un garde particulier hors des propriétés soumises à sa surveillance sera poursuivi devant la juridiction ordinaire, car il n'a pas été commis dans l'exercice des fonctions de garde (5).

(1) Loi du 20 avril 1810.

(2) C. instr. crim., art. 479.

(3) C. cass., 4 juillet 1846.

(4) Le délit de chasse commis par un maire ou adjoint sur le territoire de la commune n'est pas pour cela même réputé l'avoir éte dans l'exercice de ses fonctions d'officier de police judiciaire. Paris, 27 avril 1872. Il le serait, si, pendant son fait de chasse, il se commettait à sa connaissance un autre délit du même genre qu'il devait constater. Dijon, 3 janvier 1872.

(5) Bourges, 13 février 1845.

Les militaires de tous grades, en garnison, au camp ou en congé, sont toujours justiciables des tribunaux correctionnels pour les faits de chasse. Il n'y a d'exception que pour les généraux commandant une division ou un département (1).

Les membres de l'Assemblée nationale sont soumis à la juridiction ordinaire, mais ils ne peuvent durant la session être poursuivis, ni arrêtés, le cas de flagrant délit excepté, qu'après que l'Assemblée nationale a autorisé la poursuite.

L'autorisation du Conseil d'Etat est toujours nécessaire pour poursuivre les agents du gouvernement pour faits relatifs à leurs fonctions (2). Le garde forestier est un agent du gouvernement, et la Cour de cassation a jugé à son égard que l'autorisation était nécessaire pour délits commis dans les bois confiés à sa surveillance (3). Les gardes particuliers ne sont pas des agents du gouvernement, mais ils sont officiers de police judiciaire. Il ne faut donc pas d'autorisation pour les poursuivre devant la Cour d'appel. Un douanier est l'agent du gouvernement, mais le fait de tirer un lièvre ou des perdrix étant étranger à ses fonctions, ne saurait l'amener devant une juridiction exceptionnelle (4).

Agents chargés de constater les délits. — Le législateur de 1844, dans ses articles 22 et 23, charge les maires, adjoints, commissaires de police, officiers, ma-

(1) Avis du Conseil d'Etat du 4 janvier 1806. Loi du 20 avril 1810.

(2) Loi du 22 frimaire, an VII, art. 75.

(3) Arrêts des 16 avril 1825 et 13 septembre 1834. Il en est de même du maire qui dirige une battue ordonnée par arrêté préfectoral. Besançon, 27 août 1868.

(4) Douai, 16 novembre 1837.

réchaux-des-logis, brigadiers de gendarmerie, gardes forestiers, garde-pêche, gardes champêtres, gardes des particuliers, employés des contributions indirectes et des octrois, de constater les contraventions à la loi sur la chasse. Cette énumération simplement énonciative doit être complétée par le Code d'instruction criminelle et comprendre les procureurs du gouvernement, leurs substituts, les juges de paix, les juges d'instruction, les préfets (1).

La compétence de ces officiers de police est limitée à l'étendue de leurs circonscriptions respectives. Ainsi, le préfet ne peut verbaliser que dans son département, les procureurs, juges d'instruction et juges de paix que dans le ressort du tribunal auquel ils appartiennent, les maires et adjoints que sur le territoire de leurs communes. Le pouvoir du garde champêtre est limité aux propriétés rurales de sa commune. Le garde forestier n'a qualité pour dresser des procès-verbaux que dans les bois et les forêts de l'Etat ou des communes confiés à sa surveillance. Il a été jugé que le procès-verbal d'un garde forestier, constatant un délit de chasse commis en plaine ou dans des terres ensemencées, ne fait point foi même jusqu'à preuve contraire (2). Les gardes particuliers ne verbalisent valablement que sur les propriétés qu'ils ont mission de soigner.

Les gendarmes, quoique divisés par brigades chargées plus spécialement de la surveillance d'un certain nombre de communes, verbalisent dans toute la France, car, aux

(1) Les simples agents de police, appariteurs, sergents de ville, inspecteurs de police, veilleurs de nuit, n'ont pas qualité pour constater les délits, mais seulement pour faire de simples rapports.

(2) C. cass., 18 octobre 1827, 9 mai 1828. Grenoble, 13 septembre 1834.

termes de l'ordonnance du 29 octobre 1820, ils ont été institués pour assurer *dans toute l'étendue du royaume* le maintien de l'ordre et l'exécution des lois. De plus, les gendarmes ne sont pas assermentés pour une seule localité, ils ne renouvellent point leur serment quand ils changent de résidence.

Les employés des contributions indirectes et des octrois ne peuvent dresser procès-verbal que dans les cas prévus par l'art. 4 se référant à la vente, au transport et au colportage du gibier en temps prohibé. Ils ont le droit de rechercher et de saisir le gibier à domicile, chez les aubergistes, chez les marchands de comestibles et dans les lieux publics, mais seulement lorsqu'ils sont appelés dans ces établissements par leur fonctions ordinaires. En cas de saisie faite chez des débitants abonnés ou rédimés, le procès-verbal doit relater la cause de la visite. Il n'appartient pas aux employés de l'octroi de fouiller les personnes qui voyagent soit à pied, soit à cheval, mais de saisir le gibier transporté à découvert, par exemple au chargement et au déchargement des voitures publiques, à la vérification aux relais et à l'entrée des villes (1).

L'article 25 reproduit une prescription très-sage et très-prudente de notre ancien droit. On lit dans Pothier (2): « Les seigneurs de fiefs et leurs gardes ne doivent avoir recours à aucunes voies de fait pour empêcher la chasse. Lorsque les gardes trouvent quelqu'un en contravention, ils ne doivent point le contraindre à rendre son fusil; ils doivent se contenter de dresser leur

(1) Circ. du direct. de l'adm. des contributions indirectes du 25 juin 1844.

(2) Du droit de propriété. n° 47.

procès-verbal. » Le législateur de 1790 prescrivait d'arrêter sur le champ, à la réquisition de la municipalité, les délinquants déguisés ou masqués ou n'ayant pas de domicile en France. Notre loi s'exprime ainsi : « Les délinquants ne pourront être saisis ni désarmés (à moins qu'au délit de chasse ne vienne se joindre la présomption d'un délit plus grave) (1) ; néanmoins, s'ils sont déguisés ou masqués, s'ils refusent de faire connaître leurs noms, ou s'ils n'ont pas de domicile connu, ils seront conduits immédiatement devant le maire ou le juge de paix, lequel s'assurera de leur individualité. » De cette manière, les prescriptions de la loi ne pourront être éludées, et il ne suffira pas d'être inconnu des gardes pour échapper à la responsabilité du délit. Si le braconnier refuse de suivre le garde ou le gendarme, celui-ci pourra employer la force pour l'y contraindre, et même, en cas de menaces, pour le désarmer. La résistance avec violence et voies de fait aux agents de l'autorité procédant suivant la loi, constitue le délit de rébellion que l'art. 212 du Code pénal punit d'un emprisonnement de six jours à six mois, ou même de six mois à deux ans, si la rébellion a été commise avec armes.

Constatation des délits. — Aux termes de l'art. 21 de notre loi, les délits seront prouvés, soit par procès-verbaux ou rapports, soit par témoins à défaut de rapports et procès-verbaux, ou à leur appui.

Le procès-verbal est le récit exact de ce que l'agent a

(1) Il a été jugé que dans le cas où un gendarme use illégalement de violence pour désarmer un chasseur, celui-ci est en droit de le repousser par la force. (Liége, 5 avril 1826) ; que la résistance qu'oppose aux gardes un individu qu'ils tentent de fouiller, ne constitue pas le délit de rébellion. (Amiens, 12 mai 1827.)

vu, fait, ou entendu. Il doit être écrit par le garde témoin du délit; serait nul le procès-verbal qu'un garde aurait fait écrire par l'instituteur de la commune (1). L'agent incapable d'écrire lui-même le procès-verbal doit, à peine de nullité, le faire rédiger et écrire par un fonctionnaire auquel la loi attribue caractère à cet effet, par le juge de paix ou son suppléant, par le maire ou son adjoint. Il a été jugé qu'un maire ou qu'un juge de paix empêché pour cause de maladie peut faire écrire le procès-verbal par le secrétaire de la mairie ou son greffier (2). Au reste, les maires, adjoints, commissaires de police, officiers, maréchaux-des-logis, brigadiers de gendarmerie et gendarmes ne sont jamais tenus d'écrire eux-mêmes leurs procès-verbaux à peine de nullité.

Les agents qui constatent un délit ne sont pas tenus d'être revêtus de leur costume distinctif ou porteurs de leur plaque (3), ni de sommer le délinquant de se rendre à certain lieu pour assister à la rédaction du procès-verbal, de le rédiger devant lui et de lui en donner copie: ils ne sont même pas tenus de parler au délinquant, de lui dire qu'ils lui dressent procès-verbal (4). La loi ne prescrit aucune de ces formalités, et lors de la discussion de l'art. 17, § 2, un député, M. Isambert, a dit : « Le procès-verbal peut être inconnu à la partie qui a commis le délit. »

Le procès-verbal doit être daté et signé par le garde rédacteur. Point d'acte valable sans date ni signature. Le garde signera le procès-verbal qu'il a fait écrire par le

(1) C. cass., 26 juillet 1820, 20 mai 1824, 5 février 1825, 24 janvier 1827.

(2) C. cass., 19 mars 1830.

(3) C. cass., 18 février 1820, 11 octobre 1821, 20 septembre 1833.

(4) C. cass., 14 août 1829.

juge de paix, le maire ou l'adjoint; il fera bien d'indiquer son domicile; il rédigera, s'il est garde particulier, son procès-verbal sur papier timbré, à peine d'une amende de cinq francs, décimes en plus. Les procès-verbaux des gendarmes et gardes de l'État ou des communes seront rédigés sur papier libre et visés pour timbre au moment de l'enregistrement, qui se fera gratis, ainsi que le visa.

L'art. 24 de la loi de 1844 exige, à peine de nullité, que dans les vingt-quatre heures du délit, le procès-verbal du garde soit affirmé par le rédacteur devant le juge de paix ou l'un de ses suppléants, ou devant le maire ou l'adjoint, soit de la commune de sa résidence, soit de celle où le délit a été commis. Cotte formalité n'est imposée qu'aux gardes (gardes forestiers, garde-pêche, gardes champêtres, gardes assermentés des particuliers); les gendarmes et tous les autres agents chargés de constater les délits de chasse en sont dispensés. L'affirmation sera faite dans les vingt-quatre heures du délit, et ce délai commencera à courir au moment même où le délinquant sera surpris (1). L'acte d'affirmation énoncera l'heure où le procès-verbal aura été affirmé, afin que le garde qui a omis de mentionner l'heure de la perpétration du délit et qui a attendu au lendemain pour faire l'affirmation, puisse prouver qu'il n'a pas dépassé le délai de vingt-quatre heures (2).

Les magistrats compétents pour recevoir l'affirmation sont : les juges de paix, leurs suppléants, les maires et adjoints, tant de la commune de la résidence du garde

(1) C. cass., 4 septembre 1847, le cas de force majeure excepté. C. cass., 28 août 1868.

(2) C. cass., 28 janvier 1875.

rédacteur que de celle où le délit a été commis. Cette énumération de personnes est limitative ; ainsi, un conseiller municipal ne remplacerait valablement le maire ou l'adjoint que s'il en remplissait les fonctions (1).

L'affirmation doit être faite par serment. Le garde déclare que le procès-verbal est sincère et véritable, et l'officier public chargé de recevoir cette déclaration relate au bas du procès-verbal l'affirmation et le serment. La lecture du procès-verbal au garde qui l'a dressé et la mention de cette lecture ne sont pas nécessaires (2).

L'enregistrement est encore une formalité à laquelle est assujetti le procès-verbal. L'agent rédacteur le fera enregistrer au bureau de sa résidence ou au bureau le plus voisin. Cela résulte des art. 20 et 34 de la loi du 22 frimaire an VII, qui oblige tous les officiers publics ayant pouvoir de dresser des procès-verbaux, à les faire enregistrer dans les quatre jours, à peine d'une amende de vingt-cinq francs et de la nullité des procès-verbaux. Cependant, la jurisprudence trouvant les articles précités applicables seulement aux actes faisant foi jusqu'à inscription de faux, décide que le défaut d'enregistrement n'est pas une cause de nullité relativement aux procès-verbaux de chasse, qu'il ne rend le garde rédacteur que passible d'une amende (3).

Les procès-verbaux de chasse, réguliers dans la forme, font foi *jusqu'à preuve contraire*. D'après le projet de loi, ils devaient, suivant une distinction de personnes (4),

(1) C. cass., 18 novembre 1808.

(2) C. cass., 24 janvier 1861.

(3) C. cass., 16 juin 1824, 9 mars 1861, 20 avril 1863.

(4) La commission de la Chambre des députés n'avait pas compris les d es forestiers, elle avait ajouté à l'art. 23 : « Il n'est point dérogé

faire ou non foi jusqu'à inscription de faux ; c'était le système de la Cour de cassation. D'après le droit actuel, les procès-verbaux peuvent toujours être combattus par la preuve testimoniale ou écrite (1), mais, tant que la preuve contraire n'a pas été faite d'une façon pertinente, les juges doivent, quelle que soit leur connaissance personnelle des faits ou les allégations des prévenus, ou tous autres témoignages irréguliers, regarder les procès-verbaux comme conformes à la vérité et les prendre pour base de leurs jugements. Il faut remarquer d'ailleurs que la force probante des procès-veabaux ne s'attache qu'aux faits matériels constatés par le rédacteur, que si, en d'autres termes, ils font foi des faits que l'agent affirme avoir vus, faits ou entendus, il n'en est pas de même de ceux qu'il déclare lui avoir été rapportés. Les déclarations et aveux des délinquants consignés dans le procès-verbal lui sont opposables, sauf à lui à prouver que l'acte renferme des allégations mensongères (2).

Lorsqu'il n'a pas été dressé de procès-verbal ou que le procès-verbal dressé en fait présente quelque lacune, quelque irrégularité, on appelle des témoins pour faire ou seulement pour compléter la preuve du délit de chasse (3). D'après la loi du 30 avril 1790, le délit de chasse ne pouvait être prouvé par un seul témoin ; il

pour la constatation des délits et la foi due aux procès-verbaux rédigés par les agents ou préposés de l'administration forestière, aux dispositions des art. 176 et 177 du Code forestier, 53 et 54 du Code de la pêche fluviale. »

(1) C. instr. crim., art. 154.

(2) Cour cass., 16 avril 1835.

(3) Il a été jugé que le garde rédacteur peut être entendu comme témoin pour établir la preuve du délit de chasse qu'il a constaté par un procès-verbal annulé pour vice de forme. Dijon, 17 décembre 1873.

fallait au moins deux témoignages (1). L'article 21 de notre loi, d'accord avec les articles 154 et 189 du Code d'instruction criminelle, n'est pas aussi exigeant; un seul témoignage pourra suffire pour la conviction du juge. Les témoins, conformément au droit commun, prêtent serment à l'audience, à peine de nullité, s'ils sont âgés de plus de quinze ans, à moins qu'ils ne soient sous le coup de condamnations pénales. Leurs déclarations ne vaudraient alors que comme simples renseignements. Les ascendants ou descendants du prévenu, ses frères, sœurs et alliés à ce degré, la femme ou le mari, même après séparation de corps, ne seront appelés ni reçus en témoignage (2).

Le délit de chasse peut encore être prouvé par l'aveu du délinquant (3). La Cour de cassation a décidé formellement qu'en l'absence de tout procès-verbal, l'aveu du prévenu liait la décision du tribunal correctionnel et qu'il y avait lieu à cassation quand, malgré son aveu, le délinquant était renvoyé (4).

Prescription. — Toute action relative aux délits prévus par la loi de 1841 se prescrit *par le laps de trois mois*, à compter du jour du délit (5). Le projet de loi avait fait une exception à cette règle pour les délits de chasse commis dans un terrain clos attenant à une habitation. Cette disposition a été retranchée sur la proposition de la commission de la Chambre des pairs. « Votre

(1) C'était la règle de Constantin *testis unus, testis nullus.* Voir le frag. 9, § 1 du Code au titre *De testibus* (4,20).

(2) C. inst. crim., art. 155 et 156.

(3) C. cass., 18 décembre 1845 et 4 septembre 1847.

(4) Arrêt du 29 juin 1848.

(5) Art. 29.

commission n'a pas pensé, a dit M. Franck-Carré, qu'il fût nécessaire de faire une exception pour le délit prévu par l'art. 13. Ce délit est assurément le plus grave de tous ceux que punit le projet de loi ; mais enfin sa gravité ne change pas sa nature ; il n'est pas autre chose qu'un délit de chasse, il doit donc être soumis à la règle générale. »

Le législateur de 1844 a choisi un délai de prescription plus court que le délai adopté par le Code d'instruction criminelle même à l'égard des contraventions de simple police (1) ; il n'a pas voulu laisser trop longtemps sous le coup d'une poursuite un chasseur qui, peut-être, a cédé à un entraînement irrésistible et qui oubliera bientôt les circonstances propres à établir son innocence. Il a choisi le délai de trois mois usité en matière forestière. La Cour de cassation ne comprend pas le jour du délit dans ce délai, qui se compte de quantième en quantième, quel que soit le nombre de jours dont se composent les mois (2).

L'exception de prescription est d'ordre public ; le prévenu peut l'opposer en tout état de cause, en appel comme en première instance, et le juge doit la suppléer d'office, s'il néglige de l'invoquer. Elle peut être d'ailleurs interrompue tant à l'égard de l'auteur principal du délit qu'à l'égard de ses complices par des actes de poursuite ou d'instruction faits dans le délai utile et émanant de magistrats compétents (3). Cet effet, remarquons-le, ne serait pas produit par un procès-verbal constatant la reconnaissance du prévenu ou par les recherches auxquelles

(1) C. instr. crim., art. 638 et 640.
(2) C. cass., 2 février 1865. Nancy, 28 janvier 1844.
(3) C. cass., 27 fév. 1865.

les gardes champêtres pourraient se livrer comme officiers de police judiciaire (1). L'action publique intentée en temps utile ne se périme plus que par une interruption de trois années dans la poursuite, conformément au droit commun (2).

L'action civile dérivant d'un délit de chasse se prescrit dans le même délai que l'action publique, c'est-à-dire par trois mois ou par trois années (3).

DU JUGEMENT.

La loi de 1844 ne renferme aucune règle particulière sur l'instance ; l'affaire en matière de chasse sera introduite devant le tribunal, plaidée et jugée comme les affaires correctionnelles ordinaires. Le prévenu qui succombera sera toujours condamné aux frais, conformément à l'article 162 du Code d'instruction criminelle ; il aura un délai de dix jours à partir de sa condamnation pour interjeter appel et trois jours pour se pourvoir en cassation (4).

Complicité. — Les règles générales relatives à la complicité sont applicables en matière de chasse (5). La loi de 1844, par le silence qu'elle garde en cet endroit, nous semble bien autoriser l'application de l'article 59 du

(1) C. cass., 11 novembre 1825, 7 avril 1837. Lyon, 10 avril 1866. Les simples gendarmes ne sont pas officiers de police judiciaire. Cependant, il a été jugé que leurs actes spontanés interrompent la prescription. Dijon, 31 décembre 1872.

(2) C. cass. 20 et 27 septembre 1828.

(3) C. inst. crim., art. 637 et 638.

(4) C. instr. crim., art. 418.

(5) Lyon, 28 mars 1865. Rouen. 4 déc. 1873. Cet arrêt vise l'expéditeur de gibier.

Code pénal qui punit les complices d'un délit de la même peine que les auteurs de ce délit. Les articles 60 à 63 du même Code énumèrent les caractères constitutifs de la complicité, ce sont : la provocation, les instructions, la remise des armes ou instruments devant servir à l'action, l'assistance donnée aux délinquants. le recélé fait sciemment du produit du délit. Par application de ces articles, nous dirons que toute personne qui aura donné aide et assistance à l'auteur d'un délit de chasse, qui aura poussé à un délit de ce genre, qui aura recélé du gibier capturé d'une manière illicite, sera punie comme complice (1).

La complicité suppose la mauvaise foi, c'est-à-dire la connaissance chez le complice de la nature de l'acte incriminé qu'il facilite. Ainsi, celui qui prête son fusil à un voisin n'est pas par cela même responsable du délit de chasse dont ce prêt pourra être cause, car le prêteur peut supposer que son voisin se servira de l'arme suivant le droit. Au contraire, le propriétaire qui, en temps prohibé, permet de chasser sur ses terres, ou prête sa meute à un de ses amis qui lui exprime son désir de l'employer, doit être poursuivi sous la prévention de complicité. Les traqueurs et autres auxiliaires d'un chasseur manœuvrant dans la réserve d'autrui seront poursuivis et punis, quand leur mauvaise foi sera prouvée. Un marchand qui, en temps d'ouverture, achète du gibier à un braconnier inculpé d'avoir chassé à l'aide de moyens prohibés, ne sera poursuivi comme complice que si le gibier porte des marques révélatrices d'une capture frauduleuse (2).

(1) C. cass. 6 déc. 1839.

(2) Trib. de Mantes, 27 déc. 1866.

Nous croyons inutile de multiplier ces exemples. Ceux qui viennent d'être rapportés font voir suffisamment de quelle manière il faut entendre la complicité en matière de chasse, et lui appliquer, sans rien exagérer, les principes généraux du droit.

Solidarité. — Aux termes de l'article 27 de notre loi, « ceux qui auront commis conjointement les délits de chasse seront condamnés solidairement aux amendes, dommages-intérêts et frais. » C'est l'expression du droit commun (1).

La solidarité ne doit être prononcée par les tribunaux qu'en cas de communauté de fait et d'intention entre les délinquants (2). Le fait de chasse sans permis, fait entièrement personnel, n'entraînera pas de condamnation solidaire contre les compagnons de la personne qui chasse sans permis. Il n'y aura point de solidarité dans l'hypothèse de deux individus chassant ensemble, l'un sans permis, l'autre avec un engin prohibé. Au contraire, il y aura lieu de prononcer une condamnation solidaire, contre deux braconniers qui auront traîné dans la campagne un filet prohibé.

Le délit commis conjointement donne lieu à autant d'amendes distinctes qu'il y a de délinquants ; chacun d'eux est tenu de la totalité des amendes, dommages-intérêts et frais, quelque différence qu'il puisse y avoir dans l'intégrité de la peine à raison des circonstances modificatives de la culpabilité. Si l'un des co-délinquants est condamné à seize francs d'amende et l'autre à cent francs, le premier sera tenu d'acquitter la dette to-

(1) C. pén., art. 55.

(2) C. cass., 30 juin 1870.

tale de cent seize francs, sauf son recours contre le second pour la somme de cent francs.

La solidarité sera prononcée alors même qu'un des codélinquants serait passible d'une aggravation de peine résultant d'une qualité personnelle. Les autres connaissaient cette qualité, ils savaient à quoi elle les exposait, ou du moins, ils devaient le savoir. Dès lors, de quoi se plaindraient-ils (1)? Le même raisonnement s'appliquerait en cas d'aggravation pour cause de récidive (2). Cependant plusieurs auteurs pensent qu'ici il n'existe point de communauté de fait et d'intention, l'acte qui aggrave la punition étant antérieur au fait incriminé.

Il est à remarquer que l'article 27 n'est point subordonné à la circonstance où les prévenus auraient commis le délit de chasse par suite d'un concert réfléchi et prémédité entre eux. La disposition est générale et rien n'empêche qu'on ne l'étende au cas où la culpabilité s'est formée accidentellement et sans accord préalable.

Responsabilité des père, mère, tuteur, maîtres et commettants. — Le principe de la responsabilité des père, mère, tuteur, maîtres et commettants relativement aux délits commis par les personnes soumises à leur surveillance, est posé dans l'article 28 de notre loi. Cet article est conçu dans les termes suivants :

« Le père, la mère, le tuteur, les maîtres et commettants sont civilement responsables des délits de chasse commis par leurs enfants mineurs non mariés, pupilles

(1) C. cass., 13 juin 1860
(2) C. cass., 13 août, 1853.

demeurant avec eux, domestiques ou préposés, sauf tout recours de droit. Cette responsabilité sera réglée conformément à l'article 1384 du Code civil et ne s'appliquera qu'aux dommages-intérêts et frais, sans pouvoir toutefois donner lieu à la contrainte par corps. » Voici ce que décide l'article 1384 : « On est responsable non-seulement du dommage que l'on cause par son propre fait, mais encore de celui qui est causé par le fait des personnes dont on doit répondre, ou des choses que l'on a sous sa garde. — Le père et la mère, après le décès du mari, sont responsables du dommage causé par leurs enfants mineurs habitant avec eux ; les maîtres et les commettants du dommage causé par leurs domestiques et préposés dans les fonctions auxquelles ils les ont employés ; — les instituteurs et les artisans du dommage causé par leurs élèves et apprentis pendant le temps qu'ils sont sous leur surveillance. La responsabilité ci-dessus a lieu à moins que les père et mère, instituteurs et artisans, ne prouvent qu'ils n'ont pu empêcher le fait qui donne lieu à cette responsabilité. »

On voit par le rapprochement de ces deux articles que l'énumération des personnes déclarées responsables par l'article 28 est moins étendue que celle de l'article 1384 qui mentionne spécialement les instituteurs et artisans. Ceux-ci ne sont pas responsables des délits de chasse commis par leurs élèves et apprentis, pas plus que les curateurs ne sont responsables des actes des mineurs émancipés, ou les conseils judiciaires des faits des prodigues, ou les maris des délits de leurs femmes, car l'énumération de notre article est absolument limitative. La loi du 28 septembre, 6 octobre 1791 (article 7), rend les maris responsables des délits ruraux commis par leurs femmes, mais elle ne vise point les délits de chasse dans cette disposition (1).

La responsabilité du père existe à l'égard de ses enfants légitimes ou naturels reconnus. La mère n'est responsable qu'à défaut du père, c'est-à-dire après le décès de son mari, en cas de présomption ou de déclaration d'absence, d'interdiction, de séparation de corps, quand la garde des enfants lui a été confiée. Le père et la mère, tous deux vivants, ne sont pas tenus conjointement ni solidairement des délits de chasse commis par leurs enfants mineurs ; le fondement de la responsabilité reposant tout entier sur l'autorité que la loi leur confère, il serait inconséquent et injuste de déclarer responsable, conjointement avec le mari, la mère qui n'a pas exercé l'autorité paternelle.

Le tuteur n'est responsable qu'à défaut du père et de la mère. Ainsi, la femme remariée dont le mari a été nommé co-tuteur des enfants qu'elle a eus d'un premier mariage, reste seule responsable. Il importe peu, d'ailleurs, au principe de la responsabilité, que la tutelle dérive de la minorité ou de l'interdiction, la loi ne fait aucune distinction à cet égard, pourvu que le tuteur et le pupille ou l'interdit aient la même habitation.

La responsabilité des maîtres et commettants s'étend aux délits commis par leurs domestiques et préposés majeurs ou mineurs. Elle est plus rigoureuse que celle des père et mère, car les maîtres et commettants ne peuvent comme eux, s'en dégager en démontrant l'impossibilité où ils étaient d'empêcher le fait délictueux.

(1) « Les délits de chasse restent entièrement en dehors de ses prévisions, » a dit ici M. Pascalis.

Toutefois, les domestiques ou préposés résidant ou non avec leurs maîtres et commettants n'engagent la responsabilité de ces derniers, qu'autant qu'ils commettent le délit dans l'exercice de leurs fonctions. Ce sera le plus souvent, lorsque le maître aura lui-même employé son domestique ou son garde à la chasse, que sa responsabilité sera engagée (1). Elle le sera encore dans le cas où un garçon de ferme allant à la charrue se serait muni d'un fusil et en aurait fait usage, en temps prohibé ou sans permis de chasse, pour tirer un lièvre qu'il aurait aperçu pendant son travail. Mais qu'un domestique profitant du loisir que son maître lui donne le dimanche, se livre à la chasse et commette un délit, il est évident que le maître n'en saurait être déclaré responsable (2).

Les parents ou les tuteurs qui ne prouveront pas qu'ils n'ont pu empêcher le fait incriminé verront toujours leur responsabilité engagée par les délits de leurs enfants non mariés, n'ayant pas accompli leur vingt et unième année et résidant avec eux (3). Le mariage, en émancipant de plein droit le mineur, le soustrait à la

(1) Il a été jugé que le maître dont le domestique mineur a été surpris chassant sans permis et en temps de neige, ne pouvait pour décliner la responsabilité civile, opposer ses prescriptions de ne chasser que dans la propriété close attenante à son habitation, si, se trouvant dans cette habitation, il pouvait surveiller son domestique. Dijon, 6 avril 1870.

(2) Un propriétaire n'est point responsable quand son garde dénonce indûment des tiers comme coupables d'un délit de chasse commis sur un terrain étranger à sa surveillance. Paris, 10 mai 1872. Au contraire, le maître qui a gardé sciemment un garde ivrogne et faible d'esprit, encourt la responsabilité civile, quand celui-ci tue volontairement un chasseur. Paris, 19 mai 1874.

(3) Un simple domicile ne suffit plus, comme sous l'empire de la loi de 1790.

direction de ses parents et le rend seul responsable de ses actes. Cet effet subsiste quand il devient veuf avant d'avoir atteint sa majorité. Mais l'émancipation accordée par la volonté du père ou de la mère, conformément à l'article 477 du Code civil, fera-t-elle également cesser la responsabilité paternelle? On l'a soutenu, et c'est, croyons-nous, avec raison.

« Je ne puis partager l'opinion contraire, dit M. Petit, que le père ait eu le tort ou non d'émanciper son enfant, peu importe; il a usé d'un droit et dès que la puissance paternelle lui échappe et avec elle les moyens d'empêcher un délit, la responsabilité ne peut lui rester. Si l'on s'en tient à la lettre de la loi, on est porté à croire que c'est au mariage et non à l'émancipation qu'est attribuée la cessation de la responsabilité, mais évidemment, ce n'est pas là ce qu'a voulu le législateur. Je sais bien qu'il est toujours difficile de lutter contre un texte, et que c'est franchir les limites de la doctrine que de faire dire à la loi ce qu'elle ne dit pas, même en démontrant qu'elle aurait dû le dire; cependant il faut bien avoir quelqu'égard à l'esprit d'une loi et à l'intention de ceux qui l'ont faite, puisque c'est leur volonté qu'il s'agit de constater et de faire exécuter. Nous venons d'énoncer les motifs qui ont porté le législateur à dispenser les père et mère de la responsabilité lorsque les enfants mineurs étaient mariés; évidemment les mêmes raisons existent pour le cas d'émancipation; comment admettre une conclusion contraire? Est-il possible, sous le prétexte de respecter le texte de la loi, de proclamer que la responsabilité cessera lorsque l'émancipation du mineur aura lieu par mariage, et qu'elle ne cessera pas lorsque l'émancipation sera l'effet de la volonté du père ou de la mère. Cette distinction répugnera à tous ceux qui se souviendront que le législateur fait cesser la responsabilité, non pas à cause du mariage en lui-même, mais à raison des changements qu'il apporte dans les positions. Le mariage enlevant aux père et mère tous les moyens d'empêcher les actions de leurs enfants, il n'était pas possible de leur en laisser la responsabilité. Eh, bien! ces changements que le mariage apporte sont nécessairement aussi les effets d'une émancipation; et lorsque la loi, dans un cas comme dans l'autre, enlève les moyens de prévenir un délit, peut-on raisonnablement soutenir que dans l'un des deux la conséquence subsistera malgré l'absence de la cause qui doit la produire? Pour ne pas arriver à un résultat aussi inique, il faut, disais-je dans ma première édition, lire dans l'article 6 de la loi du 30 avril 1790, *non-émancipés* au lieu de *non-mariés*, ce que je disais sous l'empire de la loi de 1790, je le répète sous la loi de 1844, dont l'article 28 reproduit les mots *non-mariés* de l'ancienne législation. On se met ainsi d'accord avec le droit commun qui fait cesser la responsabilité des père et mère quand ils prouvent qu'ils n'ont pu empêcher le fait, et l'on rend hommage au législateur en proclamant clairement sa volonté au lieu d'équivoquer sur des mots, afin de parvenir à la méconnaître » (1).

Quelques commentateurs refusent d'adhérer au système que présente cependant d'une manière bien séduisante, le savant auteur d'un traité du droit de chasse. Que l'émancipation dérivant de la volonté du père et celle résultant du mariage produisent un effet identique, la perte de l'autorité paternelle, c'est, disent-ils, un fait que nous reconnaissons incontestable; mais

(1) Petit, t. II, pag. 669, 670.

suffit-il à lui seul pour motiver tout un système? La loi, en réglant la responsabilité des parents, évite à dessein de distinguer l'enfant émancipé de celui qui ne l'est pas, car, en prévoyant le cas d'une émancipation tacite, elle n'a pu oublier l'émancipation expresse. C'est donc se faire législateur, au lieu d'interpréter la loi, que de substituer le mot *non-émancipé* à l'expression *non-marié* de notre article. Le législateur de 1844 pouvait, d'ailleurs, sans manquer de logique, disposer différemment pour l'émancipation volontaire qu'il ne l'a fait pour l'émancipation tacite. Nous comprenons qu'il ne puisse, sans injustice, maintenir la responsabilité du chef de famille à qui il enlève, peut-être malgré lui, toute autorité directe sur ses enfants ; mais quand le père émancipe lui-même ses enfants, quand il se débarrasse de son plein gré d'une surveillance qui lui incombe, de quoi se plaindrait-il quand l'enfant, qu'il a eu le tort d'émanciper, vient engager sa responsabilité?

Cette seconde opinion suppose donc chez le législateur l'intention arrêtée d'établir une distinction entre l'émancipation tacite et l'émancipation expresse. Mais, c'est là une supposition qui nous paraît contredite par les travaux préparatoires de l'article 28. Dans la discussion de cette disposition, devant la Chambre des députés, M. Boudet avait proposé la rédaction suivante : « Le père, la mère, le tuteur, les maîtres et commettants seront civilement responsables des condamnations prononcées pour délits de chasse, lorsque ces délits auront été commis par leurs enfants mineurs ou par leurs pupilles *non-mariés ou non émancipés*, habitant avec eux, ou par leurs serviteurs et *autres subordonnés*, sauf tout recours de droit. » Or cet amendement ne changeait rien à l'article 28, seulement il en complétait la rédaction en faisant entrer dans ses termes l'article 1384 du Code civil. M. Vivien a proposé de prendre les termes mêmes de l'article 1384 du Code civil, et cette rédaction a été adoptée.

La responsabilité est limitée aux dommages-intérêts et aux frais. Elle ne s'étend pas aux amendes ; l'amende est une peine et les peines sont personnelles (1). La responsabilité ne donne jamais lieu à la contrainte par corps.

DISPOSITIONS PARTICULIÈRES.

Les deux derniers articles de la loi de 1844 renfermés dans la section IV, sous la rubrique : *dispositions générales*, ont trait à la chasse sur le domaine de la couronne et à l'abrogation des lois antérieures.

Des propriétés de la couronne. — Aux termes de l'article 30, « les dispositions de la présente loi relatives à l'exercice du droit de chasse ne sont pas applicables aux propriétés de la couronne. Ceux qui commettraient des délits de chasse dans ces propriétés seront poursuivis et punis conformément aux sections II et III. » Ainsi, es souverains et les personnes autorisées par eux à chasser sur le domaine de la Couronne sont dispensés d'obéir aux règles concernant le permis, l'ouverture et les modes de chasse autorisés. Les autres règles concernant les pénalités restent applicables à ces propriétés exceptionnelles. Il résulte des travaux préparatoires que la liste civile ne peut ni vendre ni colporter en temps prohibé. Elle pourrait cependant transporter, car le droit de chasse serait inutile, si le gibier tué dans les forêts royales ne

(1) C. cass., 26 mai 1836.

pouvait être transporté. Ce transport, d'ailleurs, ne pouvant s'effectuer que par des personnes attachées au service de la liste civile, ne présente aucun inconvénient L'ordonnance de 1669 est abrogée (1).

— L'article 30 a reçu son application sous le gouvernement de Louis-Philippe et sous celui de Napoléon (2), comme il y avait alors des propriétés de la Couronne; aujourd'hui il se trouve implicitement abrogé par l'établissement de la République.

De la louveterie. — L'article 31 est ainsi conçu : « Le décret du 4 mai 1812 et la loi du 30 avril 1790 sont abrogés. Sont et demeurent également abrogés les lois, arrêtés, décrets et ordonnances intervenus sur les matières réglées par la présente loi, en tout ce qui est contraire à ses dispositions. »

Le projet était rédigé ainsi : « Le décret du 11 juillet 1810, en ce qui concerne le permis de port d'armes de chasse et le décret du 4 mai 1812 sont abrogés. — Sont et demeurent, etc. » A ce sujet, M. Franck-Carré a

(1) L'ordonnance défendait aux propriétaires de fonds enclavés dans es forêts de la couronne, de chasser sur ces fonds; elle établissait diverses servitudes sur les héritages voisins de ces forêts ; elle défendait par exemple d'y faucher avant telle époque, d'y bâtir sans la permission du roi, d'y chasser certaines bêtes, à certaine distance; d'ouvrir dans les murs aucun trou, coulisse ou passage, etc.

(2) Un sénatusconsulte du 1er avril 1852 avait conféré au président de la République le droit de chasse dans les bois de Versailles, les forêts de Fontainebleau, de Compiègne, de Marly et de Saint-Germain. Le sénatus-consulte du 7 juillet 1852, étendit ce droit aux étangs de Sacly et de Saint-Quentin, à toutes les fermes et à tous les bois domaniaux compris dans le rayon de l'inspection forestière de Versailles, aux forêts de Laigue, d'Ourscamp et de Carlepont, aux bois de Champagne et de Barbeau. Le droit de chasse devait cesser en cas d'aliénation, sur les étangs, bois ou parties de bois vendus et commençait mmédiatement, sauf indemnité en faveur des locataires dépossédé

dit à la Chambre des pairs : « Il importe de remarquer que les décrets du 11 juillet 1810 et 4 mai 1812 sont les seules dispositions législatives antérieures qui soient formellement et explicitement abrogées ; le projet entend n'abroger les autres lois, arrêtés, décrets et ordonnances intervenus sur les matières de chasse, qu'en tout ce qui est contraire à ses dispositions. Ainsi subsisteront l s lois et règlements sur la louveterie. » La commission de la Chambre des députés a changé la rédaction du projet, et la Chambre elle-même a ratifié cette modification sur ces paroles de M. Lenoble : « La partie réglementaire qui termine l'article 30 est conçue dans des termes tellement généraux, qu'on aurait pu peut-être avec quelque fondement mettre en doute si la loi de 1790 se trouvait tout entière comprise dans l'abrogation que cet article prononce. Comme votre commission ne doute pas que cette loi ne subsistera plus dans aucune de ses dispositions, elle vous propose de la désigner d'une manière spéciale. »

Nous nous bornerons à citer sur la louveterie l'arrêté du 19 pluviôse et la loi du 10 messidor, an V.

Arrêté du 19 *pluviôse*. — Le Directoire exécutif sur le rapport du ministre des finances, considérant que son arrêté du 28 vendémiaire dernier, portant défenses de chasser dans les forêts nationales, ne doit mettre aucun obstacle à l'exécution des règlements qui concernent la destruction des loups et autres animaux voraces ; que l'ordonnance de janvier 1583, art. 19, enjoint aux agents forestiers de rassembler un homme par feu de leur arrondissement, avec armes et chiens propres à la chasse aux loups, trois fois l'année, aux temps les plus commodes ; que celles de 1600 et de 1601, ainsi que les arrêtés du ci-devant Conseil, des 6 février 1697 et 14 janvier 1698 leur enjoignent de contraindre les sergents louvetiers à chasser aux loups, renards et autres animaux nuisibles, et de veiller à ce que la chasse soit faite de trois mois en trois mois ou plus souvent, suivant qu'il en sera besoin, par ceux qui avaient le droit exclusif de chasse dans leurs terres, arrête ce qui suit :

Art. 1er. — L'arrêté du 28 vendémiaire dernier, relatif à la prohibition de chasse dans les forêts nationales continuera d'être exécuté.

Art. 2. — Néanmoins, il sera fait dans les forêts nationales et dans les campagnes, tous les trois mois, et plus souvent s'il est nécessaire, des chasses et battues générales ou particulières aux loups, renards, blaireaux et autres animaux nuisibles.

Art. 3. Les chasses et battues seront ordonnées par les administrations centrales des départements, de concert avec les agents forestiers de leur arrondissement, sur la demande de ces derniers et sur celles des administrations municipales du canton.

Art. 4. — Les battues ordonnées seront exécutées sous la direction et la surveillance des agents forestiers, qui régleront, de concert avec les administrations municipales de canton, les jours où elles se feront, et le nombre d'hommes qui y seront appelés.

Art. 5. Les corps administratifs sont autorisés à permettre aux particuliers de leur arrondissement qui ont des équipages et autres moyens pour ces chasses, de s'y livrer sous l'inspection et la surveillance des agents forestiers.

Art. 6. Il sera dressé procès-verbal de chaque battue, du nombre et de l'espèce des animaux qui auront été détruits (1) ; un extrait en sera envoyé au ministre des finances.

Art. 7. Il lui sera également envoyé un état des animaux détruits par les chasses particulières mentionnées en l'article 5 (2), et même par les piéges tendus dans les campagnes par les habitants ; à l'effet d'être pourvu, s'il y a lieu, sur son rapport au payement des récompenses promises par l'article 20, section IV, du Code rural et le décret du 11 ventôse an III.

Loi du 10 *messidor*. — Article 1er. Les fonds accordés provisoirement aux administrations départementales pour la destruction des loups, par ordre du ministre de l'intérieur, seront alloués à ce ministre, sauf par lui de justifier de l'emploi.

Art. 2. La loi du 11 ventôse an III est abrogée ; et à l'avenir, par forme d'indemnité et d'encouragement, il

(1) D'après une instruction ministérielle en date du 9 juillet 1818, le maire doit dresser procès-verbal pour constater le nom du destructeur, la présentation de l'animal, son âge, son sexe et la quotité de la prime méritée.

(2) *État des animaux dangereux ou nuisibles détruits par M.*
Lieutenant de louveterie, commissionné pour l'arrondissement d

NOM ET PRÉNOMS DU LIEUTENANT DE LOUVETERIE.	DOMICILE.	ÉQUIPAGES QU'IL POSSÈDE.	DÉSIGNATION DES ANIMAUX DANGEREUX ET NUISIBLES DÉTRUITS.	OBSERVATIONS.
		Piqueurs. Chiens. Limiers. Piéges.	Loups. Louves. Louveteaux. Sangliers. Renards. Blaireaux. Chats sauvages. Putois. Fouines.	

Vu et LÉGALISÉ par le Sous-Préfet de l'arrondissement.

Signature du lieutenant de louveterie.

Certifié par nous, maire de la commune d

sera accordé à tout citoyen une prime de cinquante livres par chaque tête de louve pleine, quarante livres par chaque tête de loup et vingt livres par chaque tête de louveteau (1).

Art. 3. Lorsqu'il sera constaté qu'un loup enragé ou non, s'est jeté sur des hommes ou enfants, celui qui le tuera aura une prime de cent cinquante livres.

Art. 4. Celui qui aura tué un de ces animaux et voudra toucher l'une des primes énoncées dans les deux articles précédents, sera tenu de se présenter à l'agent municipal de la commune la plus voisine de son domicile, et d'y faire constater la mort de l'animal, son âge et son sexe ; si c'est une louve, il sera dit si elle est pleine ou non.

Art. 5. La tête de l'animal et le procès-verbal dressé par l'agent municipal seront envoyés à l'administration départementale, qui délivrera un mandat sur le receveur du département, sur les fonds qui seront, à cet effet, mis entre ses mains par ordre du ministre de l'Intérieur.

Art. 6. Le directoire exécutif est autorisé à laisser subsister et même à former, s'il y a lieu, des établissements pour la destruction des loups.

La louveterie est organisée par le règlement du 20 août 1814 modifié par les ordonnances du 14 septembre 1830 et 24 juillet 1832 (2). L'administration des forêts qui est chargée de la police de la chasse dans les forêts

(1) La valeur des primes a été modifiée par l'instruction ministérielle du 9 juillet 1818. V. plus haut, p. 162.

(2) Ces réglements ne se trouvent pas modifiés par la loi de 1844. Ainsi le lieutenant de louveterie autorisé à faire une battue sur le territoire de communes désignées par le préfet, peut poursuivre un animal sur le territoire des communes voisines mais faisant partie de sa circonscription territoriale. Bourges, 24 mars 1870.

de l'Etat, donne chaque année des commissions honorifiques de lieutenant de louveterie dont elle détermine les fonctions et le nombre par conservation forestière et département, dans la proportion des bois qui s'y trouvent et des loups qui les fréquentent (1). Les lieutenants sont tenus d'entretenir à leurs frais un équipage de chasse et de se procurer des pièges ; ils commandent et dirigent les battues, et ils font connaître à l'administration forestière les loups tués dans leur arrondissement. Ils ont le droit de chasser à courre le sanglier et de le tirer au fusil ou à la carabine dans le cas où il tiendrait tête aux chiens. Toutefois, ils ne peuvent user de ce droit que deux fois par mois et dans les forêts de leur arrondissement.

(1) C'est le préfet qui est chargé de donner ces commissions, depuis le décret du 25 mars 1852. Nous savons qu'il appartient aux préfets d'autoriser des battues aux animaux nuisibles, mais ce droit a été étendu aux sous-préfets par le décret de décentralisation du 13 avril 1861, relativement aux bois des communes et des établissements de bienfaisance de leur arrondissement. (art. 6, § 12).

APPENDICE.

Nous avons exposé l'état de la législation en matière de chasse et indiqué la marche que suit depuis 1844 la jurisprudence des cours d'appel et de cassation. Cet état ne semble pas devoir être modifié dans un avenir prochain, et les arrêts invariables que les cours rendent sur une foule de points tranchent pour longtemps aussi les questions les plus embarrassantes et les plus discutées. Il suffit, pour s'en convaincre, de parcourir les recueils de décisions judiciaires en vogue parmi les hommes de loi. Ce sont les mêmes arrêts, les mêmes développements qui reviennent chaque année, les mêmes motifs de jugements dont l'insertion devient surabondante et inutile.

La seule nouveauté qu'il y ait à signaler est un projet de loi tendant à augmenter les primes accordées aux destructeurs de loups. Les froids sibériens du dernier hiver, en affamant ces animaux, les avaient chassés en grand nombre vers les villages et les villes. Les journaux racontaient qu'en certaines cités on les entendait hurler pendant la nuit autour des remparts.... Ce sont ces récits qui ont ému le législateur et l'ont porté à stimuler le zèle des destructeurs de loups.

D'après le projet, la gratification sera de 150 francs par tête de louve pleine, 100 francs par tête de loup, 50 francs par louveteau. Si ce projet passe à l'état de loi, ce sera la troisième fois depuis le 10 messidor an V que la valeur des primes se trouvera modifiée

POSITIONS.

DROIT ROMAIN.

I.

Les animaux sauvages appartiennent toujours à celui qui s'en empare, que le fait d'occupation ait lieu sur son terrain ou qu'il ait lieu sur le terrain d'autrui.

II.

L'usufruitier et le possesseur de bonne foi ont le droit absolu de chasser sur le fonds qui fait l'objet de l'usufruit ou de la possession.

III.

Il ne faut pas assimiler la *derelictio* à la *traditio incertæ personæ*. Cette confusion faite par les Proculiens était repoussée par les Sabiniens dont la doctrine a prévalu.

IV.

L'occupation des *res*, tant *mancipi* que *nec mancipi*, fait acquérir immédiatement le *dominium ex jure Quiritium*.

V.

La division tripartite du droit privé que fait Ulpien au livre I de ses Institutes n'avait pas été admise par les jurisconsultes romains, et le *jus naturale* ne différait en rien du *jus gentium*.

ANCIEN DROIT.

I.

Le censitaire, contrairement à celui qui tient un immeuble en fief, n'a jamais le droit de chasse sur le fonds censuel, alors même qu'il serait gentilhomme. Ce droit appartient au bailleur.

II.

Le roturier propriétaire d'un franc-aleu roturier ne peut y

chasser. Le droit de chasse appartient au seigneur haut-justicier dans le territoire duquel le franc-aleu est situé.

DROIT CIVIL ACTUEL.

I.

Le gibier jouissant de sa liberté naturelle n'appartient pas au propriétaire du fonds sur lequel il se trouve.

II.

Le gibier mortellement atteint appartient au chasseur qui l'a tiré, et qui, par conséquent, peut le revendiquer contre tout autre.

III.

Le simple fait d'avoir découvert un animal sauvage, ou même un commencement de poursuite, ne constitue pas une prise de possession opposable aux tiers.

IV.

C'est au propriétaire et non au fermier qu'appartient le droit de chasser sur le fonds affermé.

V.

L'*emphytéose* ne constitue qu'un simple bail.

VI.

Le droit de chasse ne peut être établi comme servitude prédiale, mais comme servitude personnelle. En d'autres termes, le droit de chasse ne peut être aliéné à perpétuité.

VII.

L'article 1743, d'après lequel le bail est opposable aux tiers acquéreurs, n'est pas applicable aux baux de chasse. Cet article, d'ailleurs, n'empêche pas que le preneur n'ait jamais qu'un droit purement personnel, une simple créance de jouissance.

VIII.

Le fermier d'une chasse peut détruire en tout temps les animaux malfaisants ou nuisibles désignés par l'arrêté préfectoral.

IX.

Le père et la mère ne sont pas responsables des délits de chasse commis par leur fils mineur émancipé tant par le mariage que par leur volonté expresse.

X.

Le titre putatif, c'est-à-dire l'opinion où l'on est qu'on possède en vertu d'un titre qui, en réalité, n'existe pas, peut suppléer le juste titre et en tenir lieu au possesseur tant pour l'acquisition des fruits que pour la prescription.

DROIT ADMINISTRATIF.

I.

La chasse sur les cours d'eau non navigables ni flottables appartient aux riverains qui, cependant, ne sauraient être reconnus comme propriétaires de ces cours d'eau.

II.

L'administration peut retirer le permis de chasse qu'elle a délivré par erreur à un impétrant incapable ou indigne, désigné par les articles 7 et 8 de la loi de 1844. Elle ne peut pas le retirer à l'impétrant qui se trouve dans un des cas prévus par l'article 6.

III.

La délivrance du duplicata d'un permis détruit ou perdu n'est point subordonnée à l'acquittement de nouveaux droits.

IV.

Il ne doit pas être fait mention de l'heure dans l'arrêté d'ouverture ou de fermeture.

V.

Le Préfet ne peut comprendre les pigeons de fuie parmi les animaux malfaisants ou nuisibles, et permettre ainsi de les tuer en tout temps.

DROIT COMMERCIAL.

I.

Une société de chasse, malgré l'emploi des formes commerciales, n'est jamais qu'une société civile.

II.

Il n'y a que les sociétés commerciales qui soient *naturellement* des personnes morales.

DROIT PENAL.

I.

L'infraction à la loi sur la police de la chasse n'est pas une contravention de simple police. En conséquence, l'intention de l'agent devrait être regardée par les tribunaux comme un élément essentiel du délit de chasse, et l'existence du fait matériel ne devrait pas suffire pour le constituer.

II.

Le bénéfice du délai quinquennal qui met fin au pouvoir discrétionnaire du Préfet dans les cas prévus par les §§ 3, 4 et 5 de l'article 6, doit être étendu à tout individu qu'une condamnation a privé de l'un des droits énumérés par l'art. 42 du code pénal. Celui-ci pourra donc obtenir le permis à l'expiration même de la peine.

III.

Le délai des cinq années établi par l'article 6 *in fine* court, lorsqu'il s'agit d'une amende, à partir du jour du paiement.

IV.

L'article 12, en obligeant les tribunaux à porter les peines au maximum quand les délits sont commis par les gardes-champêtres et forestiers, entend cumuler contre eux l'amende et la prison. Les juges ne pourraient donc pas se borner à leur infliger le maximum de l'amende.

DROIT DES GENS.

I.

Le droit de chasse appartient aux étrangers aussi bien qu'aux nationaux.

II.

Les fleuves, rivières ou lacs, qui forment la limite d'un pays, appartiennent à la nation qui s'est emparé de ce pays.

VU ET PERMIS D'IMPRIMER
Ce 7 juillet 1880.
Le Recteur de l'Académie de Douai,
P. FONCIN.

VU :
Ce 7 juillet 1880.
Le Doyen de la Faculté, Président de la Thèse,
DANIEL DE FOLLEVILLE.

TABLE DES MATIÈRES

PREMIÈRE PARTIE.

DEUXIÈME PARTIE.

TROISIÈME PARTIE.

Paris. — Typ. A. PARENT rue Monsieur-le-Prince, 29 et 31.

www.ingramcontent.com/pod-product-compliance
Ingram Content Group UK Ltd.
Pitfield, Milton Keynes, MK11 3LW, UK
UKHW020131220726
13923UKWH00001B/110